星ひとみの

Hitomi Hoshi

天星術

2022

地球グループ

空

山脈

大陸

海

はじめに

皆様こんにちは、星ひとみです

またお会いすることができ、とても嬉しく思います

皆様の人生における〝沢山の選択〟の末に選ばれて
この本を手にしていただけることに
そして天星術を通じ皆様と繋がることができ、心から感謝致します

この1年あなたのどこかに私がいて少しでも支えになれていたのなら幸いです

天星術も21年目となりました

本書は天星術をさらに詳しく掘り下げ
少しでも一人一人皆様に〝光〟が届くように
真っ暗な道でも光を灯せるよう、あなたの人生の道標になれればと願い
今年、今月、今日、今がどんなリズムなのかを描いた

—天星術第二ステージ—

私が皆様の為にできることは何かを考え、他の仕事を控え
執筆活動に集中させていただきこれを書き上げることができました

一人一人あなたの為のメッセージ

〝星のエネルギー、光のエネルギー〟を
365日毎日のお言葉に込めさせていただきました

たとえ、今が辛く悲しみに溢れていたとしても
悪い道のりも乗り越えると素晴らしい経験になり
あなたの人生の糧となっていきます

悲しみの世界に包まれていると
全てが否定に見えてくる
それは影の時期だからかもしれません

辛い道だと気がつかなかったり、自分では分からないときもある

そんなときは、「天星術」を通じ
今がどんな日なのかを知ることで
それが未来へのきっかけや気付きとなるように

読み進めると、カレンダーには×マークや星のマークなどが描かれていますが
×の日だからダメなわけではありません

「悪いと書かれていたから」
もういいやと諦め見なかったことにするか
「悪いと書かれていたなら」
これ以上悪くならないように、回避方法を学ぼうと気をつけてみるか

あなたはどちらを選びますか？

どちらを選んでも構いません

天星タイプにより、悪いと言われたことを引きずり気にしすぎてしまう方もいます

悪くたっていいのです。それを知ることがエネルギーになる
受け止めることで未来が変わる。だから決して怖いことはありません

〝あなたは大丈夫〟

あなたは幸せになれる人。私はそう信じています

過去と同様に未来も、天星にはリズムがあります

同じ道でも、雨の日と晴れの日では
走りやすさが違います
時に、水溜りがあったり、障害物があったり、景色を見るために
立ち止まった方が良い場所もある

人生の道のりを、同じスピードで走るだけが良いわけではありません
思想や感じ方などは人によって様々な世界観があり
人の数だけ沢山の人生の道があります

過去ではなく自分が歩んでいく〝今〟この瞬間のリズムを知ることで
今あなたが立っている場所はどの位置かを知り
同じ過ちは繰り返さないように
そして幸せはさらに倍増させるようにしてほしい

私は、占いは当たらなくていいと思っています
この本に書いてあることを読んで、ただ一喜一憂するだけではなく
災いは回避し、はずしてもらえるように願い

—良いことはさらに良くなるように—
—悪いことは回避ができるように—
どう選択し、どんな毎日を過ごしていくか
あなたの運命は、今この瞬間から変化します

天星の特徴を知り自分だけではなく
あなたの大切な人の天星リズムや天星シグナルも一緒に覗くことで
運命を摑めるようになっていく
焦らずゆっくりと一緒にスタートしてみましょう

「天星術」基礎編をマスターされた皆様も
今初めてご覧になった皆様も
この本を手にしてくださった時点で
全ての皆様はもう「天星術」と〝お友達〟です

天星術と仲良くし是非使っていただき、自分と未来を変えてみる
ワクワクと希望を持ってみる
自分を信じてみてください

微かでもあなたに希望があるなら

〝大丈夫〟

私はあなたを信じます

本書を通じて「月」「地球」「太陽」それぞれの天星
それぞれの天星リズムを知ることで、皆さんの人生がさらに良いものになるように

もう一度、今年も私と一緒にスタート
あなたの1年を希望の光へ。まだまだ今から変えられる

〝大丈夫〟
この本があなたのお守りに

さっそくあなたの天星、あなたのリズムを覗いてみましょう

—天星術第二ステージ—
あなたへ新たな扉を開く鍵をお渡しします

愛を込めて、星のエネルギー、光のエネルギーをあなたへ

あなたの人生、あなたの心に少しでも光を照らせるように

本書と共に、素敵な時間をお過ごしください

2021年12月吉日
星ひとみ

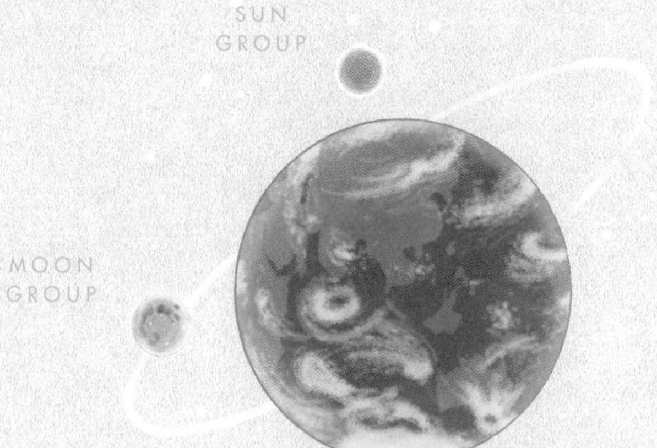

- EARTH GROUP -

CONTENTS

この本を使って占えること
～天星をもとに「星紋」を知る～

人は生まれた日によって「月」「地球」「太陽」という

3つの天室の影響を受けています。

この3つの天室は、さらに4つの時星に導かれ12の天星となっていきます。

あなたがどの天星のエネルギーを受けているのかは、

P.010の「あなたの天星の見つけかた」をチェックしてみてください。

基本の性質や行動パターン、誰かとの相性といった

様々な要素がきっと見えてくるはずです。

この本では、天星をさらに細かく「星紋」というグループに分け、

運気を知ることができます。

P.010で算出した「天星ナンバー」をもとに、

P.024 ～ 031の各天星のページから

「星松」「星桜」「星梅」「星藤」「星菊」「星竹」という

6つの星紋のどれに当てはまるのかを確認しましょう。

さらに、あなたが偶数年生まれなら「赤」、

奇数年生まれなら「白」となります。

例 天星ナンバーが「53」で1990年生まれの場合、あなたの「星紋」は「星竹・赤」です。

運気カレンダーの使いかた

この星紋をもとに、あなたの 2021年12月から
2022年12月までの運気カレンダーを掲載しています。

毎月の運気の流れ とともに、
日々の参考にしていただきたい「今月のメッセージ」、
開運を呼ぶ「3つの行動」を紹介しています。
また、できれば自分自身に
「今年叶えたいことは何ですか？」と問いかけ、
運気カレンダーのスペースを活用してみてください。

自分の願いを叶えるのは、いつも自分自身
その言葉たちが、きっと自分で目標に近づき
幸せをつかむ力になってくれるはずです

あなたの天星の見つけかた

1 P.012から始まる 生年月表 を見て、
あなたの生まれた年と月が交わる数字を
探してください。

2 その数字に、
生まれた日の数字を足してください。
その数字があなたの「天星ナンバー」です。

※合計した数字が61以上になる場合は
その数字から60を引いてください。

3 P.021の 天星ナンバー対応表 を参照して、
天星を見つけてください。

例 1995年4月20日生まれの場合
[生年月表]で1995年と4月が交わる数字は「58」。
「58」に生まれた日の「20」を足して「78」。
61以上になるので、60を引くと「18」。
「天星ナンバー対応表」を参照すると、
「18」の天星は「夕焼け」。

やってみよう！

あなたの天星は？

1 生まれた年 ＿＿＿＿ 年と

生まれた月 ＿＿＿ 月が

生年月表 で交わる数字 [　　　]

2 1で出した数 ＋ 生まれた日の数字 ＝ 天星ナンバー

[　　　] ＋ [　　　] ＝ [　　　]

61以上の場合は
60を引く

3 天星ナンバー対応表 によると

あなたの天星は [　　　]

天星はこちらの
コードからも
調べられます

生年月表

生まれ年	和暦	干支	1月	2月	3月	4月	5月	6月	7月	8月	9月	10月	11月	12月
1920	T9	申	54	25	54	25	55	26	56	27	58	28	59	29
1921	T10	酉	0	31	59	30	0	31	1	32	3	33	4	34
1922	T11	戌	5	36	4	35	5	36	6	37	8	38	9	39
1923	T12	亥	10	41	9	40	10	41	11	42	13	43	14	44
1924	T13	子	15	46	15	46	16	47	17	48	19	49	20	50
1925	T14	丑	21	52	20	51	21	52	22	53	24	54	25	55
1926	T15 / S1	寅	26	57	25	56	26	57	27	58	29	59	30	0
1927	S2	卯	31	2	30	1	31	2	32	3	34	4	35	5
1928	S3	辰	36	7	36	7	37	8	38	9	40	10	41	11
1929	S4	巳	42	13	41	12	42	13	43	14	45	15	46	16
1930	S5	午	47	18	46	17	47	18	48	19	50	20	51	21
1931	S6	未	52	23	51	22	52	23	53	24	55	25	56	26

生年月表

生まれ年	和暦	干支	1月	2月	3月	4月	5月	6月	7月	8月	9月	10月	11月	12月
1932	S7	申	57	28	57	28	58	29	59	30	1	31	2	32
1933	S8	酉	3	34	2	33	3	34	4	35	6	36	7	37
1934	S9	戌	8	39	7	38	8	39	9	40	11	41	12	42
1935	S10	亥	13	44	12	43	13	44	14	45	16	46	17	47
1936	S11	子	18	49	18	49	19	50	20	51	22	52	23	53
1937	S12	丑	24	55	23	54	24	55	25	56	27	57	28	58
1938	S13	寅	29	0	28	59	29	0	30	1	32	2	33	3
1939	S14	卯	34	5	33	4	34	5	35	6	37	7	38	8
1940	S15	辰	39	10	39	10	40	11	41	12	43	13	44	14
1941	S16	巳	45	16	44	15	45	16	46	17	48	18	49	19
1942	S17	午	50	21	49	20	50	21	51	22	53	23	54	24
1943	S18	未	55	26	54	25	55	26	56	27	58	28	59	29

生年月表

生まれ年	和暦	干支	1月	2月	3月	4月	5月	6月	7月	8月	9月	10月	11月	12月
1944	S19	申	0	31	0	31	1	32	2	33	4	34	5	35
1945	S20	酉	6	37	5	36	6	37	7	38	9	39	10	40
1946	S21	戌	11	42	10	41	11	42	12	43	14	44	15	45
1947	S22	亥	16	47	15	46	16	47	17	48	19	49	20	50
1948	S23	子	21	52	21	52	22	53	23	54	25	55	26	56
1949	S24	丑	27	58	26	57	27	58	28	59	30	0	31	1
1950	S25	寅	32	3	31	2	32	3	33	4	35	5	36	6
1951	S26	卯	37	8	36	7	37	8	38	9	40	10	41	11
1952	S27	辰	42	13	42	13	43	14	44	15	46	16	47	17
1953	S28	巳	48	19	47	18	48	19	49	20	51	21	52	22
1954	S29	午	53	24	52	23	53	24	54	25	56	26	57	27
1955	S30	未	58	29	57	28	58	29	59	30	1	31	2	32

生年月表

生まれ年	和暦	干支	1月	2月	3月	4月	5月	6月	7月	8月	9月	10月	11月	12月
1956	S31	申	3	34	3	34	4	35	5	36	7	37	8	38
1957	S32	酉	9	40	8	39	9	40	10	41	12	42	13	43
1958	S33	戌	14	45	13	44	14	45	15	46	17	47	18	48
1959	S34	亥	19	50	18	49	19	50	20	51	22	52	23	53
1960	S35	子	24	55	24	55	25	56	26	57	28	58	29	59
1961	S36	丑	30	1	29	0	30	1	31	2	33	3	34	4
1962	S37	寅	35	6	34	5	35	6	36	7	38	8	39	9
1963	S38	卯	40	11	39	10	40	11	41	12	43	13	44	14
1964	S39	辰	45	16	45	16	46	17	47	18	49	19	50	20
1965	S40	巳	51	22	50	21	51	22	52	23	54	24	55	25
1966	S41	午	56	27	55	26	56	27	57	28	59	29	0	30
1967	S42	未	1	32	0	31	1	32	2	33	4	34	5	35

生年月表

生まれ年	和暦	干支	1月	2月	3月	4月	5月	6月	7月	8月	9月	10月	11月	12月
1968	S43	申	6	37	6	37	7	38	8	39	10	40	11	41
1969	S44	酉	12	43	11	42	12	43	13	44	15	45	16	46
1970	S45	戌	17	48	16	47	17	48	18	49	20	50	21	51
1971	S46	亥	22	53	21	52	22	53	23	54	25	55	26	56
1972	S47	子	27	58	27	58	28	59	29	0	31	1	32	2
1973	S48	丑	33	4	32	3	33	4	34	5	36	6	37	7
1974	S49	寅	38	9	37	8	38	9	39	10	41	11	42	12
1975	S50	卯	43	14	42	13	43	14	44	15	46	16	47	17
1976	S51	辰	48	19	48	19	49	20	50	21	52	22	53	23
1977	S52	巳	54	25	53	24	54	25	55	26	57	27	58	28
1978	S53	午	59	30	58	29	59	30	0	31	2	32	3	33
1979	S54	未	4	35	3	34	4	35	5	36	7	37	8	38

生年月表

生まれ年	和暦	干支	1月	2月	3月	4月	5月	6月	7月	8月	9月	10月	11月	12月
1980	S55	申	9	40	9	40	10	41	11	42	13	43	14	44
1981	S56	酉	15	46	14	45	15	46	16	47	18	48	19	49
1982	S57	戌	20	51	19	50	20	51	21	52	23	53	24	54
1983	S58	亥	25	56	24	55	25	56	26	57	28	58	29	59
1984	S59	子	30	1	30	1	31	2	32	3	34	4	35	5
1985	S60	丑	36	7	35	6	36	7	37	8	39	9	40	10
1986	S61	寅	41	12	40	11	41	12	42	13	44	14	45	15
1987	S62	卯	46	17	45	16	46	17	47	18	49	19	50	20
1988	S63	辰	51	22	51	22	52	23	53	24	55	25	56	26
1989	S64/H1	巳	57	28	56	27	57	28	58	29	0	30	1	31
1990	H2	午	2	33	1	32	2	33	3	34	5	35	6	36
1991	H3	未	7	38	6	37	7	38	8	39	10	40	11	41

生年月表

生まれ年	和暦	干支	1月	2月	3月	4月	5月	6月	7月	8月	9月	10月	11月	12月
1992	H4	申	12	43	12	43	13	44	14	45	16	46	17	47
1993	H5	酉	18	49	17	48	18	49	19	50	21	51	22	52
1994	H6	戌	23	54	22	53	23	54	24	55	26	56	27	57
1995	H7	亥	28	59	27	58	28	59	29	0	31	1	32	2
1996	H8	子	33	4	33	4	34	5	35	6	37	7	38	8
1997	H9	丑	39	10	38	9	39	10	40	11	42	12	43	13
1998	H10	寅	44	15	43	14	44	15	45	16	47	17	48	18
1999	H11	卯	49	20	48	19	49	20	50	21	52	22	53	23
2000	H12	辰	54	25	54	25	55	26	56	27	58	28	59	29
2001	H13	巳	0	31	59	30	0	31	1	32	3	33	4	34
2002	H14	午	5	36	4	35	5	36	6	37	8	38	9	39
2003	H15	未	10	41	9	40	10	41	11	42	13	43	14	44

生年月表

生まれ年	和暦	干支	1月	2月	3月	4月	5月	6月	7月	8月	9月	10月	11月	12月
2004	H16	申	15	46	15	46	16	47	17	48	19	49	20	50
2005	H17	酉	21	52	20	51	21	52	22	53	24	54	25	55
2006	H18	戌	26	57	25	56	26	57	27	58	29	59	30	0
2007	H19	亥	31	2	30	1	31	2	32	3	34	4	35	5
2008	H20	子	36	7	36	7	37	8	38	9	40	10	41	11
2009	H21	丑	42	13	41	12	42	13	43	14	45	15	46	16
2010	H22	寅	47	18	46	17	47	18	48	19	50	20	51	21
2011	H23	卯	52	23	51	22	52	23	53	24	55	25	56	26
2012	H24	辰	57	28	57	28	58	29	59	30	1	31	2	32
2013	H25	巳	3	34	2	33	3	34	4	35	6	36	7	37
2014	H26	午	8	39	7	38	8	39	9	40	11	41	12	42
2015	H27	未	13	44	12	43	13	44	14	45	16	46	17	47

生年月表

生まれ年	和暦	干支	1月	2月	3月	4月	5月	6月	7月	8月	9月	10月	11月	12月
2016	H28	申	18	49	18	49	19	50	20	51	22	52	23	53
2017	H29	酉	24	55	23	54	24	55	25	56	27	57	28	58
2018	H30	戌	29	0	28	59	29	0	30	1	32	2	33	3
2019	H31 / R1	亥	34	5	33	4	34	5	35	6	37	7	38	8
2020	R2	子	39	10	39	10	40	11	41	12	43	13	44	14
2021	R3	丑	45	16	44	15	45	16	46	17	48	18	49	19
2022	R4	寅	50	21	49	20	50	21	51	22	53	23	54	24

天星ナンバー対応表

MOON 月グループ	満月	4 10 33 39 45
	上弦の月	11 17 32 38
	下弦の月	2 3 8 41 47
	新月	14 20 23 26 29 36
EARTH 地球グループ	空	6 43 49 54 55 60
	山脈	9 15 16 34 40 46
	大陸	1 5 50 53 56 59
	海	51 52 57 58
SUN 太陽グループ	朝日	21 22 27 28
	真昼	7 42 44 48
	夕焼け	12 18 31 37
	深夜	13 19 24 25 30 35

HOW TO FIND YOUR STAR

地球

グループ

[SKY / MOUNTAIN RANGE / CONTINENT / SEA]

地球グループの特徴

現実的な考えを持ち、周りをよく観察して行動します。認められたい願望が強く、その裏には「傷つきたくない」という臆病な一面が。意識的に相手のペースに合わせることで、面倒見がいいという長所を活かせます。

空

山脈

大陸

海

空、山脈、
大陸、海。
バランス感覚と
〝自然な光のエネルギー〟を持つ
地球グループ。
沢山の氣を感じ高める
神秘の波動を持ち、
現実を歩み切り開いていく
月、太陽、両者を支える
平和天室。

気をつけるタイプ

- 依存心が強い人
- 頑固な人
- 自信過剰な人

波長が合うタイプ

- センスのいい人
- 価値観が合う人
- 笑いのツボが合う人

空

未来に光を

他の誰かを羨んだり
誰かと自分を比べては
落ち込んでしまう時も

周りではなく
自分にだけは負けないこと

誰とも戦わなくていいのです
10年前、1年前、半年前、昨日

あなたが歩んできた人生
ゆっくりと変化し
素晴らしいあなたがいる

あなたの笑顔は人を幸せにする力
を秘めています

飾りすぎず素の自分も大切に

周りにいる人には

感謝と謙虚さをもって
毎日を過ごしてみて

あなたはとても温かい人
自分を大切にすれば

大切なあなたに光が灯る
一度しかない人生

あなたの代わりは誰もいない

今を大切に

負けず嫌いな
頑張り屋さん

空の基本の性格

◆頑張り屋
◆見栄っぱり
◆元気はつらつ
◆負けず嫌い
◆母性が強い

寛大な心を持ち、頼られると断りきれない「お人よしの肝っ玉母ちゃん」タイプ。多才で、仕事と恋愛の両立などそつなくこなします。実は自分に自信がない臆病な一面も。

基本の開運色	2022年の開運色
水色	シルバー

空の金運

物事にパワフルに取り組むことができますが、ローンや貸し借りはトラブルになりやすいので気をつけて。精力的に働けば豊かな暮らしが望めます。借りない、貸さない、見栄を張らない、自分の身の丈に合った使い方を徹底して。

空の恋愛運

いつも恋をしていたい、楽しんでいたいと考えるタイプ。相手の影響を受けやすいのも特徴。フットワークが軽く思い立った時が勝負。芯があるように見えますが、自分よりも強く、強引な人のペースにハマりやすい傾向が。

空の仕事運

仕事中心で生活のバランスが取れます。トップになる、認められる、また仲間から慕われるような仕事に向いています。コンサルやプロデュース業も◎。政治家、実業家、貿易、金融、医療、スポーツ、自営、レジャーも良し。

空の健康運

体力以上に無理をしてしまいがち。温泉旅行など、日ごろの疲れを解消させる時間が必要です。血圧、呼吸器、肩、皮膚、頭、神経系には特に注意。毎日少しずつできる健康法を取り入れ、体力をつけるようにしましょう。

相性の良い天星

空×空

2022年の空は、お互いが「いいところ」「直すところ」を見つめて、一緒に成長していけます。

天星ナンバーと生まれ年で見る運勢は？

自分の運勢は星紋と偶数年（赤）・奇数年（白）を知るところから始まります。
天星ナンバーと生まれ年（西暦）から星紋を割り出して、
2022年のあなたの運勢を見てみましょう。

天星ナンバーは？	生まれ年の最後の一桁が		
6	偶数	星松・赤	➡P.032へ
	奇数	星松・白	➡P.050へ
43 49	偶数	星菊・赤	➡P.140へ
	奇数	星菊・白	➡P.158へ
54 55 60	偶数	星竹・赤	➡P.176へ
	奇数	星竹・白	➡P.194へ

山脈

視点を変えてみる

人生の旅
いろんな世界がある

今見えているモノが
全てではない
頭では分かっていても
真面目に考えすぎて
辛く感じる時もある

もしつまずいてしまったのなら
自分の中にある理論や
当たり前を一度手放してみて

無理に変えるのではなく
ただ少しだけ頭を柔らかく
見る角度を変えてみる

計算や自分回路より
柔軟に感じる心と
ロマンを想像する
心を持ってみる

理論で心を動かすより
心で人を救いたい

山に生い茂る木々たちのように
あなたは人を癒す
パワーを秘めています

疲れてしまったら
山、川、風、自然に触れて
癒しの氣をチャージ

素晴らしい未来へスタート

平和主義な
リアリスト

山脈の基本の性格

- 平和主義者
- 実はドライで冷静
- 褒められて伸びる
- 愛嬌があり無邪気
- 人気者気質がある

ひとつひとつ着実に自信をつけ、協調性を大切にする安定志向タイプ。いるだけで周りを和ませ愛される性格ですが、細かくドライな一面もあり、評価やステータスを望みます。

基本の開運色	2022年の開運色
緑	黄色

山脈の金運

貯蓄という行動が自然に身についています。無駄遣いを嫌い、細かい人も多いですが、青年期を過ぎるとお金の使い方がうまくなり、経済的にさらに上昇します。印象の良さから出世運も高め。女性は玉の輿や援助運も。

山脈の恋愛運

ひと目ぼれは少なく友達付き合いの延長から恋に落ちることも。現実を見る目を持ち、金銭面や家柄、性格や趣味など、相手を観察しながら、さっぱりとした関係を求めます。素直なので騙されやすく、不倫には注意。

山脈の仕事運

人当たりの良さや協調性を活かせる仕事が◎。キャビンアテンダントやホテル、コンサルのほか、広い人間関係が利点となる、クリエイティブ系、教師、レジャー関係などもおすすめ。闘いのない職場を選ぶといいでしょう。

山脈の健康運

偏った食生活により、バランスを崩しやすい天星。自然食品を取り入れるなどで体内からキレイに。自然の中で深呼吸をして美味しい空気を吸うことも必要です。のど、肝臓、胃、首、肩、頭、心臓などに気をつけましょう。

相性の良い天星

山脈×深夜

2022年の山脈にとって、深夜は刺激を与えてくれる相手。趣味や好きなものに付き合うのも◎

天星ナンバーと生まれ年で見る運勢は？

自分の運勢は星紋と偶数年（赤）・奇数年（白）を知るところから始まります。
天星ナンバーと生まれ年（西暦）から星紋を割り出して、
2022年のあなたの運勢を見てみましょう。

天星ナンバーは？	生まれ年の最後の一桁が		
9	偶数	星松・赤	➡P.032へ
	奇数	星松・白	➡P.050へ
15 16	偶数	星桜・赤	➡P.068へ
	奇数	星桜・白	➡P.086へ
34 40	偶数	星藤・赤	➡P.104へ
	奇数	星藤・白	➡P.122へ
46	偶数	星菊・赤	➡P.140へ
	奇数	星菊・白	➡P.158へ

大陸

あうんの呼吸

考え方を少しだけ変えると
見える景色が変わっていく
人は1人では生きられない
少しだけゆっくりと
そう呼吸を合わせるように
プライドが邪魔をして時に
一方通行になりがちなあなた
もし誰かを敵だと感じたのなら
それはあなたを成長させる人
自分の理論や思い込みを
少しだけ手放してみる
人生を振り返って
選ばなかった人生より
選んできた今を楽しめるように
自分の可能性を閉ざさずに
一番苦しいと感じたときは
一番成長ができる時
乗り越えてこそ
人生は豊かになってゆくもの
もしかしたら少し
早歩きだったかもしれません
柔らかくゆっくりでいい
あなたの優しい言葉で
救われる人がいる
あなたを好きでいてくれる人に
愛を伝えてくれる人に
叱ってくれる人に
素直な気持ち、感謝の心を
生きてるうちに、誰だって
生まれ変わることはできる

今まで見えていなかった
景色が見えてくる
〝あなたは大丈夫〟

冷静沈着な
感性先取りタイプ

大陸の基本の性格

- おしゃれ
- 嘘が苦手
- プライド高め
- マイペースな
- 自信家
- 好き嫌いがはっきり

才能豊かで独自のセンスを持つ大陸。正義感が強く、決断力は高めで、良いか悪いかを感覚で決めます。クールで芯が強いタイプですが、情にもろく義理堅い一面も。

基本の開運色　2022年の開運色

赤 × テラコッタ

大陸の金運

幼い頃に「苦労」の言葉が入りやすく、底力を秘めている人が多い天星。自分の才能と仕事が結びつけば大きな財を手にします。基本的には細く長く安定と安心が得られる星です。年配の人がキーパーソンに。

大陸の恋愛運

好きなものは好き、嫌いなものは嫌い、とはっきりしています。付き合う前に自分に合うか合わないかを見極めようとします。媚びることが苦手で、強がって甘えられない時がありますが、自分のペースで進められます。

大陸の仕事運

プライドが高く、ネームバリューのある仕事が力を高めます。漫画家、ファッション、モデル、美容、デザイナー、企画開発系、インテリアなど、センスを発揮できる職業が◎。冷静さを活かし医療や警察官、公務員なども。

大陸の健康運

骨が弱りやすいので、強化するのがおすすめ。足や背中にも注意が必要なので、あまり無理をせず、自分で簡単なストレッチやマッサージをして、体を癒してあげましょう。のど、耳、首、肩なども丈夫ではなさそうです。

相性の良い天星

大陸×下弦の月

2022年の大陸は、下弦の月と行動することで1人では気づけなかった可能性を見つけられます。

天星ナンバーと生まれ年で見る運勢は？

自分の運勢は星紋と偶数年（赤）・奇数年（白）を知るところから始まります。
天星ナンバーと生まれ年（西暦）から星紋を割り出して、
2022年のあなたの運勢を見てみましょう。

天星ナンバーは？	生まれ年の最後の一桁が	星紋	
1 5	偶数	星松・赤	➡P.032へ
	奇数	星松・白	➡P.050へ
50	偶数	星菊・赤	➡P.140へ
	奇数	星菊・白	➡P.158へ
53 56 59	偶数	星竹・赤	➡P.176へ
	奇数	星竹・白	➡P.194へ

海

分かち合うこと

知らず知らずに
自分の殻に
閉じこもってしまう時がある

分かってもらえないのではなく
何も言わないから
分からないだけかもしれない

自分に欠けているものを
過大に考えすぎると迷宮に入る

色々考えても分からないなら
相手の目であなたを覗いたら
どんなふうに映るのか
相手の耳で聴いたら
相手の心で感じたらを考えてみる

心配するより信頼を
何をしてほしいかではなく
何をしてあげられるか

理解されたいより
人を理解してみると
違う世界が見えてきます

大丈夫
少し力を抜いて

大丈夫
あなたの頑張りは伝わっています
たまには自分を
守ることから脱出し
人を守れるように

二面性を隠し持った
完璧主義者

海の基本の性格

- 負けず嫌い
- 計算高い
- 内弁慶
- 一生懸命
- 小悪魔タイプ

底知れぬパワーを秘めているタイプ。慎重な反面、大胆さも隠し持ち、義理堅く優しい天星。マナーが身についているしっかり者。マイペースで頑固、隠れた野心家の面も。

基本の開運色	2022年の開運色
青	深緑

海の金運

幼年期に多少苦労しても、人からの援助や支えで財をしっかりとつかむことができます。お金の管理がうまく、増やすこともできそう。お金に困ることはなさそうですが、欲深さが邪魔をすると金運が衰えます。

海の恋愛運

自分から行動を起こせない慎重派。無意識にステータスなど条件が揃った相手を受け入れる傾向が。長いスパンで付き合うタイプ。本来わがままなので、「自分の言うことを聞いてほしい」という願望が表面化していきます。

海の仕事運

学び、蓄えてきた知識を与える仕事に向いています。話術を使い、弱き者を助け、人に教えることがキーワード。例えば看護師、介護士、公務員、教育産業、自衛官など。飲食、エンジニア、鉄鋼、外国に関わる職種も◎

海の健康運

集中すると気が額に集まりやすく、頭や目元に疲れが出ます。頑固にならずリラックスを心がけ、おおらかで豊かな生活を。頭、目、血行、腸、子宮、心臓には特に注意。運転の際には視界にも気をつけましょう。

相性の良い天星

海×真昼

口下手で考えすぎる海。真昼のストレートさが頭の中を整理してくれます。相談相手にも◎

天星ナンバーと生まれ年で見る運勢は？

自分の運勢は星紋と偶数年（赤）・奇数年（白）を知るところから始まります。
天星ナンバーと生まれ年（西暦）から星紋を割り出して、
2022年のあなたの運勢を見てみましょう。

天星ナンバーは？

51
52
57
58

生まれ年の最後の一桁が

- 偶数 …… 星竹・赤 ➡P.176へ
- 奇数 …… 星竹・白 ➡P.194へ

星松

赤

決星

〝目的を決めて、踏み出す年〟

総合運

2022年は「決星」の年。これからの数年の運命を決める大事な時期です。特に2月は、大きな決断を下す出来事があるかもしれません。年明けから忙しい日々を過ごしていた人は、3月に体調を崩しそうなので休養を取りましょう。4月は決めた道を信じて進むとき。5月は迷いが生じやすいので、自分磨きやリラックスに努めるのが◎。8月まで絶好調になりそうな予感ですが、秋以降、調子に乗り過ぎたり無理をしたりしないよう気をつけて。

恋愛運

今年は憧れだけではなく、本命の相手を見つけることを目標にしましょう。趣味の集まりや仕事相手など、今まで意識していなかった場所で新年早々に出会いがありそう。紹介で出会う可能性も濃厚です。ぼんやりと過ごすより、前向きな態度が出会いを引き寄せます。この人なら信頼できるという人がきっと浮上してくるので、あなたを大切にしてくれないような相手に未練を持つ必要はありません。交際中のカップルは8月までの入籍が理想です。

仕事・金運

いらないものは捨てて、大事なものを絞るのが今年のテーマ。仕事面でも、自分の進む方向を明確にしましょう。何でもこなせる器用さがありますが、その能力を活かすためにもまずひとつに集中してみて。クリエイティビティや探求心を発揮できる場所なら、人間関係のストレスも減っていくはず。転職にも積極的にチャレンジを。ただし頑張り過ぎて過労にならないよう注意。テレワークの人は、部屋を心地よく整えることで体調面にいい効果が生まれます。

星松・赤

2021年

11月

・リセットの時期
・判断ミス
・縁が切れる
・爆発しやすい

12月

・新スタート
・新発見
・チャレンジする
・直感が戻る

2022年

1月

・物事を見直す
・体調を崩しやすい
・準備の時期
・少し休憩

2月

・決断する
・直感に従う
・人生が変わる
・軸を定める

3月

・体調管理を第一に
・無理はしない
・メンタルダウンに注意
・癒しを大切にする

4月

・変化がある
・力を発揮できる
・夢が膨らむ
・天から光を受ける

5月

・誘惑が多い
・調子に乗りがち
・足腰を温める
・決断はNG

2022年運気の流れ

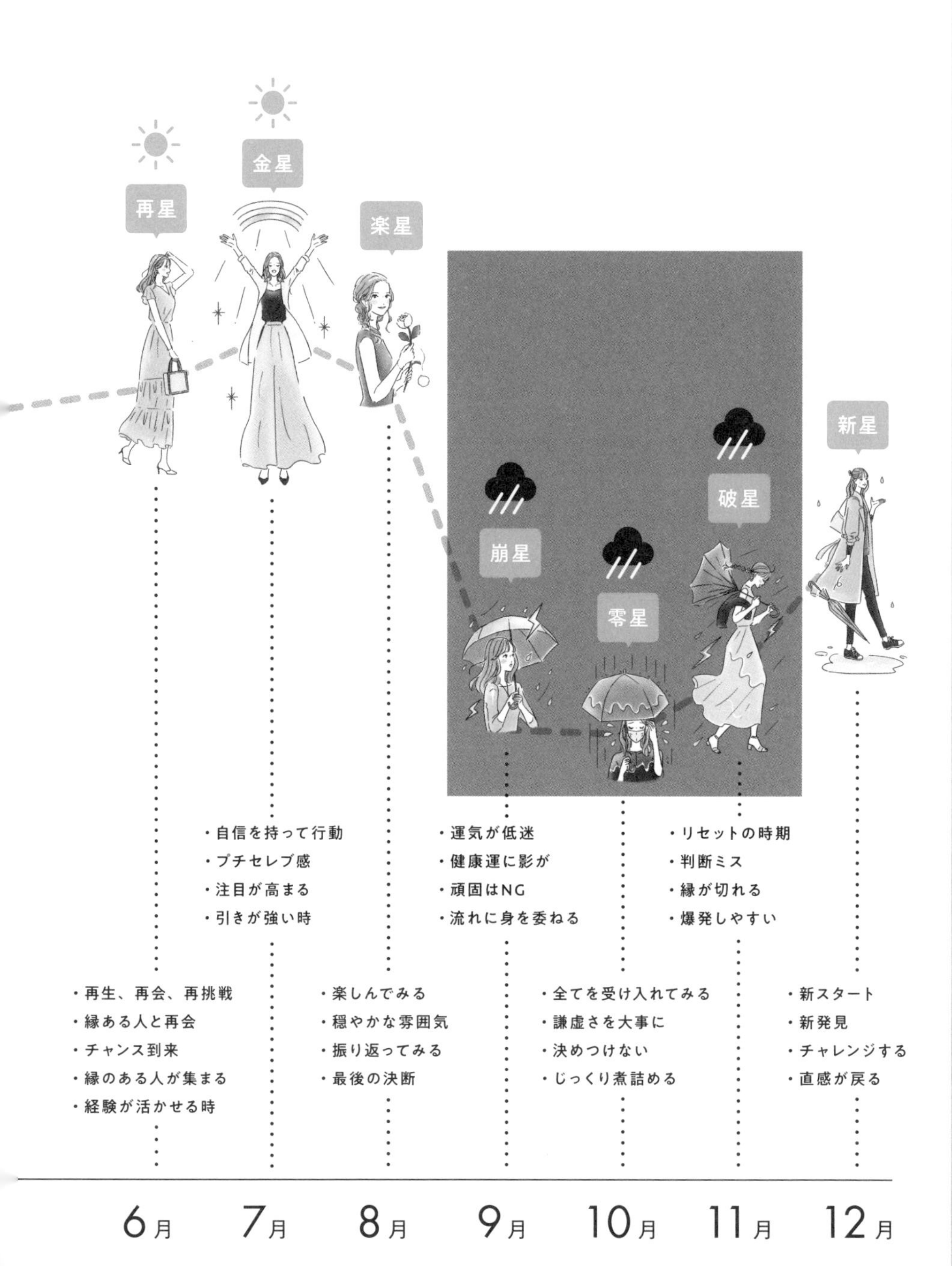
再星
金星
楽星
崩星
零星
破星
新星
・自信を持って行動
・プチセレブ感
・注目が高まる
・引きが強い時
・運気が低迷
・健康運に影が
・頑固はNG
・流れに身を委ねる
・リセットの時期
・判断ミス
・縁が切れる
・爆発しやすい
・再生、再会、再挑戦
・縁ある人と再会
・チャンス到来
・縁のある人が集まる
・経験が活かせる時
・楽しんでみる
・穏やかな雰囲気
・振り返ってみる
・最後の決断
・全てを受け入れてみる
・謙虚さを大事に
・決めつけない
・じっくり煮詰める
・新スタート
・新発見
・チャレンジする
・直感が戻る
6月
7月
8月
9月
10月
11月
12月

星松・赤
運気カレンダー

Fortune Calendar

運気カレンダーの見かた

運気カレンダーでは、あなたの毎月の運気と
日々の運気の流れを知ることができます。

運気が停滞しやすい日、判断ミスを起こしやすい日
直感が働く日、物事を決定するのに適した日など
それぞれの運気に合わせたマークが、カレンダーに書かれているので
毎日の過ごしかたの参考にしてください。
カレンダーのグレーは影の時期。運気がやや低迷します。

また、「天赦日」「一粒万倍日」は暦の上での吉日なので、行動を起こすのにいい日です。
逆に「不成就日」は暦の上では願いごとが叶いにくい日なので、穏やかに過ごすのがおすすめです。

吉日と不成就日が重なる場合には、あまり新しい行動は起こさない方がベター。

毎月のお言葉と、挑戦してほしい３つの行動もお伝えしているので、
ぜひ指針にしてみてくださいね。

天星記号のキーワード

- × 立ち止まってみる。冷静に。気をつける。
- ● 人の話を聞く。謙虚に。大切なものを守る。
- ⤯ 自分を変える。奉仕する。
- ✧ 少しずつ動く。もう一度チャレンジする。
- □ 焦らない。可能性を探す。見直す。
- ☆ 自分を信じる。邪気を払う。希望を持つ。
- ▼ 無理しない。ゆっくりする。ケガや病気に注意。
- ◎ 挑戦する。自信を持つ。諦めない。
- △ 初心を忘れない。調子に乗らない。
- ○ やってみる。進む。人の縁を大切に。
- ☆☆ レベルアップ。追い風に乗る。チャンスあり。
- ＞ ひとり占めしない。先を考えてみる。計画的に。
- ☆☆☆ 感謝をする。幸せをいただく。ポジティブに。
- ⤰ 要注意。決断しない。ワガママ禁止。
- ▲ 一度冷静に。心を穏やかに。飛びつかない。
- ☯ 強引にならない。闘わない。調和する。

December

探星の年

2021年12月

新スタート

新星の月

今月はあなたに追い風が吹いて、やってみたい気持ちや、変わりたいと思えるような流れがきます。
怖がらずに進んでみましょう、あなたなら大丈夫。

1 新しいことに挑戦　2 イメチェンしてみる　3 最新の流行に注目

Mon.	Tue.	Wed.	Thu.	Fri.	Sat.	Sun.
		1 金 ☆☆ 言葉遣いに注意してみて。美しい言葉選びで開運。	2 楽 不成就日 ＞ 周囲の人に手を貸すと、結果的にあなたの評価UP。	3 崩 一粒万倍日 × 人の助言は反抗せずに受け入れることが大切。	4 零 ●(新月) 一粒万倍日 ● ウソはバレなきゃOKと安易に考えず正直に話そう。	5 破 ×↗ 強引にことを進めるのはNG。周囲の意見を大切に。
6 新 ✧ 情報に敏感になって◎。素敵なスポットも発見!	7 探 □ 早とちりは失敗のもと。相手を知る努力をしよう。	8 決 不成就日 ☆ 朝から張り切りすぎると息切れ。配分を考えて。	9 沈 ▼ 無理をすると風邪をひきそうなので、早めに帰宅を。	10 天 ◎ 出会いのチャンス。お誘いは積極的に受けると吉。	11 迷 ◐(上弦) △ 自信過剰は恥ずかしい失敗のもと。鏡をチェック。	12 再 ○ 物事を見直すことで、いいチャンスが訪れます。
13 金 ☆☆ 気前よくおごってあげればあなたの評価が急上昇。	14 楽 ＞ 新しい服を着て話題のスポットに行けば恋愛運UP。	15 崩 × 楽しそうな予定を立ててもトラブルがあるかも。	16 零 不成就日 ● 感情が爆発しそう。コントロールする努力を。	17 破 一粒万倍日 ×↗ 気分が顔に出てしまいがち。場の空気を読んでみて。	18 新 一粒万倍日 ✧ 気になることを見つけたら方向性を決めてトライ!	19 探 ○(満月) □ 言われた通りより、自分なりのやり方を探ろう。
20 決 ☆ 迷わず即決を目指そう。前向きに進んでみて。	21 沈 ▼ 気持ちだけが先走りそう。焦らず小まめに休息を。	22 天 ◎ 強い味方と出会えそうな予感。ご縁を大切にしよう。	23 迷 △ 集中力に欠ける日。まずはやるべきことを優先。	24 再 不成就日 ○ 過去の経験と知識を生かして。じっくりとトライしてみて。	25 金 ☆☆ プレゼントはケチらずに、本当にいい物を選んで。	26 楽 ＞ 願っていたことを行動に移す日。説得するなら今日。
27 崩 ◑(下弦) × 思いつきの行動は×。短気にならず冷静に判断。	28 零 ● 勘違いをしやすい日。自分から動かない方が吉。	29 破 一粒万倍日 ×↗ やり残していたことは早めに片付けて終わらせよう。	30 新 一粒万倍日 ✧ 新しいことに挑戦できる日。自信がなくても大丈夫。	31 探 □ 感謝の気持ちを忘れずに。印象を変えると良い日。	Memo	

×：立ち止まってみる。冷静に。気をつける。 ●：人の話を聞く。謙虚に。大切なものを守る。 ×↗：自分を変える。奉仕する。 ✧：少しずつ動く。もう一度チャレンジする。
□：焦らない。可能性を探す。見直す。 ☆：自分を信じる。希望を持つ。 ▼：無理しない。ゆっくりする。ケガや病気に注意。 ◎：挑戦する。自信を持つ。諦めない。 △：初心を忘れない。調子に乗らない。 ○：やってみる。人の縁を大切に。 ☆☆：レベルアップ。追い風に乗る。 ＞：ひとり占めしない。計画的に。

カレンダーは法律の改正等により、国民の祝日・休日等が変更になる場合があります。

● 新月　◐ 上弦　○ 満月　◑ 下弦

January

決星の年

2022年1月

物事を見直す

探星の月

やりたいこと、やってみたいことを書きだしてみましょう。
規則正しい生活とトレーニングを心がけて免疫力を高めると、来月の運気に勢いがつきます。

★1 新たな価値観を持つ　★2 新しい趣味に挑戦　★3 苦手意識をなくす

Mon.	Tue.	Wed.	Thu.	Fri.	Sat.	Sun.
					1 決 不成就日 ☆ 行動と決断で開運。いい運気を呼び込めそう。	2 沈 ▼ 今日はリラックスして。マイペースでも大丈夫。
3 天 ● ◎ 行動力を発揮できるチャンス。情報を集めてみて。	4 迷 △ 注意力が欠けてしまいそう。いつも以上に確認を。	5 再 ○ 中途半端で止まったままのプランを進めましょう。	6 金 ☆☆ 予定通りに物事が進みそう。最終確認を大切に。	7 楽 ＞ やる気の姿勢が、周囲にいい影響を与えられそう。	8 崩 不成就日 × 困っても人に頼るのではなく、自力で乗り切ろう。	9 零 ● 急な予定変更、混乱に巻き込まれても冷静な対応を。
10 破 ◐ ×↗ 失敗を引きずりそう。気持ちの切り替えが大切。	11 新 天赦日 一粒万倍日 ✧ 意欲が高まるとき。いいアイデアがひらめく予感。	12 探 □ 出会いと発見の運気。情報収集と準備が大事。	13 決 ☆ 誤解を恐れずに話すことで、信頼度が上がり開運へ。	14 沈 一粒万倍日 ▼ 疲れが出てきそうな日。消化の良い食事を心がけて。	15 天 ◎ 見極めの早さで難問解決の予感。直感で動いて◎	16 迷 不成就日 △ リラックスはいいけれど、暴飲暴食しないように。
17 再 ○ 行き詰まったときは、昔の友人に相談すると吉日。	18 金 ○ ☆☆ 人の優しさに気づけばすべて解決に物事が進む日。	19 楽 ＞ 自信を持って取り組めば予想以上の結果が出そう。	20 崩 × 予定を諦めることになりそう。見返りは期待しないで。	21 零 ● 軽はずみな行動は危険。いつも通り慎重な姿勢で。	22 破 ×↗ トラブルの予感。意識を変えればチャンスに好転。	23 新 一粒万倍日 ✧ 新たな人脈が仕事に繋がる日。変化が大切。
24 探 不成就日 □ 結果より過程が重要。立ち止まって明日からトライしよう。	25 決 ◑ ☆ 判断力が高まるとき。情報に敏感でいると吉。	26 沈 一粒万倍日 ▼ 体調を崩しそう。急ぎでも残業は控えて明日以降に。	27 天 ◎ シングルの人は出会いの場へ。友人の誘いは吉。	28 迷 △ 足もとの怪我に注意したい日。忘れずに確認を。	29 再 ○ 失くしたと諦めかけていた物が見つかるかも。	30 金 ☆☆ 目先の損得よりも人の役に立つことを優先。
31 楽 ＞ 自分のことは最後に。周囲への感謝の心を表そう。	Memo					

●新月　◐上弦　○満月　◑下弦

×：立ち止まってみる。冷静に。気をつける。●：人の話を聞く。謙虚に。大切なものを守る。×↗：自分を変える。奉仕する。✧：少しずつ動く。もう一度チャレンジする。□：焦らない。可能性を探す。見直す。☆：自分を信じる。希望を持つ。▼：無理しない。ゆっくりする。ケガや病気に注意。◎：挑戦する。自信を持つ。諦めない。△：初心を忘れない。調子に乗らない。○：やってみる。人の縁を大切に。☆☆：レベルアップ。追い風に乗る。＞：ひとり占めしない。計画的に。

February

決星の年

2022年2月

決断する

決星の月

大きな決断をするなら今。今月決めたことは曖昧にせずに、
目標を決めて「やること」「やらないこと」を意識しましょう。はっきりとした意思を表して。

1 大切な決断をする　2 優柔不断はNG　3 スキルアップする

Mon.	Tue.	Wed.	Thu.	Fri.	Sat.	Sun.
	1 崩 ● × チームワークに向いていない日。1人でこなそう。	2 零 ☯ いきなり選択を迫られても、焦って決めないこと。	3 破 不成就日 ↗ 思うようにいかないなら、方向転換するのも◎	4 新 ✧ やる気スイッチON。気になることはメモしスタートを。	5 探 一粒万倍日 ○ 相手を尊重する気持ちで、話の輪に入ってみよう。	6 決 ☆☆ 曖昧な態度は×。潔い決断をするといい日。
7 沈 ▼ お疲れ気味なら好きな映画を観て回復。	8 天 ◐ ◎ 朝から動けば結果も出そう。勝負をかけてみて。	9 迷 □ 仕事は丁寧に。忘れ物がないか慎重に。	10 再 一粒万倍日 ◎ 納得できないことがあるなら、諦めずにやり直そう。	11 金 不成就日 ☆☆☆ ダメもとで勝負も、ときには必要。笑顔を忘れずに。	12 楽 ＞ 友達と集まるなら、早め集合、早め解散にしよう。	13 崩 × 自分のためよりも大切な人のために行動してみて。
14 零 ☯ 自信がないことは後回しにし少し煮詰めてみよう。	15 破 ↗ 忙しいからと冷たい態度にならないように注意して。	16 新 ✧ 行動力が重要な日。動けば成果に繋がります。	17 探 ○ 一粒万倍日 ○ 街を散索すると、素敵なお店を発見できるかも。	18 決 ☆☆ 積極的なアピールで、気になる人と接近できそう。	19 沈 不成就日 ▼ 無理をすると体調を崩しそう。遊びは切り上げ早めに帰ろう。	20 天 ◎ パワフルに行動すると◎。迷わず直感でGO!
21 迷 □ 人間関係での焦りは禁物。腐れ縁になりそう。	22 再 一粒万倍日 ◎ 目標を定めたいときは、昔の友人に刺激をもらおう。	23 金 ☆☆☆ 挑戦や開拓精神で自分の可能性を広げて。	24 楽 ◑ ＞ 中途半端は×。周りに甘えてでもやりきる努力を。	25 崩 × ストレス発散には、出歩くより帰宅してリラックスが◎	26 零 ☯ 不調を感じるかも。自分から動かずサポートに専念。	27 破 不成就日 ↗ 目標達成のためには失うことを恐れないで。
28 新 ✧ ピンとこなくても、とりあえず動けば発見があります。	Memo					

●新月 ◐上弦 ○満月 ◑下弦

×：立ち止まってみる。冷静に。気をつける。 ☯：強引にならない。闘わない。調和する。 ↗：自分を変える。奉仕する。 ✧：少しずつ動く。もう一度チャレンジする。 ○：やってみる。人の縁を大切に。 ☆☆：レベルアップ。追い風に乗る。 ▼：無理しない。ゆっくりする。ケガや病気に注意。 ◎：挑戦する。自信を持つ。諦めない。 □：焦らない。可能性を探す。見直す。 ☆☆☆：感謝をする。幸せをいただく。ポジティブに。 ＞：ひとり占めしない。計画的に。

March

決星の年

2022年3月

メンテナンス

沈星の月

無理をすると不調になりやすく回復しにくい月。メンテナンスを意識して癒しを優先しましょう。
なるべく体を気遣い、のんびりする時間を作ることを心がけて。

1 オン／オフを切り替える　2 休日の楽しみを作る　3 バスタイムを充実

Mon.	Tue.	Wed.	Thu.	Fri.	Sat.	Sun.
	1 探 一粒万倍日 □ 頑固さを手放し人の考えを受け入れると開運。	2 決 ☆ 健康管理できている人は調子も◎。計画を実行へ!	3 沈 ● ▼ 根の詰めすぎは×。自分の言葉がキツくなったら休憩を。	4 天 不成就日 ◎ 好調でも息切れしそう。公私に優先順位をつけて。	5 迷 △ 真面目になりすぎず、肩の力を抜くといい日。	6 再 ○ 過去の体調不良の再発防止には休息が必要。
7 金 ☆☆ 目の前のことに焦らずに、時間をかけてレベルUP。	8 楽 > 他人の心配をする前に、自己管理に注目して。	9 崩 一粒万倍日 × 自分理論は抑え人から学びを得るといい日。	10 零 ◐ ● 油断からトラブルに。些細なことでも慎重に確認を。	11 破 ×↗ 現状の関係性は期待薄。覚悟を決めて決断しよう。	12 新 不成就日 ✧ 体にいいことを始め停滞を回避。朝のストレッチで好調。	13 探 □ 人嫌いに陥りがち。身近な人と話すことで克服を。
14 決 一粒万倍日 ☆ 明るい未来を想像して将来の計画を立ててみて。	15 沈 ▼ アレルギーでイライラしがち。グチは控えると吉。	16 天 ◎ 片思いの相手には大胆に。余裕あるアピールが◎	17 迷 △ 集中力が下がったら風に当たって頭をすっきりと。	18 再 ○ ○ 問題が再浮上。分析して別の対策を練ろう。	19 金 ☆☆ 健康食品やサプリを購入して健康への投資を。	20 楽 不成就日 > 謙虚でいれば穏やかな1日。自信過剰な態度は×
21 崩 一粒万倍日 × うまくいかなくても当たり前。諦めてはダメ。	22 零 ● 親切が裏目に。与えられた作業のみに専念を。	23 破 ×↗ 誤解と非難を招くかも。噂話とは距離を置こう。	24 新 ✧ 髪型を変えたり、イメチェンすればいい変化に。	25 探 ◑ □ プライベートが充実したら仕事面も期待できそう。	26 決 天赦日 一粒万倍日 ☆ 良い決断ができる日。思い切った行動が吉。	27 沈 ▼ 体調に少しでも違和感があるなら、早めに病院へ。
28 天 不成就日 ◎ 自分の意見を無理に通さず周りを尊重しよう。	29 迷 △ 集中力に欠けて周りに迷惑をかけやすいので注意。	30 再 ○ メルマガや雑誌を整理すると◎。思わぬヒントが。	31 金 ☆☆ 仕事運が絶好調！ 頑張った分だけ評価もUP。	Memo		

×：立ち止まってみる。冷静に。気をつける。 ●：人の話を聞く。謙虚に。大切なものを守る。 ×↗：自分を変える。奉仕する。 ✧：少しずつ動く。もう一度チャレンジする。 □：焦らない。可能性を探す。見直す。 ☆：自分を信じる。希望を持つ。 ▼：無理しない。ゆっくりする。ケガや病気に注意。 ◎：挑戦する。自信を持つ。諦めない。 △：初心を忘れない。調子に乗らない。 ○：やってみる。人の縁を大切に。 ☆☆：レベルアップ。追い風に乗る。 >：ひとり占めしない。計画的に。

●新月 ◐上弦 ○満月 ◑下弦

April

決星の年

2022年4月

努力が報われる

天星の月

言霊《ことだま》の月。良いことを考えれば良くなり、悪いことを考えると悪くなりやすいので、ポジティブシンキングを目指しましょう。嬉しい出来事も起こりやすい時期。

1 良い行いを3つしてみる　2 感謝を素直に伝える　3 直感を信じてみる

Mon.	Tue.	Wed.	Thu.	Fri.	Sat.	Sun.
				1 楽 ● 不成就日 > ゴールが視界に！気を抜かずやる気を維持。	2 崩 一粒万倍日 × 言葉で人を傷つけそう。ひと呼吸おいて話してみて。	3 零 ☯ 待遇の悪さの原因は自分。見直すことで回避。
4 破 ♐ 自己主張は控えて、周りに合わせて過ごすと良い日。	5 新 一粒万倍日 ✧ 可能性が芽吹く時期。新しいことを始めてみよう。	6 探 ○ 新鮮な気分になれる日。人との会話に良いヒントが。	7 決 ☆ 冷静な決断が◎。感情で動かないように注意して。	8 沈 一粒万倍日 ▼ 健康状態を改善したいなら免疫力の上がる食品を。	9 天 ◐ 不成就日 ◎ 理想の実現のため、多少の犠牲は覚悟するべき。	10 迷 □ リラックスしすぎが失敗の原因。緊張感が必要。
11 再 ◎ 積ん読を消化して知識や情報を増やしましょう。	12 金 ☆☆ 片思い中の人は告白して◎。変化が入り、良い未来へ。	13 楽 > 見返りを期待しない行動がのちの幸運を呼びます。	14 崩 × 進んでいたことが停滞。この一時停止が大切。	15 零 ☯ 受け身の姿勢が吉。行動は別日の方が成功率UP。	16 破 ♐ 大事な物を失くさないよう、整理整頓を心がけて。	17 新 ○ 一粒万倍日 不成就日 ✧ 決めつけは厳禁。何事も探求心を持って吸収を。
18 探 ○ プライドのせいで孤立しそう。友達や仲間を大切に。	19 決 ☆ 決めたことがスムーズに進む日。一気に進めよう。	20 沈 一粒万倍日 ▼ 一見停滞していても、焦らずに様子を見てOK。	21 天 ◎ 積極的に誘ってみたり、動くことで幸運が見えそう。	22 迷 □ いい加減な言動が目立つ日。平常心を心がけて。	23 再 ◑ ◎ 趣味も恋愛も積極的に。努力の継続がカギ。	24 金 ☆☆ 頑張りが実を結び、達成感を味わうことができます。
25 楽 不成就日 > 重要なことは早起きして終わらせると、充実した1日に。	26 崩 × 周りと波長が合わなそう。1人でできることを優先。	27 零 ☯ 意見を言うと敵が増えそうな予感。沈黙が◎	28 破 ♐ 脱力モードな1日。気合を入れて作業に励もう。	29 新 一粒万倍日 ✧ 小さな変化が幸運のカギ。新しい服や模様替えを。	30 探 ○ 物事を前進させよう。動くとやる気もわくはず。	

●新月　◐上弦　○満月　◑下弦

×：立ち止まってみる。冷静に。気をつける。 ☯：強引にならない。闘わない。調和する。 ♐：自分を変える。奉仕する。 ✧：少しずつ動く。もう一度チャレンジする。 ○：やってみる。人の縁を大切に。 ☆：レベルアップ。追い風に乗る。 ▼：無理しない。ゆっくりする。ケガや病気に注意。 ◎：挑戦する。自信を持つ。諦めない。 □：焦らない。可能性を探す。見直す。 ☆☆：感謝をする。幸せをいただく。ポジティブに。 >：ひとり占めしない。計画的に。

May

決星の年

2022年5月

誘惑が多い

迷星の月

忘れ物などの些細なミスが多い時期。詰めが甘くなりやすいので、
気持ちが浮ついて集中できていないときは、無理に詰め込まないようにしましょう。

1 報告・連絡・相談を徹底　2 人が喜ぶことをする　3 勘違いや早とちりに注意

Mon.	Tue.	Wed.	Thu.	Fri.	Sat.	Sun.
						1 決 ● ☆ ルーズになりやすいので今日の計画は見直しが◎
2 沈 一粒万倍日 ▼ 休息が必要な日。人間関係に余裕がなくなりそう。	3 天 ◎ 遊びに集中すれば絶好調。余計な心配事は忘れて。	4 迷 不成就日 △ ムダにモテてしまうかも。迷うなら答えは保留に。	5 再 ○ 下調べせずに動くのはNG。情報収集を大切に。	6 金 ☆☆ 手ごたえをつかめそうな日。努力を継続すると◎	7 楽 ＞ 助言を聞き流すと停滞の予感。柔軟な心を持とう。	8 崩 × 新しいことに興味が湧いてもすぐ動かずによく考えて。
9 零 ◐ ● 状況のよさに気も緩みがち。周囲に確認してもらおう。	10 破 ×↗ 詰めの甘さに注意。最後まで丁寧にチェックして。	11 新 ◇ 環境変化の予感。すぐ決断せず冷静に判断を。	12 探 不成就日 □ エネルギーは十分だけど動くのは明日からにしよう。	13 決 ☆ 直球だけでなく、相手によっては変化球も必要です。	14 沈 一粒万倍日 ▼ うまくいっていても不安になりそう。考えずに休憩しよう。	15 天 一粒万倍日 ◎ 良い注目をされる日。感謝の気持ちを忘れずに。
16 迷 ○ △ 楽観的になりすぎると評判を落とすので注意。	17 再 ○ 自分から動けば冷戦状態の人と和解のチャンス。	18 金 ☆☆ 順調なときほど気が緩みそう。緊張感を忘れずに。	19 楽 ＞ 恋人や仲間を大切に。余計な一言に気をつけて。	20 崩 不成就日 × 進行方向に大きな壁が。別の方法も検討しよう。	21 零 ● 信頼があだになる予感。安易に人を信用せず慎重に。	22 破 ×↗ ポリシーが成長の妨げに。改善した方がよさそう。
23 新 ◑ ◇ 知らない一面を見て人の魅力に気づけそうな日。	24 探 □ 朝から飛ばしすぎて疲れそう。ペース配分がカギ。	25 決 ☆ 結論を先延ばしにせず、決着をつけるなら今日。	26 沈 一粒万倍日 ▼ 些細なことでイライラしがち。早めに寝て忘れよう。	27 天 一粒万倍日 ◎ 新しい出会いを大切に。まずはしっかりと挨拶を。	28 迷 不成就日 △ 楽しく過ごせそうですが、恋人以外の異性には注意。	29 再 ○ 以前失敗したことにリベンジできるチャンス!
30 金 ● ☆☆ 昔の趣味に再挑戦すると◎。副業になる可能性も。	31 楽 ＞ いつもと違う外見はNG。通常通りで魅力を発揮。	Memo				

●新月 ◐上弦 ○満月 ◑下弦

×：立ち止まってみる。冷静に。気をつける。●：人の話を聞く。謙虚に。大切なものを守る。×↗：自分を変える。奉仕する。◇：少しずつ動く。もう一度チャレンジする。□：焦らない。可能性を探す。見直す。☆：自分を信じる。希望を持つ。▼：無理しない。ゆっくりする。ケガや病気に注意。◎：挑戦する。自信を持つ。諦めない。△：初心を忘れない。調子に乗らない。○：やってみる。人の縁を大切に。☆☆：レベルアップ。追い風に乗る。＞：ひとり占めしない。計画的に。

June

決星の年

2022年6月

再挑戦できる

再星の月

光が入る月。今までやってきたことを見直すとさらに飛躍するチャンス。
アドバイスは素直に受け入れましょう。久々に連絡が来た人はラッキーパーソン。

★1 人との縁を大切にする　★2 したいことを3つ書く　★3 懐かしいことに挑戦

Mon.	Tue.	Wed.	Thu.	Fri.	Sat.	Sun.
		1 崩 × トラブル対応に追われそう。冷静に対処しよう。	2 零 ☯ 予定通り進まずイライラ。今は不満をこらえよう。	3 破 不成就日 ×↗ カビが発生しやすい時季。掃除は部屋の隅々まで！	4 新 ✧ 視点を変えれば、毎日がもっと楽しくなる予感。	5 探 ○ 旧友からお誘いが。行けば世界が広がるかも。
6 決 ☆ 結婚など未来のための決断のとき。素直な気持ちが◎	7 沈 ◐ ▼ 病気が再発する可能性が。早めの受診で悪化を回避。	8 天 ◎ 状況に流されないよう注意。自分らしさがチャンス。	9 迷 一粒万倍日 □ 余裕を持って行動しよう。早起きが幸運のカギ。	10 再 天赦日 一粒万倍日 ◎ 過去の恋愛経験を活かせば正しい選択ができそう。	11 金 不成就日 ☆☆ これまでの成果を踏まえて、今後の目標を決めると◎	12 楽 > 口だけや人を待たせずに。慣れていることでも慢心はNG。
13 崩 × 問題発生の予感。丁寧に説明すると解決の糸口に。	14 零 ○ ☯ 欠点を指摘されたら感謝。素直に受け入れましょう。	15 破 ×↗ 古い物は新しい出会いの妨げに。潔く処分を。	16 新 ✧ 現状打破の秘策を発見。人との会話にヒントが。	17 探 ○ 得意分野で飛躍できそう。情報収集がカギ。	18 決 ☆ 今より一歩上を目指すなら周りへの気遣いを意識。	19 沈 不成就日 ▼ 同じ失敗を繰り返さないよう、今日はひと休みが◎
20 天 ◎ 実力発揮のチャンス。集めた資料が役に立ちそう。	21 迷 ◑ 一粒万倍日 □ 時間を大幅にムダにしそう。ムダ話に注意して。	22 再 一粒万倍日 ◎ 未練があるなら相手に思いを伝えてスッキリしよう。	23 金 ☆☆ 不可能と思うことにも挑戦すれば自信に繋がります。	24 楽 > 欲を抑え、冷静に。映画や物語からパワーチャージ。	25 崩 × 昨日の努力が水の泡。これも勉強ととらえてみて。	26 零 ☯ 少しの慢心が難を招きそう。急ぐときほど丁寧に。
27 破 不成就日 ×↗ イヤなことをスルーするのはNG。誠実な対応を。	28 新 ✧ いつも行く馴染みのお店に、友人と行くと吉。	29 探 ● ○ 自ら動けば顔見知り程度の関係から発展できそう。	30 決 ☆ 長期的な視野を持って決断すれば、いい未来へ。	Memo		

●新月 ◐上弦 ○満月 ◑下弦

×：立ち止まってみる。冷静に。気をつける。☯：強引にならない。闘わない。調和する。×↗：自分を変える。奉仕する。✧：少しずつ動く。もう一度チャレンジする。○：やってみる。人の縁を大切に。☆：レベルアップ。追い風に乗る。▼：無理しない。ゆっくりする。ケガや病気に注意。◎：挑戦する。自信を持つ。諦めない。□：焦らない。可能性を探す。見直す。☆☆：感謝をする。幸せをいただく。ポジティブに。>：ひとり占めしない。計画的に。

July

決星の年

2022年7月

注目が高まる

金星の月

将来の土台となる重要な月です。未来のため思い切った決断をするにはベスト。
自分の可能性を広げてみましょう。まだまだあなたは、上昇していきます。

1 黄色の物を身に着ける　2 本気でやり遂げる　3 自信を持って行動する

Mon.	Tue.	Wed.	Thu.	Fri.	Sat.	Sun.
				1 沈 ▼ 気が合わない人とは距離をとった方がよさそう。	2 天 ◎ 直感が冴える日。やると決めたらスタート。	3 迷 一粒万倍日 □ 二兎を追う者は一兎をも得ず。一つに集中して。
4 再 一粒万倍日 不成就日 ◎ 親友のアドバイスを素直に聞くと、よい流れに。	5 金 ☆ 大きな買い物や決断は今日するのがおすすめ。	6 楽 ＞ 物事が進む日。今できることは全てやっておこう。	◐ 7 崩 一粒万倍日 × 見返りを期待せず、人の役に立つ行動を。	8 零 ☯ 重要な仕事を任され不安に。謙虚な気持ちを大切に。	9 破 ↗ 欠点を直す努力をすると周囲の印象や運気もUP。	10 新 ✧ 気分転換で、いいアイデアが浮かび物事が好転。
11 探 ○ 気になるものには積極的にチャレンジしてみて。	12 決 不成就日 ☆ 月内に結果を出せるよう計画を立てるといい流れに。	13 沈 ▼ 疲れが溜まらないよう休息と美味しいもので充電を。	○ 14 天 ◎ 順調な1日。清楚な服装で出掛けると運気UP!	15 迷 □ 気になる人が現れやすい日。今の幸せを大切に。	16 再 一粒万倍日 ◎ 雑談にいい情報がありそう。井戸端会議にも参加を。	17 金 ☆ 欲しいものは迷わずに手に入れてOK! 自分を信じて。
18 楽 ＞ 早起きして午前中行動が幸運を呼ぶでしょう。	19 崩 一粒万倍日 × 人の情報を信用するより、自分で調べた方が安心。	◑ 20 零 不成就日 ☯ 大変な依頼でも引き受けるのが吉。経験値がUP。	21 破 ↗ 古くなった物はリセットし、必要な物ほど新しく。	22 新 ✧ お金は自己投資に使い、準備をすると良い日。	23 探 ○ 良いアイデアが見つかる予感。どんな話もよく聞こう。	24 決 ☆ 下調べを万全にして休みの予定は早めに決めよう。
25 沈 ▼ 心に余裕がない状態。休んでやり直すのがベスト。	26 天 ◎ 大きな成果が出る予感。今後も努力を維持しよう。	27 迷 □ 確認不足で時間を無駄に。悔しい思いをするかも。	28 再 一粒万倍日 不成就日 ◎ 諦めていたものを手に入れるチャンスがありそう。	● 29 金 ☆ 難しいことほどチャレンジして次のステージへ。	30 楽 ＞ 丁寧な確認と周囲の助言でトラブルを回避。	31 崩 一粒万倍日 不成就日 × 予定の入れすぎは禁物。優先順位を決めよう。

● 新月　◐ 上弦　○ 満月　◑ 下弦

×：立ち止まってみる。冷静に。気をつける。　☯：強引にならない。闘わない。調和する。　↗：自分を変える。奉仕する。　✧：少しずつ動く。もう一度チャレンジする。　○：やってみる。人の縁を大切に。　☆：レベルアップ。追い風に乗る。　▼：無理しない。ゆっくりする。ケガや病気に注意。　◎：挑戦する。自信を持つ。諦めない。　□：焦らない。可能性を探す。見直す。　☆：感謝をする。幸せをいただく。ポジティブに。　＞：ひとり占めしない。計画的に。

August

決星の年

2022年8月

振り返ってみる

楽星の月

失敗は成功のもと。恐れずに進みましょう。
×と●マークの日は受け身に徹し、柔軟に行動して。下旬は疲れが出やすいので、体調管理をしっかりと。

1 なるべく素直になる　2 優しい言葉を使う　3 周りへの感謝を忘れない

Mon.	Tue.	Wed.	Thu.	Fri.	Sat.	Sun.
1 零 ● 余計な一言で場が台無しに。聞き役に回って。	2 破 ×↗ 不要な物が増えてきたなら一気に処分を。	3 新 ✧ 助言を素直に聞けば余計な失敗は避けられます。	4 探 □ 仲間の集まりから男女問わず出会いがありそう。	5 決 ◐ ☆ 先延ばしは×。今日は気合を入れて終わらせよう。	6 沈 ▼ 何かと邪魔が入るかも。強い心意気で向かってみて。	7 天 ◎ 頭が冴えている日。積極的にコミュニケーションを。
8 迷 不成就日 △ 面倒から逃げずに周囲と協力して解決しましょう。	9 再 ○ 先輩を大切に。困ったときに力になってくれるはず。	10 金 一粒万倍日 ☆☆ 欲しいものを手に入れるチャンス！迷いはNG。	11 楽 ＞ 穏やかムードな1日。大切な人と幸せ気分に。	12 崩 ○ × 油断していると痛い目に。用心して過ごそう。	13 零 ● 頭上に暗雲が。問題を直視することで成長しそう。	14 破 ×↗ 未練をつのらせるより、失った理由を考えて。
15 新 一粒万倍日 ✧ 新しい機器は活用を。仕事が早くなり、慣れるのも簡単。	16 探 不成就日 □ 世界観が変わる可能性が。先入観を捨ててみよう。	17 決 ☆ 人生を左右する日。今日の決断は慎重にいこう。	18 沈 ▼ 気力でカバーできないほど夏バテ状態。休養が◎	19 天 ◑ ◎ 夏を楽しむなら海が◎。楽しい1日が過ごせそう。	20 迷 △ メールの宛先を間違えそう。寝不足にも注意。	21 再 ○ 良い思い出の懐メロを聴くと調子がUPする日にち。
22 金 一粒万倍日 ☆☆ スキルアップを図ると◎。資格を取るのもあり。	23 楽 天赦日 ＞ 好調な1日も、気を抜いたらすぐダウンするので注意。	24 崩 不成就日 × 自分の行動を見直して人間関係のトラブルを回避。	25 零 ● 献身的な態度が大切。頭を低く、地道な行動を。	26 破 ×↗ 重要事項が埋もれがち。メールボックスの整理を。	27 新 ● 一粒万倍日 ✧ 積極的な態度で周囲の人と意思の疎通ができそう。	28 探 不成就日 □ 目標に向けた行動に結果が。問題の先延ばしは×
29 決 ☆ 曖昧なままは避けよう。白黒はっきり決断をして。	30 沈 ▼ 無理ならすぐに帰宅。不本意に周りに合わせないで。	31 天 ◎ おごらずに腰を低くすれば、いい流れに乗れそう。	Memo			

×：立ち止まってみる。冷静に。気をつける。　●：人の話を聞く。謙虚に。大切なものを守る。　×↗：自分を変える。奉仕する。　✧：少しずつ動く。もう一度チャレンジする。
□：焦らない。可能性を探す。見直す。　☆：自分を信じる。希望を持つ。　▼：無理しない。ゆっくりする。ケガや病気に注意。　◎：挑戦する。自信を持つ。諦めない。　△：初心を忘れない。調子に乗らない。
○：やってみる。人の縁を大切に。　☆☆：レベルアップ。追い風に乗る。　＞：ひとり占めしない。計画的に。

●新月　◐上弦　○満月　◑下弦

September

決星の年

2022年9月

運気が低迷

崩星の月

今月は辛い決断や不安がありそうな時期。決して ヤケになったり欲望に流されたりしないで、芯をしっかり持って。良い行いを日々積み重ねましょう。

1 資格取得に挑戦　2 自分磨きを心がける　3 親しい人に丁寧に接する

Mon.	Tue.	Wed.	Thu.	Fri.	Sat.	Sun.
			1 迷 △ 財布のひもが緩みがち。不要な物は買わないで。	2 再 ○ 久しぶりの人が厄介な話をしてきそう。乗らないように。	3 金 一粒万倍日 ☆☆ 欲望に流されるとピンチに陥るので注意。	◐ 4 楽 > 追い風が逆風に変わることもありそう。油断禁物。
5 崩 不成就日 × 甘い誘惑に乗ってはダメ。慎重な姿勢で過ごそう。	6 零 ● 危険は身近にあり。前後左右の安全に注意を払おう。	7 破 ↗× 何事も淡白に潔く。失ってもいつか取り戻せそう。	8 新 ✧ 恋愛より仕事に集中。でも恋人にはマメに連絡を。	9 探 □ ネガティブになりがち。体を動かして発散しよう。	○ 10 決 ☆ 優柔不断は後悔に。気持ちをハッキリ伝えると◎	11 沈 一粒万倍日 ▼ 行き詰まりを感じそう。気分転換に外出してみよう。
12 天 ◎ 努力に邪魔が入りそう。心当たりがあるなら警戒を。	13 迷 不成就日 △ 危機感が薄れがち。コツコツと堅実に取り組もう。	14 再 ○ スマホの調子が心配。バックアップはこまめにして。	15 金 ☆☆ こだわりすぎは逆効果。柔軟な姿勢で評価UP。	16 楽 一粒万倍日 > 突っ走ると失敗する予感。自信があっても謙虚が吉。	17 崩 × 期待すると裏切られそう。結果はすべて自分の責任。	◑ 18 零 ● 揉め事への介入は危険。お人好しもほどほどに。
19 破 ↗× ケンカは意地を張ると致命的。慎重な言葉選びを。	20 新 ✧ 災いの火種が。早く原因を突き止め未然に防ごう。	21 探 不成就日 □ のんびり気分。溜まった書類の整理をしてみては。	22 決 ☆ やる気モードでも単独よりは仲間との行動を。	23 沈 一粒万倍日 ▼ 対人関係が微妙な日。相手に悪気がなければ許すこと。	24 天 ◎ 分相応の幸せが見つかりそう。小さな喜びを大切に。	25 迷 △ 次への準備のとき。知識を蓄え力をつけておこう。
● 26 再 不成就日 ○ 気まずい関係が解消しそう。一緒に食事すると◎	27 金 ☆☆ 財布のひもを締めて、少しずつでも貯金に回そう。	28 楽 一粒万倍日 > 欲張ると危険。人の後ろをついていくのが無難。	29 崩 × 望まない方向に流されても逆らわず身を任せよう。	30 零 ● 直感が裏目に出そう。目上の人の意見に従おう。	Memo	

●新月 ◐上弦 ○満月 ◑下弦

×:立ち止まってみる。冷静に。気をつける。●:人の話を聞く。謙虚に。大切なものを守る。↗×:自分を変える。奉仕する。✧:少しずつ動く。もう一度チャレンジする。□:焦らない。可能性を探す。見直す。☆:自分を信じる。希望を持つ。▼:無理しない。ゆっくりする。ケガや病気に注意。◎:挑戦する。自信を持つ。諦めない。△:初心を忘れない。調子に乗らない。○:やってみる。人の縁を大切に。☆☆:レベルアップ。追い風に乗る。>:ひとり占めしない。計画的に。

October

決星の年

2022年10月

謙虚さが大事

零星の月

奉仕精神の月。自分本位の欲をなくし、誰かを支え、その人のために動くイメージで過ごしましょう。
体調の変化には敏感になっておいた方がよさそう。

1 頑固にならない　2 人との調和を大切に　3 自分の心に栄養を

Mon.	Tue.	Wed.	Thu.	Fri.	Sat.	Sun.
					1 破 ✕↗ 裏表のある人が身近にいるかも。関わらないのが◎	2 新 ✧ 新しい服で気分UP！ 情報を集め似合う装いを。
3 探 ◐ □ 身近な人が好きなスポーツを一緒に始めると◎	4 決 不成就日 ☆ 自分を抑えて、相手に任せるとよさそう。	5 沈 一粒万倍日 ▼ 今日は無理せず、しっかり睡眠をとって明日の準備。	6 天 ◎ 極端な運気の日になりそう。流れに逆らわないで。	7 迷 △ だらけがちな日。シャキッと過ごして問題を予防。	8 再 一粒万倍日 ○ 初心にかえると、緊張感が出てやる気UP！	9 金 ☆☆ 少しずつでも前進している自分を褒めてあげよう。
10 楽 ○ ＞ お酒の飲みすぎは失敗のもと。翌朝の寝坊に注意。	11 崩 一粒万倍日 ✕ 挑発に乗るとトラブルに。おおらかな態度でいよう。	12 零 不成就日 ● 言った言わないで揉める予感。先に謝るのが得策。	13 破 ✕↗ 失敗と反省の機会が。欠点を直す好機と捉えよう。	14 新 ✧ 興味がなくても行動すると、意外と楽しめそうな日。	15 探 □ 勢いで独走しがち。周りを見て協調を心がけて。	16 決 ☆ 1つにこだわらず、幅広いアイデアを取り入れよう。
17 沈 ▼ 八つ当たりは×。素直に相談すれば気が晴れそう。	18 天 ◑ ◎ 人のために進んで何かをしてみるといい日。	19 迷 △ 衝動的な日。誘惑の多い場所は行かないほうが◎	20 再 一粒万倍日 不成就日 ○ 柔軟な態度が幸運のカギ。自己主張はNG。	21 金 ☆☆ デートプランは、提案するより相手に任せたほうが吉。	22 楽 天赦日 ＞ ストレートな発言に注意。笑顔で過ごせばOK。	23 崩 一粒万倍日 ✕ 周りと意見が合わない日。1人で静かに過ごそう。
24 零 ● 問題に巻き込まれないよう、穏やかさを心がけて。	25 破 ● ✕↗ 無計画に動くと大切なものを失うので注意。	26 新 ✧ 悩んだら仕事に集中を。あれこれ考えずに済みそう。	27 探 □ 慎重になりすぎず、動きながら決めていく方が◎	28 決 不成就日 ☆ 強情っぱりや冷たい言葉は控えて。素直が一番！	29 沈 ▼ 疲労が限界に。ゆっくり入浴して疲れを癒そう。	30 天 ◎ 人が嫌がることを進んでやると周りからの信頼度がUP。
31 迷 △ 尋ねられたら、生返事をせず話をちゃんと聞こう。	Memo					

● 新月　◐ 上弦　○ 満月　◑ 下弦

✕：立ち止まってみる。冷静に。気をつける。●：人の話を聞く。謙虚に。大切なものを守る。✕↗：自分を変える。奉仕する。✧：少しずつ動く。もう一度チャレンジする。□：焦らない。可能性を探す。見直す。☆：自分を信じる。希望を持つ。▼：無理しない。ゆっくりする。ケガや病気に注意。◎：挑戦する。自信を持つ。諦めない。△：初心を忘れない。調子に乗らない。○：やってみる。人の縁を大切に。☆☆：レベルアップ。追い風に乗る。＞：ひとり占めしない。計画的に。

November

決星の年

2022年11月

殻を破る

破星の月

無理をして続けていることは一度手放した方がいい時期。
不要な物を捨て、部屋をきれいに片づけて。去るものは追わず無駄な時間を減らしましょう。

1 整理整頓を心がける　2 何事も冷静な判断を　3 人の良いところを探す

×：立ち止まってみる。冷静に。気をつける。 ●：人の話を聞く。謙虚に。大切なものを守る。 ⤯：自分を変える。奉仕する。 ✧：少しずつ動く。もう一度チャレンジする。
□：焦らない。可能性を探す。見直す。 ☆：自分を信じる。希望を持つ。 ▼：無理しない。ゆっくりする。ケガや病気に注意。 ◎：挑戦する。自信を持つ。諦めない。 △：初心を忘れない。調子に乗らない。 ○：やってみる。人の縁を大切に。 ☆☆：レベルアップ。追い風に乗る。 ＞：ひとり占めしない。計画的に。

Mon.	Tue.	Wed.	Thu.	Fri.	Sat.	Sun.
	1 再 ◐ 一粒万倍日 ○ 過去の経験を活かせばピンチがチャンスに変わる日。	2 金 ☆☆ 努力の成果が見えてきそう。まだ気を抜かないこと。	3 楽 ＞ 困っている人を手助けして。友人への恩返しも◎	4 崩 一粒万倍日 × 無駄遣いは後悔のもと。財布のひもを締めよう。	5 零 不成就日 ● 頭痛に悩まされそう。非が自分にあるならすぐ謝罪。	6 破 ⤯ イライラしても人にぶつけず冷静に。
7 新 天赦日 ✧ 新しいことを始めるなら、目の前のことを終わらせて。	8 探 ○ □ 心が揺れる日。行動は自分の本心を見つめ直してから。	9 決 ☆ 不器用な面が出そう。プライベートを優先させて。	10 沈 ▼ 体調不良はすぐ病院へ。不安材料は減らしましょう。	11 天 ◎ ダメもとで挑戦を。意外な能力を発見するかも。	12 迷 △ 何かと焦りがちな日。落ち着いた行動が大切。	13 再 不成就日 ○ 苦手意識を捨てて初対面の人と話すと運気UP。
14 金 ☆☆ もうすぐひと区切り！ 気を抜かずに走り抜けよう。	15 楽 ＞ 無理な頼み事は反感のもと。過度な期待は禁物。	16 崩 ◑ 一粒万倍日 × 油断が失敗の原因に。気を引き締めて備えましょう。	17 零 一粒万倍日 ● 車のトラブルに注意。道路を歩くときも気をつけて。	18 破 ⤯ 短気にならず、自我を抑えて人の気持ちを優先。	19 新 ✧ 原因を究明したい日。解決策が見つかれば信頼UP！	20 探 □ 本や映画から歴史を学んで知識を増やしてみて。
21 決 不成就日 ☆ 決断を焦らず一呼吸。余裕ができるまで待つと吉。	22 沈 ▼ 同情心から他人の苦労まで背負わないように注意。	23 天 ◎ 捨てることで前進。離れることが幸運へ繋がります。	24 迷 ● △ 遊ぶことばかり考えて怒られそう。仕事に集中して。	25 再 ○ 未練があっても諦めて。新しい出会いはすぐそこ。	26 金 ☆☆ 不利な状況でも結果を出せたら、自分に満足して◎	27 楽 ＞ 愛か情かで悩みそう。友人の意見が解決への道。
28 崩 一粒万倍日 不成就日 × 人間関係で問題発生！ フェアな視点で判断しよう。	29 零 一粒万倍日 ● デジタル障害の予感。解決が困難でも焦らずに。	30 破 ◐ ⤯ 物を失くす危険性が。大切な物は家で保管。	Memo			

●新月 ◐上弦 ○満月 ◑下弦

December

決星の年

2022年12月

新スタート

新星の月

今月は直感が冴え、運が良くなってくる時期。
変化することを意識して、前向きに行動しましょう。もやもやすることは、すぐにでも解決を。

★1 好奇心を働かせる ★2 体力づくりをする ★3 憧れの人を見つける

Mon.	Tue.	Wed.	Thu.	Fri.	Sat.	Sun.
			1 新 ✧ 好奇心の赴くまま過ごしてみて。趣味を深めるのも吉。	2 探 □ 新しい出会いの予感。名刺を多めに用意すると◎	3 決 ☆ ついに結論を出すべき日。いつもの自分を貫こう。	4 沈 ▼ 心身共にお疲れ気味。ゆっくりお風呂でケアを。
5 天 ◎ 影響を受ける人との出会いが。飾らない姿でOK。	6 迷 不成就日 △ 気分で動くと失敗する日。思いつきの行動は控えて。	7 再 ○ 懐かしい人からの連絡は幸運の報せになりそう。	8 金 ○ ☆☆ 将来の目標を定めて努力をスタートさせる最高の日。	9 楽 ＞ プレゼント選びは友人とが吉。助言を求めてみて。	10 崩 × 予想外の方向に物事が進みそう。冷静に対応を。	11 零 ● 怒られても、ためになるアドバイスと受け止めて。
12 破 一粒万倍日 ×↗ 自分本位に気づいたら行動を改めて。感謝を忘れずに。	13 新 一粒万倍日 ✧ 没頭できるものを探そう。新しい"挑戦"をスタート。	14 探 不成就日 □ 新たな出会いがありそう。明日以降、積極的に話してみて。	15 決 ☆ 度々即決が求められそう。自分を信じれば大丈夫。	16 沈 ◑ ▼ 口から愚痴ばかり出てしまいそうなので無駄話は×	17 天 ◎ 自信を持っていい日。まず自分から挨拶を心がけて！	18 迷 △ 相手のことを考える余裕を持って行動しましょう。
19 再 ○ 私物の価値がアップ。見る目があると評価されるかも。	20 金 ☆☆ 期待以上のラッキーな報せが舞い込んでくるかも。	21 楽 ＞ 前向きな姿勢で運気UP。友人と抱負を語り合おう。	22 崩 不成就日 × 余計なお世話は自分の首をしめます。出しゃばらずに。	23 零 ● ● 1人の時間を持つと◎。来年の活躍を想像しよう。	24 破 一粒万倍日 ×↗ 掃除ついでに資料の片づけを。来年のためになりそう。	25 新 一粒万倍日 ✧ 人の輪に自ら入ることで得られるものが増えるでしょう。
26 探 □ 新年に向けてキッチン道具を揃えるといいかも。	27 決 ☆ 年内の決断が今後のカギに。将来をよく考えよう。	28 沈 不成就日 ▼ 気心の知れた友達や家族と過ごそう。飲み過ぎに注意。	29 天 ◎ 意中の人と出かけるチャンス。連絡を入れてみて。	30 迷 ◐ △ 大掃除のときは大事な物を壊さないよう慎重に。	31 再 ○ 古い友人と過ごすといい年越しができそう。	

×：立ち止まってみる。冷静に。気をつける。●：人の話を聞く。謙虚に。大切なものを守る。×↗：自分を変える。奉仕する。✧：少しずつ動く。もう一度チャレンジする。△：初心を忘れない。調子に乗らない。□：焦らない。可能性を探す。見直す。☆：自分を信じる。希望を持つ。▼：無理しない。ゆっくりする。ケガや病気に注意。◎：挑戦する。自信を持つ。諦めない。○：やってみる。人の縁を大切に。☆☆：レベルアップ。追い風に乗る。＞：ひとり占めしない。計画的に。

● 新月 ◐ 上弦 ○ 満月 ◑ 下弦

星松

白

探星

〝物事を見直し準備する年〟

総合運

2022年は「探星」の年。2021年には新たなスタートや変化が多く、目まぐるしい日々を送った人もいるかもしれませんが、今年は少し落ち着き気味。来年の上昇運気に向け、スキルアップのために勉強を始めると3年後に花開きます。4月は体調を崩しやすいので、しっかりと休むようにしましょう。5月には努力が報われる出来事がありそう。8月は思いがけない収入に恵まれるかも。10月以降は運気が低迷しそうですが、流れに任せて切り抜けてみて。

恋愛運

カップルになるチャンスに恵まれますが、友人、知人の延長線で出会う人が無難。本物の恋に巡り合い結婚する可能性も高いので、家族や周囲に紹介されたら積極的に会ってみましょう。自分の幅を広げるため、誘いがあれば未知の世界に飛び込んで。毎日を生き生きと過ごすことが、いい出会いにつながります。5月は旅先などで出会いのチャンスが。10〜12月の出会いは周りが見えなくなるほど恋に夢中になりそう。冷静になって、自分に合う人を探しましょう。

仕事・金運

コツコツ貯金に励むのも大事ですが、自分に投資することも大切。ジムに通い始めたり、楽器や絵画、語学などの習い事に挑戦するのも良いでしょう。4月は体調を崩しやすく、人間関係の変化によってストレスが増しそうです。5月は好調月になります。いい刺激を多く受けられるので、感じたことを素直に表現すると感性が磨かれます。目上の人に可愛がられる分、同僚の受けが悪くなる傾向が。忠告に耳を傾け、粘り強く前向きな努力を続けましょう。

星松・白

2021年

11月
- 全てを受け入れてみる
- 謙虚さを大事に
- 決めつけない
- じっくり煮詰める

12月
- リセットの時期
- 判断ミス
- 縁が切れる
- 爆発しやすい

2022年

1月
- 新スタート
- 新発見
- チャレンジする
- 直感が戻る

2月
- 物事を見直す
- 体調を崩しやすい
- 準備の時期
- 少し休憩

3月
- 決断する
- 直感に従う
- 人生が変わる
- 軸を定める

4月
- 体調管理を第一に
- 無理はしない
- メンタルダウンに注意
- 癒しを大切にする

5月
- 変化がある
- 力を発揮できる
- 夢が膨らむ
- 天から光を受ける

2022年運気の流れ

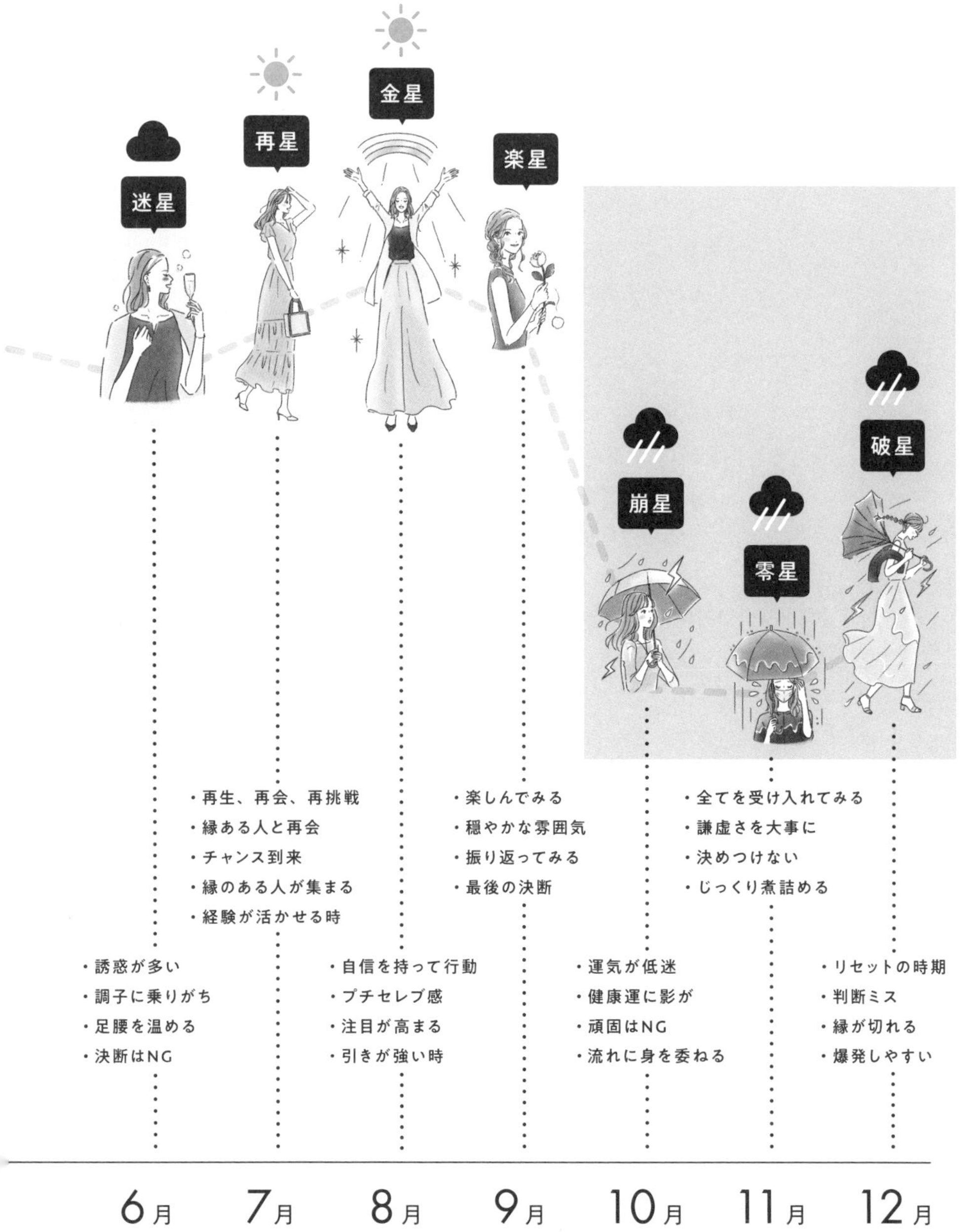
迷星
・誘惑が多い
・調子に乗りがち
・足腰を温める
・決断はNG
6月
再星
・再生、再会、再挑戦
・縁ある人と再会
・チャンス到来
・縁のある人が集まる
・経験が活かせる時
7月
金星
・自信を持って行動
・プチセレブ感
・注目が高まる
・引きが強い時
8月
楽星
・楽しんでみる
・穏やかな雰囲気
・振り返ってみる
・最後の決断
9月
崩星
・運気が低迷
・健康運に影が
・頑固はNG
・流れに身を委ねる
10月
零星
・全てを受け入れてみる
・謙虚さを大事に
・決めつけない
・じっくり煮詰める
11月
破星
・リセットの時期
・判断ミス
・縁が切れる
・爆発しやすい
12月

星松・白
運気カレンダー

Fortune Calendar

運気カレンダーの見かた

運気カレンダーでは、あなたの毎月の運気と
日々の運気の流れを知ることができます。

運気が停滞しやすい日、判断ミスを起こしやすい日
直感が働く日、物事を決定するのに適した日など
それぞれの運気に合わせたマークが、カレンダーに書かれているので
毎日の過ごしかたの参考にしてください。
カレンダーのグレーは影の時期。運気がやや低迷します。

また、「天赦日」「一粒万倍日」は暦の上での吉日なので、行動を起こすのにいい日です。
逆に「不成就日」は暦の上では願いごとが叶いにくい日なので、穏やかに過ごすのがおすすめです。

吉日と不成就日が重なる場合には、あまり新しい行動は起こさない方がベター。

毎月のお言葉と、挑戦してほしい３つの行動もお伝えしているので、
ぜひ指針にしてみてくださいね。

天星記号のキーワード

- × 立ち止まってみる。冷静に。気をつける。
- ● 人の話を聞く。謙虚に。大切なものを守る。
- ⤯ 自分を変える。奉仕する。
- ✧ 少しずつ動く。もう一度チャレンジする。
- □ 焦らない。可能性を探す。見直す。
- ☆ 自分を信じる。邪気を払う。希望を持つ。
- ▼ 無理しない。ゆっくりする。ケガや病気に注意。
- ◎ 挑戦する。自信を持つ。諦めない。
- △ 初心を忘れない。調子に乗らない。
- ○ やってみる。進む。人の縁を大切に。
- ☆☆ レベルアップ。追い風に乗る。チャンスあり。
- ＞ ひとり占めしない。先を考えてみる。計画的に。
- ☆☆☆ 感謝をする。幸せをいただく。ポジティブに。
- ⤫ 要注意。決断しない。ワガママ禁止。
- ▲ 一度冷静に。心を穏やかに。飛びつかない。
- ☯ 強引にならない。闘わない。調和する。

December

新星の年

2021年12月

殻を破る

破星の月

リセットできずにいたものを手放し、離れる決断が大事な時期。壊れたもの、重いデータなどは一掃しましょう。だらだらせずに執着は手放して。

★1 過去に執着しない　★2 写真やデータの整理整頓　★3 悪い習慣を手放す

Mon.	Tue.	Wed.	Thu.	Fri.	Sat.	Sun.
		1 再 ○ 出費が増えそう。年末にピンチにならないよう注意。	2 金 不成就日 ☆☆ ひとりよがりにならずに相手の気持ちを考えよう。	3 楽 一粒万倍日 > 少しでもいいので、あえて何もしない時間を作ろう。	4 崩 ●(新月) 一粒万倍日 × 気になることがあってもスルーすればトラブル回避。	5 零 ● イベントは子供たちを主役に。盛り上がりそう!
6 破 ♐ 疲れたら一度離れてみるとアイデアが浮かびそう。	7 新 ✧ 必要なくなった資料などデスク周りを整理しよう。	8 探 不成就日 □ 疑心暗鬼に。勝手な想像を押しつけるのは×	9 決 ☆ 話し合いで険悪になっても冷静を心掛けよう。	10 沈 ▼ 派手に転んだりしないように落ち着いて行動しよう。	11 天 ◐(上弦) ◎ 目立つと叩かれるかも。自慢するなら覚悟の上で。	12 迷 △ 予定が流れてがっかり。買い物に行くと散財しそう。
13 再 ○ 落ち込んだ時は、友達と話して気力を取り戻そう。	14 金 ☆☆ 気づけば金欠に。うまい話には乗らないよう注意。	15 楽 > 頼みは快く引き受けて。尽くす姿勢に感謝されそう。	16 崩 不成就日 × 焦りが募っても今日の告白は控えたほうがよさそう。	17 零 一粒万倍日 ● うまく物事が進まなくても今日は耐えて頑張ろう。	18 破 一粒万倍日 ♐ ストレッチなど簡単な運動を心掛けてみよう。	19 新 ○(満月) ✧ 悩みは1人で抱えずに友達に打ち明けて解決して。
20 探 □ 解決できない課題があれば夜空を眺めて気分転換。	21 決 ☆ 調味料に凝った新しい料理に挑戦してみると吉。	22 沈 ▼ 大切な人とギクシャクしているなら改善しよう。	23 天 ◎ 空気を変えたいならまずはあなたが笑顔になって。	24 迷 不成就日 △ 大切な人を喜ばせたいなら謙虚な気持ちを大切に。	25 再 ○ 恋人や友達に頼り過ぎずに自分でも動いてみよう。	26 金 ☆☆ 苦手な人のおかげで自分の言動を見つめ直すことに。
27 楽 ◑(下弦) > 大切な人の言葉にモヤモヤ。真意を聞けばスッキリ。	28 崩 × 年内にするべきことを忘れていないか確認しよう。	29 零 一粒万倍日 ● 羽目を外すと散財していいことなし。早めに帰宅を。	30 破 一粒万倍日 ♐ 今年の反省をして来年の目標を決めよう。	31 新 ✧ 大変だった1年を振り返り自分を労わってあげよう。	Memo	

● 新月　◐ 上弦　○ 満月　◑ 下弦

×:立ち止まってみる。冷静に。気をつける。　●:人の話を聞く。謙虚に。大切なものを守る。　♐:自分を変える。奉仕する。　✧:少しずつ動く。もう一度チャレンジする。　□:焦らない。可能性を探す。見直す。　☆:自分を信じる。希望を持つ。　▼:無理しない。ゆっくりする。ケガや病気に注意。　◎:挑戦する。自信を持つ。諦めない。　△:初心を忘れない。調子に乗らない。　○:やってみる。人の縁を大切に。　☆☆:レベルアップ。追い風に乗る。　>:ひとり占めしない。計画的に。

January

探星の年

2022年1月

新スタート

新星の月

自分には無理と諦めず挑戦することで運気が高まる時期。
気になるものにはチャンスが隠されています。躊躇せずに波に乗る、自分で波を起こす勢いで。

1 考えるより行動する　2 やりたかったことに挑戦　3 やりかたを変えてみる

Mon.	Tue.	Wed.	Thu.	Fri.	Sat.	Sun.
					1 探 不成就日 □ 今年は何にでも挑戦！ まずは情報収集から。	2 決 ☆ 1年の過ごし方を考えよう。前向きな計画を。
3 沈 ● ▼ 年末年始で胃に疲れが。食事は消化のいいものを。	4 天 ◎ 目標に向けて進めば大満足の結果で評価もUP。	5 迷 △ 目移りしても早まらないで。少し様子を見るといい日。	6 再 ○ やりたかったことに挑戦を。再挑戦のチャンスも。	7 金 ☆☆ 幸せなことや願いを3つ考えて記録するといい日。	8 楽 不成就日 ＞ 自分勝手にならないよう。感謝の気持ちを忘れずに。	9 崩 × 思い通りにいかないけれど八つ当たりはしないが吉。
10 零 ◐ ● 勢いで動くのは×。取り返しがつかず信用ダウン。	11 破 天赦日 一粒万倍日 ♐ 前向きな姿勢が◎。一歩前進してみよう。	12 新 ✧ やり方を変えてみよう。挑戦することが大事。	13 探 □ 視野を広くフットワークを軽くして発見を大切に。	14 決 一粒万倍日 ☆ 気になっていたことに答えが。変化を恐れないで。	15 沈 ▼ アップダウンが激しい日。迷惑をかけないよう我慢。	16 天 不成就日 ◎ やりたいことがあっても時間がかかりそう。今は静観。
17 迷 △ 集中が途切れそうな予感。小さなミスには注意して。	18 再 ○ ○ 難しいことにもトライすると予想以上の成果に。	19 金 ☆☆ 自分磨きにお金を使うと幸運が高まる日。	20 楽 ＞ 心がトキメク相手に出会っても友達で終わりそう。	21 崩 × 成功を焦って急ぐとミスに。慎重に進めることが大事。	22 零 ● 目の前のことに集中。考え過ぎないようにしよう。	23 破 一粒万倍日 ♐ 嫉妬せずクールな態度でいれば運気UP。
24 新 不成就日 ✧ アイデアが浮かんだら記録し忘れないように。	25 探 ◑ □ えり好みするよりも、何でも挑戦する気持ちが◎	26 決 一粒万倍日 ☆ 以前から考えていたことを迷わず実行してみると吉。	27 沈 ▼ メールを間違えて送信するなどのミスに注意。慎重に。	28 天 ◎ デートするなら今日。希望が叶い楽しく過ごせそう。	29 迷 △ たまには気分転換も◎。軽い誘いには乗らないで。	30 再 ○ 調子が悪い日は無理せず帰って湯船に浸かろう。
31 金 ☆☆ 抽選が当たるなどラッキーが回ってくる予感！	Memo					

● 新月 ◐ 上弦 ○ 満月 ◑ 下弦

×：立ち止まってみる。冷静に。気をつける。●：人の話を聞く。謙虚に。大切なものを守る。♐：自分を変える。奉仕する。✧：少しずつ動く。もう一度チャレンジする。□：焦らない。可能性を探す。見直す。☆：自分を信じる。希望を持つ。▼：無理しない。ゆっくりする。ケガや病気に注意。◎：挑戦する。自信を持つ。諦めない。△：初心を忘れない。調子に乗らない。○：やってみる。人の縁を大切に。☆☆：レベルアップ。追い風に乗る。＞：ひとり占めしない。計画的に。

February

探星の年

2022年2月

物事を見直す

探星の月

今月は、過去に気になったことや中途半端にしているものを終わらせる時期。
不摂生は避け、気になる体の不調があれば見送らずに、病院で検査を。

1 新しい出会いを求める　2 自分の世界を広げる行動　3 初めての場所へ行く

Mon.	Tue.	Wed.	Thu.	Fri.	Sat.	Sun.
	1 楽 ● △ 考えている将来があるなら口にすると良い流れに。	2 崩 ↘ 自分と違う意見への反論は無意味。スルーが正解。	3 零 不成就日 ● 作業を終えたら早めの帰宅を。余計な言動は×	4 破 × 重荷に感じているなら、その関係は終わらせて。	5 新 一粒万倍日 △ 今日はグリーン系の服を。明るく前向きな気分に!	6 探 □ いつも同じタイプから好かれるなら要イメチェン!
7 決 ☯ やりたいことに優先順位をつけてスタート。	8 沈 ◐ ▼ 気分転換してストレス解消! 明日を元気に迎えて。	9 天 ○ 自然体が◎。そんなあなたに関心を持つ人が。	10 迷 一粒万倍日 □ 一方的な正論は避けて相手の意見を聞くと◎	11 再 不成就日 □ 諦めがつかなくても再アタックや挑戦はNG。	12 金 □ 成長のチャンス! 人のお誘いには積極的に乗ろう。	13 楽 △ 困っている人には手を差し伸べ奉仕精神を大切に。
14 崩 ↘ 悪口を耳にしても気にせずに無視してOK!	15 零 ● 自分中心は×。周囲に配慮して行動してみて。	16 破 × 外見にとらわれると、これまでの努力が水の泡。	17 新 ○ 一粒万倍日 △ デキる人を観察すると学びが多く新たな発見に。	18 探 □ 人生に影響する人と出会う予感。連絡先の交換を!	19 決 不成就日 ☯ 大切な決断をするのは今じゃなさそう。現状維持で。	20 沈 ▼ 小さな行き違いでケンカに。聞き流して笑顔が◎
21 天 ○ 絶好調な1日。できるだけ仕事を前倒ししよう。	22 迷 一粒万倍日 □ 何を求められているか考えて行動すると評価UP。	23 再 □ 最近会っていない友人との会話が開運のカギ。	24 金 ◑ □ 余裕がない時こそ身近な人を大切にしてみて。	25 楽 △ 目上の人に相談すると良い答えをもらえそう。	26 崩 ↘ 裏切られる出来事が。落ち込まずに冷静な判断を。	27 零 不成就日 ● 勢いがなくなりそうな日ですが焦らなくて大丈夫。
28 破 × 机周りを整理。目に見える場所から片付けよう。	Memo					

● 新月 ◐ 上弦 ○ 満月 ◑ 下弦

↘：要注意。決断しない。ワガママ禁止。
□：焦らない。可能性を探す。見直す。
●：人の話を聞く。謙虚に。大切なものを守る。
☯：強引にならない。闘わない。調和する。
×：立ち止まってみる。冷静に。気をつける。
▼：無理しない。ゆっくりする。ケガや病気に注意。
△：初心を忘れない。調子に乗らない。
○：やってみる。人の縁を大切に。

March

探星の年

2022年3月

決断する

決星の月

目標を掲げて自分の意思を固める時期。近い将来を明るくするために、
足りないものを得る挑戦や勝負を。過去にダメだったことは諦めることも肝心。

★1 近い将来の目標を立てる　★2 TO DOリストを作る　★3 引き際はスマートに

Mon.	Tue.	Wed.	Thu.	Fri.	Sat.	Sun.
	1 新 一粒万倍日 ✧ 雑誌や新聞から人生の大切なヒントが見つかる予感。	2 探 □ 人との縁がある日。積極的に出会いの機会を作ろう。	3 決 ● ☆ 目標へ進むには計画性と明確なビジョンがマスト!	4 沈 不成就日 ▼ 心身とも下降気味。食欲がなくても食事はとろう。	5 天 ◎ これまでの努力が実りそう。抜け駆けは厳禁。	6 迷 △ 周りが気になってもまずは自分のことを終わらせて。
7 再 ○ 不要だと思っていたものの中に意外なアイデアが。	8 金 ☆☆ ヘビーな仕事が無事終わって肩の荷が下りそう。	9 楽 一粒万倍日 ＞ 今月出会う人にご縁がありそう。結婚話も◎	10 崩 ◐ ✕ 方向性を決め信念も固めよう。主張はほどほどに。	11 零 ● 注意されたらふてくされずに素直に聞くと回避。	12 破 不成就日 ✕↗ 自分だけいい思いをしようとする人がいたら警戒!	13 新 ✧ いつもと違う場所に行ってマンネリを打破しよう。
14 探 一粒万倍日 □ 異業種の友人から刺激を受けそう。視野を広げて!	15 決 ☆ 今日の決断は重要。悩んだら新しい道を選ぼう。	16 沈 ▼ 疲れ切る前に休息を。仕事帰りに気分転換して。	17 天 ◎ 人付き合いが順調な日。誰かを誘うなら今日が吉。	18 迷 ○ △ 気分で意見を変えるより答えが出るまで沈黙を。	19 再 ○ 経験を生かせる日。新しい考え方で取り組んで。	20 金 不成就日 ☆☆ 周りに頼られることが多く成長できそうな予感。
21 楽 一粒万倍日 ＞ 相手に尽くすと幸せ。見返りは期待しないよう。	22 崩 ✕ 噂話に惑わされないで。動揺せずドンと構えよう。	23 零 ● 意見を押し付けると周囲に疎まれてしまいそう。	24 破 ✕↗ 人と距離を感じるなら早めに見直しと反省を。	25 新 ◑ ✧ 普段よりオシャレして出発! 新しい出会いの予感。	26 探 天赦日 一粒万倍日 □ 自分のことを後回しにし、相手を優先すると良い日。	27 決 ☆ 先延ばしは逆効果。逃げないで人間関係に決着を。
28 沈 不成就日 ▼ 遊んでストレス発散は×。余計に疲れて悪影響が。	29 天 ◎ 忙しいのは評価の証。弱音を吐かずポジティブに。	30 迷 △ 楽しいときこそ心配なのが財布の中身。残高確認を。	31 再 ○ 懐かしい場所に現状打破のカギがあるかも。	Memo		

● 新月 ◐ 上弦 ○ 満月 ◑ 下弦

✕：立ち止まってみる。冷静に。気をつける。 ●：人の話を聞く。謙虚に。大切なものを守る。 ✕↗：自分を変える。奉仕する。 ✧：少しずつ動く。もう一度チャレンジする。
□：焦らない。可能性を探す。見直す。 ☆：自分を信じる。希望を持つ。 ▼：無理しない。ゆっくりする。ケガや病気に注意。 ◎：挑戦する。自信を持つ。諦めない。 △：初心を忘れない。調子に乗らない。 ○：やってみる。人の縁を大切に。 ☆☆：レベルアップ。追い風に乗る。 ＞：ひとり占めしない。計画的に。

April

探星の年

2022年4月 沈星《メンテナンス》の月

自分の思いに体がついていかない時期。体調管理に気をつけ、なるべくムダを無くしましょう。
気を遣い過ぎず、リフレッシュやリラクゼーションを。

1 無理に予定を入れない　2 早寝早起きを心掛ける　3 メンテナンスに注力

Mon.	Tue.	Wed.	Thu.	Fri.	Sat.	Sun.
				● 1 金 不成就日 □ 物欲が高まるけど買い物にツキがなさそう。	2 楽 一粒万倍日 △ 好調ならば周囲のおかげ。謙虚さを大切に。	3 崩 ✕↘ 意見の食い違いが起こりそう。相手の話を聞こう。
4 零 ● トラブルは冷静に対処。助けを呼ぶのが正解。	5 破 一粒万倍日 ✕ 不要な物は処分すると開運に。整理するだけでも◎	6 新 △ 新情報をリサーチ。気になるお店に出かけてみて。	7 探 □ ウォーキングなど汗ばむ程度の運動をしてみて。	8 決 一粒万倍日 ☯ 決断力が必要。気持ちを集中して早めに決めよう。	◐ 9 沈 不成就日 ▼ 人間関係がもつれそう。独断や偏見は捨てるべし。	10 天 ○ お誘いで引っ張りだこ。魅力が伝わるチャンスかも。
11 迷 □ 苦手なことも意外と楽しめる日。思い込みは捨てて。	12 再 □ 探しものが見つかりそう。悩みが晴れて気分爽快。	13 金 □ 金運UPの予感！食事をごちそうするのも◎	14 楽 △ 中途半端だと後で苦労しそう。今日中に処理して。	15 崩 ✕↘ 今日は告白に向かない日にち。出直すのがベスト。	16 零 ● 体調不良の予感。約束があっても休養を優先。	○ 17 破 一粒万倍日 不成就日 ✕ 何でも1人でやろうとせずに周りに協力を仰ごう。
18 新 △ やる気はあるのに体が動かなそう。栄養をとろう！	19 探 □ 前向きに動ける日。躊躇していたことにトライを。	20 決 一粒万倍日 ☯ ボツになった案にチャンス到来。粘り強く話してみて。	21 沈 ▼ 休息を心がける日に。連休に向けて体を整えよう。	22 天 ○ 意見を求められたら丁寧に対応すると人気も上昇。	◑ 23 迷 □ 投げやりな態度に注意。気を引き締めて堅実に。	24 再 □ 不利な状況を挽回するチャンス。積極的に動いて。
25 金 不成就日 □ 評価されても新たな依頼は慎重に見極めると吉。	26 楽 △ 窮地に救いの手が。今後、ご縁がある人かも。	27 崩 ✕↘ 弱気になるとトラブルに。自分のやり方を貫いて。	28 零 ● 頑固にならず周囲の意見を聞いて柔軟に対応しよう。	29 破 一粒万倍日 ✕ 連休でも浮かれずに。冷静な行動でトラブル回避。	30 新 △ 勢いに任せて前進！　無理に策を練るのは逆効果。	

●新月　◐上弦　○満月　◑下弦

✕↘：要注意。決断しない。ワガママ禁止。
□：焦らない。可能性を探す。見直す。
●：人の話を聞く。謙虚に。大切なものを守る。
☯：強引にならない。闘わない。調和する。
✕：立ち止まってみる。冷静に。気をつける。
▼：無理しない。ゆっくりする。ケガや病気に注意。
△：初心を忘れない。調子に乗らない。
○：やってみる。人の縁を大切に。

May

探星の年

2022年5月

努力が報われる

天星の月

自由で無邪気な心のままに行動できる時期。素直さが開運につながります。
過去ではなく未来を見ましょう。生活リズムを整え、朝の光を浴びて深呼吸。

★1 思いを言葉にしてみる　★2 大切な人を喜ばせる　★3 幸せを感じる行動をする

Mon.	Tue.	Wed.	Thu.	Fri.	Sat.	Sun.
						1 探 ● □ 欲しい物は即決して。優柔不断はツキを逃します。
2 決 一粒万倍日 ☆ なんとなく過ごさないように連休の計画を決めよう。	3 沈 ▼ 疲れているなら入浴剤を入れたお風呂でリラックス。	4 天 不成就日 ◎ 今日は準備し明日から積極的に動くと吉。	5 迷 △ 手抜きは禁物。サボったら自分が損することに。	6 再 ○ 先輩からありがたい話が聞けて勉強になりそう。	7 金 ✩☆ ラッキーなことが起こる予感。買い物で運気上々。	8 楽 ＞ 目標は具体的なイメージを持つと周囲から評価UP。
9 崩 ◐ × 人に裏切られてもショックは隠し冷静に。	10 零 ● 自分の悪い噂を耳にしてもスルー。時は流れるもの。	11 破 ×↗ 約束が中止になりがっかりしそう。すぐに切り替えを。	12 新 不成就日 ✧ こうあるべきという決めつけが視野を狭めていそう。	13 探 □ 流行に詳しい年下の友達を誘おう。新鮮な気分に。	14 決 一粒万倍日 ☆ ステップアップの予感。長所を生かせば成功しそう。	15 沈 一粒万倍日 ▼ 体形が気になり始めたなら適度な運動を心掛けて。
16 天 ○ ◎ 思い通りに進む日。自信を持って強気で臨んで。	17 迷 △ 普段ならかわせる勧誘につかまってしまうかも。	18 再 ○ 本を読み返そう。自分自身の成長に気づける予感。	19 金 ✩☆ 人との縁を大切に。いつか自分に返ってくるはず。	20 楽 不成就日 ＞ 空回りしそうでも周囲への感謝は忘れずに。	21 崩 × 順調なところに横槍が。構わずに進めればOK。	22 零 ● 自己主張はやめておこう。邪魔が入る可能性が。
23 破 ◑ ×↗ やるべきことがたくさん。周りの助けを借りよう。	24 新 ✧ 嫌がらずに挑戦すれば新しい発見がありそう。	25 探 □ 苦手なタイプとも意外に意気投合できる予感。	26 決 一粒万倍日 ☆ 意見を通したいなら落ち着いて冷静な発言を。	27 沈 一粒万倍日 ▼ 朝の気持ちの余裕が1日の成功につながるはず。	28 天 不成就日 ◎ クールな振る舞いがとっつきにくい印象を与えるかも。	29 迷 △ うっかりミスに注意。外出前の指差し確認を徹底。
30 再 ● ○ やりかけの作業は今日中に終わらせると安心。	31 金 ✩☆ 自分磨きのためなら、お金を惜しまず使ってOK。	Memo				

●新月 ◐上弦 ○満月 ◑下弦

×：立ち止まってみる。冷静に。気をつける。 ●：人の話を聞く。謙虚に。大切なものを守る。 ×↗：自分を変える。奉仕する。 ✧：少しずつ動く。もう一度チャレンジする。
□：焦らない。可能性を探す。見直す。 ☆：自分を信じる。希望を持つ。 ▼：無理しない。ゆっくりする。ケガや病気に注意。 ◎：挑戦する。自信を持つ。諦めない。 △：初心を忘れない。調子に乗らない。 ○：やってみる。人の縁を大切に。 ✩☆：レベルアップ。追い風に乗る。 ＞：ひとり占めしない。計画的に。

June

探星の年

2022年6月

誘惑が多い

迷星の月

先走り過ぎると些細なミスにつながりそう。早とちりや勘違いで人とぶつかりやすいので、
気を引き締めて行動を。チェックや指差し確認を忘れずに。

1 きちんと文章を読む　2 愚痴やネガティブは封印　3 一時の気の迷いに注意

Mon.	Tue.	Wed.	Thu.	Fri.	Sat.	Sun.
		1 楽 △ 悩み事は今日中に解決できそう。前向きで大丈夫。	2 崩 ✕↘ 焦らずにのんびり平常心を保ち冷静な判断を。	3 零 不成就日 ● 突然のお誘いは断り、今日は家の掃除に力を入れて。	4 破 ✕ 軽はずみな言動が多い日。反省して切り替えを。	5 新 △ PCで疲れた目に休息を。自然を見て気分転換も吉！
6 探 □ 好奇心旺盛でいると◎。積極性を大切にしてみて。	7 決 ◐ ☯ しっかり確認すれば勢いよく進めてもOKな日。	8 沈 ▼ 気をつけないとライバルに手柄を横取りされそう。	9 天 一粒万倍日 ○ 注目を浴びる日。何をしても目立ってしまいそう。	10 迷 天赦日 一粒万倍日 □ お洒落して出かけると身近な人とのマンネリを打破。	11 再 不成就日 □ 友達への贈り物は後日に。今日は整理整頓を。	12 金 □ 最近会っていない人がいたら連絡をとると吉。
13 楽 △ 間に合わないなら周囲に助けを。任せっきりは×	14 崩 ○ ✕↘ 期待するとガッカリな日。相手に求め過ぎず行動を。	15 零 ● 意地悪したい気分になりやすい日。人を傷つけないで。	16 破 ✕ 安易な駆け引きは×。引き返せなくなる前に修復を。	17 新 △ 前向きな姿勢で新しい挑戦を。評価も期待できそう。	18 探 □ 観葉植物を身の回りに置いて心を癒す時間を作ろう。	19 決 不成就日 ☯ 気持ちの切り替えどき。緊張感をキープすると吉。
20 沈 ▼ 梅雨の湿気で気分もダウン。カビ対策をしっかり。	21 天 ◑ 一粒万倍日 ○ 作業は優先順位を考えて。早く終わって評判UP。	22 迷 一粒万倍日 □ 心が揺れそう。決断するなら今日は避けたほうが◎	23 再 □ 丁寧に取り組めば満足する結果になるはず。	24 金 □ 誠実に人と接してみて。よい成果が得られそう。	25 楽 △ 何事にも真剣に取り組めば味方が増え喜びあり。	26 崩 ✕↘ 嫌なことでも進んでやると回避する日。笑顔が大切。
27 零 不成就日 ● 親しい人から厳しく指摘されても素直に反省しよう。	28 破 ✕ ミスの連続で落ち込みそう。以前と同じ失敗に注意。	29 新 ● △ 帰宅ルートを変えてみると新たな発見がありそう。	30 探 □ 自力で結果を出せば評価もグンと上がるはず。	Memo		

✕↘：要注意。決断しない。ワガママ禁止。
□：焦らない。可能性を探す。見直す。
●：人の話を聞く。謙虚に。大切なものを守る。
☯：強引にならない。闘わない。調和する。
✕：立ち止まってみる。冷静に。気をつける。
▼：無理しない。ゆっくりする。ケガや病気に注意。
△：初心を忘れない。調子に乗らない。
○：やってみる。人の縁を大切に。

● 新月　◐ 上弦　○ 満月　◑ 下弦

July

探星の年

2022年7月

再挑戦できる

再星の月

態勢を立て直し、名誉挽回に努める時期。努力しても思ったほど評価が得られないなら、
周りの成功者などのアドバイスを聞き入れてやってみましょう。

★1 古い知人と交流する　★2 過去より未来を意識　★3 目標に具体的に取り組む

Mon.	Tue.	Wed.	Thu.	Fri.	Sat.	Sun.
				1 決 ☆ 夢は大きく描き、願えば叶うと信じてみる。	2 沈 ▼ 些細なことで落ち込みそう。悩むのもほどほどに。	3 天 一粒万倍日 ◎ 良い誘いや連絡あり。楽しみを優先させると吉。
4 迷 一粒万倍日 不成就日 △ ミスや忘れ物、身だしなみの確認は徹底して。	5 再 ○ 人から注意されるのは期待されている証拠です。	6 金 ☆☆ 思いがけないうれしい出来事がありそう♡	7 楽 ◐ 一粒万倍日 > 集まりには進んで参加して。楽しむ姿勢を大切に。	8 崩 × 思い通りに進まない日。諦めて静かに過ごそう。	9 零 ● 無理せずに自分が出来そうなことだけやってみよう。	10 破 ⤯ 何ごとも、欲が出ても適度なところでストップが吉。
11 新 ✧ 挑戦したくてうずうず。即行動が開運のカギ。	12 探 不成就日 □ 忙しい1日になりそう。淡々とこなして進むと◎	13 決 ☆ 曖昧な態度はやめてきちんと判断しながら進めよう。	14 沈 ○ ▼ 疲れたときはさわやかな飲み物でリフレッシュ。	15 天 ◎ 急な誘いにも乗ると幸運。黄色のアイテムが吉。	16 迷 一粒万倍日 △ 大切な話を聞く機会がありそう。メモを忘れずに。	17 再 ○ 努力が実を結ぶ日。次の目標を再確認してみて。
18 金 ☆☆ 未来を見据えた行動を。朝からテキパキ動きたい日。	19 楽 一粒万倍日 > 今日は寂しい気持ちを隠さず誘いに乗ってみよう。	20 崩 ◑ 不成就日 × ショックな出来事があっても冷静に心のメンテナンス。	21 零 ● 逆襲があっても、反省するいい機会だと受け止めて。	22 破 ⤯ 手抜きで痛い目に遭いそう。もう一度スタートを。	23 新 ✧ 自分の意外な一面を発見するチャンスがある日。	24 探 □ 平穏より刺激を選び賑やかな場所があなたを高めます。
25 決 ☆ 曖昧な関係に決着を。後悔しない決断ができそう。	26 沈 ▼ 心身のケアが必要になりそう。ヒーリングをして。	27 天 ◎ 周囲の助けのおかげで前向きに行動できる予感。	28 迷 一粒万倍日 不成就日 △ ケアレスミスが多い日。念入りに確認して回避。	29 再 ● ○ 目的のために乗り越えるべき壁が出てきそう。	30 金 ☆☆ 何かとほめられる日。努力が認められていい気分。	31 楽 一粒万倍日 不成就日 > 周囲と協力する姿勢がゴールへの近道になりそう。

● 新月　◐ 上弦　○ 満月　◑ 下弦

×：立ち止まってみる。冷静に。気をつける。　●：人の話を聞く。謙虚に。大切なものを守る。　⤯：自分を変える。奉仕する。　✧：少しずつ動く。もう一度チャレンジする。
□：焦らない。可能性を探す。見直す。　☆：自分を信じる。希望を持つ。　▼：無理しない。ゆっくりする。ケガや病気に注意。　◎：挑戦する。自信を持つ。諦めない。　△：初心を忘れない。調子に乗らない。　○：やってみる。人の縁を大切に。　☆☆：レベルアップ。追い風に乗る。　>：ひとり占めしない。計画的に。

August

探星の年

2022年8月

注目が高まる

金星の月

自信を持って行動し、目標よりもちょっと上を目指すといい時期。
良い言葉を使えば、言霊《ことだま》となり力となります。アロマやお花でいい香りに包まれると◎

1 頑張った自分にご褒美を　2 欲しかったものを買う　3 レベルアップに挑戦する

Mon.	Tue.	Wed.	Thu.	Fri.	Sat.	Sun.
1 崩 × 人に迷惑をかけていないか確認した方がよさそう。	2 零 ● マイナス思考は×。自分を追い込むのはやめよう。	3 破 ×↗ 1人でやらずに周りと協力することで進めそう。	4 新 ✧ 素直な気持ちで周りの意見を聞くと、いい流れに。	5 探 ◐ □ 苦手を克服できそう！　広い視野で捉えてみよう。	6 決 ☆ 周囲に流されないで自分の直感を信じてOK。	7 沈 ▼ いらないものは売ってみよう。リサイクルにツキあり。
8 天 不成就日 ◎ 意見が通らなそう。準備万全にして次の機会に。	9 迷 △ 衝動買いして損するかも。買い物は控えめに。	10 再 一粒万倍日 ○ 懐かしい友達と近況報告。思わぬ情報をゲット。	11 金 ☆☆ 成長させてくれる人との出会いがありそう。	12 楽 ○ > 1日のんびり過ごせそう。川沿いのお店にツキあり。	13 崩 × 甘い考えがトラブルを招く日。慎重に行動を。	14 零 ● 今日は反論せずに流されたほうがうまくいきます。
15 破 一粒万倍日 ×↗ 腐れ縁の相手とは我慢ばかりなら別れてOK。	16 新 不成就日 ✧ 違う分野の人との交流で新しい学びがある予感。	17 探 □ 早起きは三文の徳。緑茶を飲むとさわやか気分に。	18 決 ☆ 観葉植物で部屋の雰囲気を変えると運気UP。	19 沈 ◑ ▼ 駆け引きは逆効果。あなたらしさで勝負しよう。	20 天 ◎ 出会いのチャンスに恵まれる日。会いたい人には連絡を。	21 迷 △ 自己中心的な行動は×。人への配慮を忘れずに。
22 再 一粒万倍日 ○ 軌道修正に絶好のタイミング。調整して進めて。	23 金 天赦日 ☆☆ 幸運日。ベストを尽くせば、よい結果がついてきます。	24 楽 不成就日 > やる気ダウン。面倒なことを終わらせたくても進まなそう。	25 崩 × 人に任せると期待外れの結果に終わる可能性が。	26 零 ● 目の前の好機を逃しそうでも焦らなくて大丈夫。	27 破 ● 一粒万倍日 ×↗ デジタル機器を買い替えるなら事前に調べよう。	28 新 不成就日 ✧ 信頼関係が築けそうな人でも誘いに乗るなら後日に。
29 探 □ あなたの味方になってくれる人が現れる予感。	30 決 ☆ ゴールまでの道筋を整理して計画を立てよう。	31 沈 ▼ 思いやりの気持ちを大切に。人助けすると◎	Memo			

×：立ち止まってみる。冷静に。気をつける。●：人の話を聞く。謙虚に。大切なものを守る。×↗：自分を変える。奉仕する。✧：少しずつ動く。もう一度チャレンジする。□：焦らない。可能性を探す。見直す。☆：自分を信じる。希望を持つ。▼：無理しない。ゆっくりする。ケガや病気に注意。◎：挑戦する。自信を持つ。諦めない。△：初心を忘れない。調子に乗らない。○：やってみる。人の縁を大切に。☆☆：レベルアップ。追い風に乗る。>：ひとり占めしない。計画的に。

● 新月　◐ 上弦　○ 満月　◑ 下弦

September

探星の年

2022年9月

振り返ってみる

楽星の月

体調に気をつける時期。振り回される、何かに巻き込まれるなど、周りの影響を受けやすいので、
自分がどうしたいのか意思をハッキリと決めましょう。

1 思いはハッキリ伝える　2 現実を受け入れる　3 いつもより丁寧な行動を

Mon.	Tue.	Wed.	Thu.	Fri.	Sat.	Sun.
			1 天 ◎ 人の目を気にせずあなたらしさを表現して大丈夫。	2 迷 △ 無駄遣いの予感。財布のひもをしめておこう。	3 再 一粒万倍日 ○ 笑顔を大切に。ピンクの服がラッキーアイテム。	4 金 ◐ ☆☆ 向上心を持って取り組むと成長できる可能性大。
5 楽 不成就日 > チャンスが来ても今日は飛び込まず仲間と相談。	6 崩 × 自信過剰になっていませんか？ 謙虚な姿勢を大切に。	7 零 ● 言い訳はNG。一生懸命取り組み努力を見せて。	8 破 ⤯ 自暴自棄になると大切なものを失ってしまうかも。	9 新 ✧ 作業が終わってすっきり。空き時間も有効活用を。	10 探 ○ □ 早寝早起きし元気に挨拶を心掛けたい日。	11 決 一粒万倍日 ☆ 人に伝えるときは表現を工夫するように意識して。
12 沈 ▼ 集中できない時は良い香りに包まれ変化をつけて。	13 天 不成就日 ◎ 気力が湧いてきますがアクションは起こさないのが吉。	14 迷 △ 相手とかみ合わないところは早めに改善しよう。	15 再 ○ お世話になった人から褒められてやる気UP！	16 金 一粒万倍日 ☆☆ 努力が実を結び新たな仕事の依頼がありそう。	17 楽 > うまくいったならお世話になった人に直接御礼を。	18 崩 ◑ × 順調なことも間違いがないか確認をしておこう。
19 零 ● 強引なお願いにも凜とした態度で対応しよう。	20 破 ⤯ 気持ちが不安定。感情のまま話さないように。	21 新 不成就日 ✧ 今日の出会いは今後あまり発展しなさそうです。	22 探 □ 変化の時。素直に受け入れると視界が開けそう。	23 決 一粒万倍日 ☆ 今年中に成し遂げたいことは今のうちに計画を。	24 沈 ▼ 邪魔が入りやすい日。やるべきことを優先して。	25 天 ◎ 大きな手応えをつかめそうな日。幸せはシェアしよう。
26 迷 ● 不成就日 △ 否定的な言葉に注意。周りのやる気がダウンします。	27 再 ○ 問題に直面しても慎重に検討して進めれば大丈夫。	28 金 一粒万倍日 ☆☆ 良い買い物ができる日。狙いを定めて購入を。	29 楽 > 頑張り過ぎも手抜きも×。やるべきことを確実に。	30 崩 × 足元にご用心。足を踏み外すなどのケガがあるかも。	Memo	

● 新月　◐ 上弦　○ 満月　◑ 下弦

×：立ち止まってみる。冷静に。気をつける。　●：人の話を聞く。謙虚に。大切なものを守る。　⤯：自分を変える。奉仕する。　✧：少しずつ動く。もう一度チャレンジする。
□：焦らない。可能性を探す。見直す。　☆：自分を信じる。希望を持つ。　▼：無理しない。ゆっくりする。ケガや病気に注意。　◎：挑戦する。自信を持つ。諦めない。　△：初心を忘れない。調子に乗らない。　○：やってみる。人の縁を大切に。　☆☆：レベルアップ。追い風に乗る。　>：ひとり占めしない。計画的に。

October

探星の年

2022年10月

運気が低迷

崩星の月

現状に不安や不満を感じるなど心配事が増えそうな時期。
考えすぎずに流れに身を任せることも必要です。映画や読書などで違う世界を覗いてみましょう。

1 足腰を鍛えてみる　2 腹八分目を心掛ける　3 人に相談してから決める

Mon.	Tue.	Wed.	Thu.	Fri.	Sat.	Sun.
					1 零 ● すれ違いが原因で口論。前向きに解決する努力を。	2 破 × 別れ話が持ち上がっても冷静さをキープして。
3 新 ◐ △ 出会いがあっても焦らずに相手を観察しよう。	4 探 不成就日 □ 後悔を引きずらずに気持ちを切り替えると開運へ。	5 決 一粒万倍日 ☯ 人の意見も大事にする態度が幸運を呼ぶ日。	6 沈 ▼ 足腰に注意。激しい運動は避けストレッチを。	7 天 ○ お節介はほどほどにして、自分のために過ごして。	8 迷 一粒万倍日 □ 気を抜かずにいると判断力がアップし運気倍増。	9 再 □ グチや悪口は言わない聞かないを心がけて。
10 金 ○ □ 散財に注意しつつ自分へのごほうびを買うと良い日。	11 楽 一粒万倍日 △ 自分のことは自分でやる姿勢で評価が高まりそう。	12 崩 不成就日 ×↘ 一方的に縁を切られたなら理由を省みる必要が。	13 零 ● 人にしつこい連絡はNG。不安になりすぎないで。	14 破 × 辛い出来事があったなら、涙で流すことも必要。	15 新 △ 新たに挑戦することができそう。慎重に行動して。	16 探 □ 周囲の情報ばかりに頼らず自力で調べる努力を。
17 決 ☯ 強気な言動は×。大切な人には素直に折れよう。	18 沈 ◑ ▼ 朝から不快な気分になりそう。お茶でリラックス。	19 天 ○ 自分のせいで迷惑をかけていないか確認してみて。	20 迷 一粒万倍日 不成就日 □ 思い通りに進んでいたことが滞ってしまいそう。	21 再 □ 懐かしい人からの連絡は期待外れに終わる予感。	22 金 天赦日 □ じっくり向き合えば納得のいく答えが出るはず。	23 楽 一粒万倍日 △ 仲間と腹を割って話して。本当の理解者が明確に。
24 崩 ×↘ 急な仕事を振られても断らず奉仕の気持ちを大切に。	25 零 ● ● 親しい人から長い相談。疲れていても付き合おう。	26 破 × 仕事でいやなことがあっても前向きに捉えて次へ。	27 新 △ 学びが捗る日。資料を集めて自分への投資を。	28 探 不成就日 □ 関係性にマンネリを感じても変化を起こすのは先。	29 決 ☯ トラブル解決の早道は相手を立てること。口論は×	30 沈 ▼ 生活習慣、食生活とも見直して体を大切に。
31 天 ○ 吉凶まざる日。穏やかに上品さを大切に。	Memo					

×↘：要注意。決断しない。ワガママ禁止。　●：人の話を聞く。謙虚に。大切なものを守る。　×：立ち止まってみる。冷静に。気をつける。　△：初心を忘れない。調子に乗らない。
□：焦らない。可能性を探す。見直す。　☯：強引にならない。闘わない。調和する。　▼：無理しない。ゆっくりする。ケガや病気に注意。　○：やってみる。人の縁を大切に。

● 新月　◐ 上弦　○ 満月　◑ 下弦

November

探星の年

2022年11月

謙虚さが大事

零星の月

突発的な出来事が起こりやすい時期。いつも以上に慎重に、焦らず行動を。
殻に閉じこもるのではなく、いまできることに誠実に取り組みましょう。

★1 人の幸せを願ってみる　★2 相手の話をよく聞く　★3 5分前行動を意識する

Mon.	Tue.	Wed.	Thu.	Fri.	Sat.	Sun.
	1 迷 ◐ 一粒万倍日 □ 体を動かして気分転換すれば、やる気もUP。	2 再 □ 仲間と交流することで自分らしさを取り戻せそう。	3 金 □ やるべきことが溜まっていきそう。集中して対応を。	4 楽 一粒万倍日 △ お世話になっている人に感謝を示すと吉。	5 崩 不成就日 ×↘ 軽く考えていたことが思わぬ結果になり凹みそう。	6 零 ● 抵抗するよりも流れに身を任せた方がベター。
7 破 天赦日 × 時間をかけることで大切な人との絆が深まりそう。	8 新 ○ △ 秘密を作らず素直な心で過ごすことを心掛けて。	9 探 □ すぐにキレないで相手のことを考える余裕を持とう。	10 決 ☯ 契約は別日に。焦ることを言われたら疑おう。	11 沈 ▼ 自分を見失わないように自信を取り戻す努力を。	12 天 ○ 今までの気配りのおかげで大きなチャンス到来!	13 迷 不成就日 □ お節介な助言が役に立ちそう。聞き流さないこと。
14 再 □ 同じことを繰り返しやすい日。柔軟に取り組もう。	15 金 □ 自分の短所と向き合うと成長できてよい流れに。	16 楽 ◑ 一粒万倍日 △ 親しい人に会おう。気持ちに余裕が生まれそう。	17 崩 一粒万倍日 ×↘ 1日おとなしく謙虚に過ごすことでトラブルを回避。	18 零 ● 板挟みで辛い状況。中立の態度を心掛けよう。	19 破 × こだわりすぎると停滞。問題はあなたにあるかも。	20 新 △ 待ちの姿勢が吉。声をかけられたら交流を持とう。
21 探 不成就日 □ やる気が出ない日。笑顔を心掛けて過ごして。	22 決 ☯ 嫌なことが続いても強引に解決せず流れに任せて。	23 沈 ▼ 詐欺や個人情報の流出などネットには要注意。	24 天 ● ○ 不穏な事が起こるかも。パニックにならず冷静に。	25 迷 □ 不毛な関係に進むのはNG。慎重な言動を。	26 再 □ 放置してきたことに向き合おう。行動あるのみ。	27 金 □ 努力がきちんと評価されてやる気がUPしそう!
28 楽 一粒万倍日 不成就日 △ 欲張りは×。小さな親切でも感謝し満足しよう。	29 崩 一粒万倍日 ×↘ ガマンの姿勢が仕事関係を円滑にしそう。	30 零 ◐ ● 目立たずひっそりと過ごして次のチャンスを待とう。	Memo			

●新月 ◐上弦 ○満月 ◑下弦

×↘:要注意。決断しない。ワガママ禁止。
□:焦らない。可能性を探す。見直す。
●:人の話を聞く。謙虚に。大切なものを守る。
☯:強引にならない。闘わない。調和する。
×:立ち止まってみる。冷静に。気をつける。
▼:無理しない。ゆっくりする。ケガや病気に注意。
△:初心を忘れない。調子に乗らない。
○:やってみる。人の縁を大切に。

December

探星の年

2022年12月

殻を破る

破星の月

今月はリセットの時期。決めつけずに流れに身を任せてみて。
不要なプライドを捨て去り、過去にこだわらないように。今から未来は作り上げられます。

1 朝、1杯の白湯を飲む　2 謙虚に過ごしてみる　3 家の隅々まで掃除する

Mon.	Tue.	Wed.	Thu.	Fri.	Sat.	Sun.
			1 破 ✕ 想いが届かないなら切り替え時。次のステージへ。	2 新 △ 苦手な人が近づいてきたら問題解決のチャンスかも。	3 探 □ 物事が動き始める日。流れに身を任せ構えないこと。	4 決 ☯ 第六感が導いてくれる予感。思うままに行動して◎
5 沈 ▼ 体に不調を感じたら早めに病院へ行っておこう。	6 天 不成就日 ○ 人が嫌がる仕事をして自分を犠牲にすることも必要。	7 迷 □ 買い物欲が高まっても衝動買いは控えた方が◎	8 再 ○ □ やりたくないことでも経験を生かして挑戦を。	9 金 □ 節約しつつ周りの人にごちそうすると運気上昇。	10 楽 △ 謙虚でいれば自然と周りが助けてくれる日にち。	11 崩 ✕↘ 人と縁が切れたならどんな形でも運命と受け入れて。
12 零 一粒万倍日 ● 強引な解決は避けて流れに身を任せてみて。	13 破 一粒万倍日 ✕ 細かい所まで確認すればうっかりミスを防げそう。	14 新 不成就日 △ 新たな出会いがあっても今日は様子を見ておこう。	15 探 □ 問題解決の糸口を発見。本にまつわる場所が◎	16 決 ◑ ☯ 不要物は即処分。迷っていると前進できなそう。	17 沈 ▼ 荷が重く感じる用事も進んで取り組むと良い日。	18 天 ○ 友達との時間に邪魔が入り不快な気持ちになりそう。
19 迷 □ 警戒心が弱い日。気を引きしめて行動を。	20 再 □ 今日再会する人、連絡が来る人には気をつけてみて。	21 金 □ 人から優しくされたら感謝とお返しが吉。	22 楽 不成就日 △ 順調でも調子に乗ると転落。謙虚さが大事な日。	23 崩 ● ✕↘ 孤独感に襲われ不安な時はひたすら耐えるのみ。	24 零 一粒万倍日 ● 今日のデートはケンカの予感。反論はやめておこう。	25 破 一粒万倍日 ✕ 不要物を処分すれば未練もスパッと断ち切れそう。
26 新 △ ネットで情報収集。役立つものを見つけられそう。	27 探 □ 見たかった作品や映画鑑賞で心の栄養補給を。	28 決 不成就日 ☯ 来年の目標を具体的に手帳に書こう。	29 沈 ▼ 家でゆっくり過ごすのが吉。外出は明日に回して。	30 天 ◐ ○ 家族や友人との外出が吉。運の良さを実感できそう。	31 迷 □ 賑やかな街に気分が上がりそう。トラブルには注意。	

✕↘:要注意。決断しない。ワガママ禁止。
□:焦らない。可能性を探す。見直す。
●:人の話を聞く。謙虚に。大切なものを守る。
☯:強引にならない。闘わない。調和する。
✕:立ち止まってみる。冷静に。気をつける。
▼:無理しない。ゆっくりする。ケガや病気に注意。
△:初心を忘れない。調子に乗らない。
○:やってみる。人の縁を大切に。

● 新月　◐ 上弦　○ 満月　◑ 下弦

星桜

赤

天星

〝頑張りが報われる成就の年〟

総合運

2022年は「天星」の年。努力してきた人は集中力がUP、自分のペースで物事を進められます。謙虚な気持ちで行動することで、2025年に大きな実りを得ることができそう。努力が足りなかったり、方法が間違っていたりした人も、今年なら挽回できます。目標を絞りペースを上げて。2月は勘が冴えるけれど、調子に乗りすぎないよう。5、6月には実力が認められ、ボーナスにも期待大。7~9月は人と衝突しそうですが、10~12月は活気が戻ります。

恋愛運

今年は恋愛にも結婚にも最高の年。結婚を前提にした真剣なお付き合いもおすすめです。片想いの人がいたらぜひアタックを。募集中の人も、パーティなど華やかな場所にチャンスが。2月に素敵な出会いがありそうなので、素早く行動して恋を成就させましょう。7~9月には順調なお付き合いに横やりが入りそう。ケンカや誤解は早めに解決を。相手を大切に思う気持ちを素直に伝えましょう。恋人がいない人も、10~12月には運命的な出会いが期待できます。

仕事・金運

起業やヘッドハンティングの誘いがあっても、新たな挑戦には慎重に。いい話でも、方向を間違うと明るい未来に影を落とします。一方で、社内での異動は活躍の場を広げるチャンス。持ち前の好奇心と開拓精神で仕事に集中しましょう。来年以降、ひとりで解決できないことが増えるため、今のうちに信頼できる人脈を築いておくと◎。精力的に働き、仕事が終われば遊びを満喫して、充実した毎日を送れそう。目標を絞り具体的に行動すれば、金運もUPします。

星桜・赤

2021年

11月 探星
・物事を見直す
・体調を崩しやすい
・準備の時期
・少し休憩

12月 決星
・決断する
・直感に従う
・人生が変わる
・軸を定める

2022年

1月 沈星
・体調管理を第一に
・無理はしない
・メンタルダウンに注意
・癒しを大切にする

2月 天星
・変化がある
・力を発揮できる
・夢が膨らむ
・天から光を受ける

3月 迷星
・誘惑が多い
・調子に乗りがち
・足腰を温める
・決断はNG

4月 再星
・再生、再会、再挑戦
・縁ある人と再会
・チャンス到来
・縁のある人が集まる
・経験が活かせる時

5月 金星
・自信を持って行動
・プチセレブ感
・注目が高まる
・引きが強い時

2022年運気の流れ

・運気が低迷
・健康運に影が
・頑固はNG
・流れに身を委ねる

・リセットの時期
・判断ミス
・縁が切れる
・爆発しやすい

・物事を見直す
・体調を崩しやすい
・準備の時期
・少し休憩

・楽しんでみる
・穏やかな雰囲気
・振り返ってみる
・最後の決断

・全てを受け入れてみる
・謙虚さを大事に
・決めつけない
・じっくり煮詰める

・新スタート
・新発見
・チャレンジする
・直感が戻る

・決断する
・直感に従う
・人生が変わる
・軸を定める

6月　7月　8月　9月　10月　11月　12月

星桜・赤 運気カレンダー

Fortune Calendar

運気カレンダーの見かた

運気カレンダーでは、あなたの毎月の運気と
日々の運気の流れを知ることができます。

運気が停滞しやすい日、判断ミスを起こしやすい日
直感が働く日、物事を決定するのに適した日など
それぞれの運気に合わせたマークが、カレンダーに書かれているので
毎日の過ごしかたの参考にしてください。
カレンダーのグレーは影の時期。運気がやや低迷します。

また、「天赦日」「一粒万倍日」は暦の上での吉日なので、行動を起こすのにいい日です。
逆に「不成就日」は暦の上では願いごとが叶いにくい日なので、穏やかに過ごすのがおすすめです。

吉日と不成就日が重なる場合には、あまり新しい行動は起こさない方がベター。

毎月のお言葉と、挑戦してほしい３つの行動もお伝えしているので、
ぜひ指針にしてみてくださいね。

天星記号のキーワード

- × 立ち止まってみる。冷静に。気をつける。
- ● 人の話を聞く。謙虚に。大切なものを守る。
- ×↗ 自分を変える。奉仕する。
- ✧ 少しずつ動く。もう一度チャレンジする。
- □ 焦らない。可能性を探す。見直す。
- ☆ 自分を信じる。邪気を払う。希望を持つ。
- ▼ 無理しない。ゆっくりする。ケガや病気に注意。
- ◎ 挑戦する。自信を持つ。諦めない。
- △ 初心を忘れない。調子に乗らない。
- ○ やってみる。進む。人の縁を大切に。
- ☆☆ レベルアップ。追い風に乗る。チャンスあり。
- ＞ ひとり占めしない。先を考えてみる。計画的に。
- ☆☆☆ 感謝をする。幸せをいただく。ポジティブに。
- ×↘ 要注意。決断しない。ワガママ禁止。
- ▲ 一度冷静に。心を穏やかに。飛びつかない。
- ☯ 強引にならない。闘わない。調和する。

December

沈星の年

2021年12月

決断する

決星の月

今月は、無理をしすぎずに頑張るといい月。不要なものは整理整頓してリセットすると開運に。
この際、どんどん捨てたり売ったりしてみましょう。

1 優柔不断な態度をとらない　2 食事のバランスを整える　3 バスタイムを充実させる

Mon.	Tue.	Wed.	Thu.	Fri.	Sat.	Sun.
		1 崩 × 自分は悪くないと感じても相手の意見もよく聞いて。	2 零 不成就日 ● 苦手な人の考え方を聞いて受け入れてみよう。	3 破 一粒万倍日 ×↗ 時間がかかっても、やり残したことは片付けよう。	4 新 ● 一粒万倍日 ✧ ジム通いなど長続きさせたいものを始めてみよう。	5 探 □ 季節の行事や文化を敬う心を大切にして。
6 決 ☆ 勘が冴えるけど、自信のないことは断ろう。	7 沈 ▼ イライラしても何も変わらない。冷静になって。	8 天 不成就日 ◎ 年末にやりたいことをいくつか書き出してみよう。	9 迷 △ 遅刻や忘れ物に注意。慎重に行動すること。	10 再 ○ 手を抜くと結局やり直すことになるので真面目に。	11 金 ◐ ☆☆ 優柔不断にならずハッキリ決めてしまおう。	12 楽 > プレゼントを買いに行くなら午前中に行こう。
13 崩 × 思い込みで決めず相手の意見をよく聞いてみて。	14 零 ● 自信のないことは信用できる人に相談して考えよう。	15 破 ×↗ 日用品をチェックして古いものは買い替えよう。	16 新 不成就日 ✧ 気になっていた資格の勉強を始めるなら明日から。	17 探 一粒万倍日 □ 積極的に周りと会話をして距離を縮めよう。	18 決 一粒万倍日 ☆ こだわりを大切にして、迷わずに決断をしよう。	19 沈 ○ ▼ 年末で忙しい日が続きそう。今日は早めに寝よう。
20 天 ◎ 将来の目標を決めて、今から動き出そう。	21 迷 △ 安請け合いしてしまうと、後で面倒なことに。	22 再 ○ 思い出の地に出かけると気分がすっきり前向きに。	23 金 ☆☆ ちょっといいものを身に着けて気分を高めてみて。	24 楽 不成就日 > 夜の予定は乱されそうなので大切なことは早めに。	25 崩 × 今日は期待通りにいかないので落ち着いて行動が吉。	26 零 ● 人のサポートに徹し自分のことは後回しが良い日。
27 破 ◑ ×↗ 新年を迎える前に悩んでいたことを整理しよう。	28 新 ✧ 没頭できる何かを見つけてリフレッシュを。	29 探 一粒万倍日 □ 1年を振り返って反省する日にしてみよう。	30 決 一粒万倍日 ☆ 来年の目標を決めて、計画を立てると◎	31 沈 ▼ 新しい年も目前。今日は体を労わって過ごそう。	Memo	

●新月 ◐上弦 ○満月 ◑下弦

×：立ち止まってみる。冷静に。気をつける。●：人の話を聞く。謙虚に。大切なものを守る。×↗：自分を変える。奉仕する。✧：少しずつ動く。もう一度チャレンジする。
□：焦らない。可能性を探す。見直す。☆：自分を信じる。希望を持つ。▼：無理しない。ゆっくりする。ケガや病気に注意。◎：挑戦する。自信を持つ。諦めない。△：初心を忘れない。調子に乗らない。○：やってみる。人の縁を大切に。☆☆：レベルアップ。追い風に乗る。>：ひとり占めしない。計画的に。

January

天星の年

2022年1月

沈星《メンテナンス》の月

焦る必要はありません。今は準備が必要な時期です。
苦しいときや辛いときは3回ゆっくり深呼吸。ゆっくりと気を整えてみて。あなたなら、大丈夫。

1 星空を眺めて目を休める　2 自分の時間を大切にする　3 心の癒しを意識する

Mon.	Tue.	Wed.	Thu.	Fri.	Sat.	Sun.
					1 天 不成就日 ◎ 元日は人に気を遣わず気ままに過ごそう。	2 迷 △ 正月気分でも調子に乗っての食べ過ぎには注意。
3 再 ● ○ 体調管理を怠ると、古傷が痛んでしまうかも。	4 金 ☆☆ 今進めていることは自信を持って迷わず続けよう。	5 楽 ＞ やる気があっても早めに切り上げて夜はしっかり休もう。	6 崩 × 気ままに動くとトラブルの予感。周りに合わせて。	7 零 ● 選択肢が増えすぎて迷いそう。決断は来月に。	8 破 不成就日 ×↗ 口は災いのもと。余計なことを話すのはやめておこう。	9 新 ✧ だるさを感じたら、ガマンしないでメンテナンスを。
10 探 ◐ □ 意見の食い違いがあったら、相手を優先しよう。	11 決 天赦日 一粒万倍日 ☆ 自分の代わりはいない、とすべて前向きに考えて。	12 沈 ▼ 軽い体調不良を感じたら、早めに病院へ行こう。	13 天 ◎ 初めての場所に出掛けて刺激を受けてみて。	14 迷 一粒万倍日 △ 冬のセールに行っても思いつきでの買い物は避けて。	15 再 ○ 力不足を感じても落ち込まず、もう一度取り組もう。	16 金 不成就日 ☆☆ 今日は家で料理を作って、充分な栄養を摂ろう。
17 楽 ＞ 早起きして適度な運動を。体をほぐして今週をスタート!	18 崩 ○ × 良かれと思ったことでも行動に移すのは避けてみて。	19 零 ● 謙虚な気持ちを大切にし、自分勝手な行動は控える。	20 破 ×↗ 離れる人がいても執着せず流れに任せましょう。	21 新 ✧ 来月の計画を立てる日。情報収集や相談をしてみて。	22 探 □ 会話に耳を傾けると成功のヒントがありそう。	23 決 一粒万倍日 ☆ 直感が冴えているので、テキパキ判断をしてOK。
24 沈 不成就日 ▼ 頭痛など体に異変が現れたら無理せず早めに帰ろう。	25 天 ◑ ◎ 優先順位を作り1つずつ進めると吉。	26 迷 一粒万倍日 △ 関係ないことにはかかわらずやるべきことを進めよう。	27 再 ○ 前回の失敗を活かせば、今回はうまくいきそう。	28 金 ☆☆ たまには奮発して美味しい食事をしよう。	29 楽 ＞ 褒められても浮かれないで、より上を目指そう!	30 崩 × 計画通りにいかなそう。早めに作戦を練り直して。
31 零 ● 周りの人が困っていたら積極的に助けてあげよう。	Memo					

● 新月 ◐ 上弦 ○ 満月 ◑ 下弦

×：立ち止まってみる。冷静に。気をつける。●：人の話を聞く。謙虚に。大切なものを守る。×↗：自分を変える。奉仕する。✧：少しずつ動く。もう一度チャレンジする。△：初心を忘れない。調子に乗らない。
□：焦らない。可能性を探す。見直す。☆：自分を信じる。希望を持つ。▼：無理しない。ゆっくりする。ケガや病気に注意。◎：挑戦する。自信を持つ。諦めない。
○：やってみる。人の縁を大切に。☆☆：レベルアップ。追い風に乗る。＞：ひとり占めしない。計画的に。

February

天星の年

2022年2月

努力が報われる

天星の月

言霊《ことだま》が入り、幸せな言葉を口にすることで未来に良い影響を与えます。
ネガティブな言葉や溜息ではなく、前向きな言葉を意識して使うと開運に。

★1 願いごとや夢を口に出す　★2 自分にご褒美をあげる　★3 おしゃれを楽しんでみる

Mon.	Tue.	Wed.	Thu.	Fri.	Sat.	Sun.
	1 破 ● ↗ 人の悪口やグチに大切な時間を使うのは避けよう。	2 新 ◇ 夕方から元気になりそう。寄り道をすると吉。	3 探 不成就日 ○ どこかへ出かけたくなっても、今日はガマン。	4 決 ☆ 気になる人と距離を縮められそう。話しかけてみて。	5 沈 一粒万倍日 ▼ 自分のアドバイスが困っている人の役に立ちそう。	6 天 ◎ 褒められる予感。豊かな発想が周囲にもプラスに。
7 迷 □ 聞いたことを忘れないように、しっかりメモして。	8 再 ◐ ◎ 身近な自然に触れることでパワーをもらえそう。	9 金 ☆☆ 欲しい物を見つけたら、自分へのご褒美に買おう。	10 楽 一粒万倍日 ＞ 大切な人にサプライズ演出が喜ばれそう!	11 崩 不成就日 ✕ 面倒に感じても、人の話はしっかりと聞いておこう。	12 零 ☯ 辛い出来事が自分の欠点を直すきっかけになるかも。	13 破 ↗ 余計な物は整理整頓して古い物とはお別れを。
14 新 ◇ 尊敬する人に夢を話したら、距離が縮まるかも。	15 探 ○ 成長できるきっかけをくれる恩人に出会えそう。	16 決 ☆ すぐに行動するとお得な情報を得られるかも。	17 沈 ○ 一粒万倍日 ▼ 不満が溜まり気味。家族でごちそうを食べて発散!	18 天 ◎ 憧れの人との縁や新しい発見があったりといい1日。	19 迷 不成就日 □ ミスを連発してしまいそう。素直に謝るのが一番。	20 再 ◎ 会いたい人に電話を。向こうも同じ気持ちかも。
21 金 ☆☆ 手元にあるお金を使い切りそう。現実を見よう。	22 楽 一粒万倍日 ＞ 待遇に不満があっても、できることを考えてみよう。	23 崩 ✕ 八方美人な態度を取り続けると面倒な展開に。	24 零 ◑ ☯ お礼をするときはプレゼントも用意してみよう。	25 破 ↗ 自分の言葉には責任を持って。小さな嘘も×	26 新 ◇ 自分流で事を進めるより、周りに任せてみて。	27 探 不成就日 ○ 人との交流の機会があるけど、今日は行かない方が。
28 決 ☆ 何気なく口にした言葉から思わぬ展開になりそう。	Memo					

● 新月 ◐ 上弦 ○ 満月 ◑ 下弦

✕：立ち止まってみる。冷静に。気をつける。☯：強引にならない。闘わない。調和する。↗：自分を変える。奉仕する。◇：少しずつ動く。もう一度チャレンジする。○：やってみる。人の縁を大切に。☆：レベルアップ。追い風に乗る。▼：無理しない。ゆっくりする。ケガや病気に注意。◎：挑戦する。自信を持つ。諦めない。□：焦らない。可能性を探す。見直す。☆☆：感謝をする。幸せをいただく。ポジティブに。＞：ひとり占めしない。計画的に。

March

天星の年

2022年3月

誘惑が多い

迷星の月

誘惑が多く欲求が増える時期。直感で行動すると後悔するので、じっくり考えて。
辛くても楽な方に逃げないように。太りやすいので暴飲暴食にも注意。

1 親切を心掛けてみる　2 中途半端にせずやり切る　3 事前に準備をする

Mon.	Tue.	Wed.	Thu.	Fri.	Sat.	Sun.
	1 沈 一粒万倍日 ▼ お部屋の掃除と換気で良い運気を呼び込んで。	2 天 ◎ 注目を浴びそう。口がうまい人には気をつけて。	3 迷 ● △ なんだか落ち着かない1日になりそう。慎重に。	4 再 不成就日 ○ 相手の都合を大切に。欲を抑え冷静に。	5 金 ☆☆ 衝動買いしそうな日。余計なお金は持ち歩かないで。	6 楽 ＞ お祝い事はなるべくお昼までにしておこう。
7 崩 × 感情のまま発言しないよう気をつけると良い日。	8 零 ● 敵を作ってしまいそう。今日は常識的な行動を。	9 破 一粒万倍日 ✕↗ 腹が立つことがあっても怒らず話し合って解決。	10 新 ◐ ✧ 憂鬱な気持ちが続くなら没頭できる趣味を探そう。	11 探 □ 気の合う人と会話を楽しむとやる気がUPする日。	12 決 不成就日 ☆ お金のトラブルやミスには気をつけて。	13 沈 ▼ 体調不良になりやすい日。無理は禁物。ゆっくりして。
14 天 一粒万倍日 ◎ お得な情報を耳にしそうだけど、一度確認しよう。	15 迷 △ 後から痛い目に遭わないよう仕事中はサボらないで。	16 再 ○ 既に持っているものをまた買いそうなので注意。	17 金 ☆☆ 計画的にお金を使わないと、後悔しそう。	18 楽 ○ ＞ 楽しめそうな1日。大切な人への気遣いは忘れずに。	19 崩 × 金欠になったら使い方の反省を。借りるのはNG。	20 零 不成就日 ● 残念な知らせが。今日は流れに身を任せよう。
21 破 一粒万倍日 ✕↗ 面倒な問題でも、中途半端にしないように。	22 新 ✧ 変化を求めたくなっても、強気な挑戦は控えて。	23 探 □ 冒険をしたくなっても行動に移すのは少し待って。	24 決 ☆ うっかり大事な約束を忘れないように気をつけて。	25 沈 ◑ ▼ 張り切り過ぎて腰を痛めないよう、休憩も大切に。	26 天 天赦日 一粒万倍日 ◎ 正直になれば、思い通りにいきそうな1日。	27 迷 △ 八方美人な態度をとらないように気をつけよう。
28 再 不成就日 ○ 同じ失敗を繰り返しそう。動かない方がいい日。	29 金 ☆☆ 新しく買い替えるなら前の失敗を思い出そう。	30 楽 ＞ 謙虚に礼儀正しく過ごすと開運に。	31 崩 × 自己流で通さず周りに合わせる努力をしよう。	*Memo*		

● 新月　◐ 上弦　○ 満月　◑ 下弦

×：立ち止まってみる。冷静に。気をつける。 ●：人の話を聞く。謙虚に。大切なものを守る。 ✕↗：自分を変える。奉仕する。 ✧：少しずつ動く。もう一度チャレンジする。
□：焦らない。可能性を探す。見直す。 ☆：自分を信じる。希望を持つ。 ▼：無理しない。ゆっくりする。ケガや病気に注意。 ◎：挑戦する。自信を持つ。諦めない。 △：初心を忘れない。調子に乗らない。 ○：やってみる。人の縁を大切に。 ☆☆：レベルアップ。追い風に乗る。 ＞：ひとり占めしない。計画的に。

April
天星の年
2022年4月

再挑戦できる
再星の月

懐かしさや心地よさ、安心感などを得られる時期。
今まで辛かった人には幸運が訪れるので、やりたかったことに挑戦するなど思い切った行動も◎

1 大好きなもので満たす　2 気心の知れた友達と話す　3 「ありがとう」を言う

Mon.	Tue.	Wed.	Thu.	Fri.	Sat.	Sun.
				1 零 ● 不成就日 ☯ やってみてもうまくいかないかも。再挑戦は後日。	2 破 一粒万倍日 ↗ 好きじゃないことは無理せずにやめてもいい時期。	3 新 ✧ 趣味で出会った人には積極的に声をかけてみて。
4 探 ○ 仕事相手とは休日の話をして関係を深めて。	5 決 一粒万倍日 ☆ 悩んだら尊敬する人の考えを取り入れて。	6 沈 ▼ また同じ症状が出たなら必ず再診してもらおう。	7 天 ◎ 欲しかったものや珍しいものを買えていい気分。	8 迷 一粒万倍日 □ 会いたい人を思い描くといい日に ち。言霊を大切に。	9 再 ◐ 不成就日 ◎ 以前に失敗したことに再挑戦する準備をして。	10 金 ☆☆ 安く買ったものがすぐダメに。買い物は質を重視。
11 楽 ＞ 欲を抑え人のために行動すると開運日。	12 崩 × 口は災いのもと。秘密が漏れないように。	13 零 ☯ 注意されたことが不満でも、指摘通りやってみよう。	14 破 ↗ 外出先が渋滞や混雑の予感。焦らずに落ち着いて。	15 新 ✧ メールの返信忘れをチェックして。データの整理も吉。	16 探 ○ 人に迷惑をかけないように伝えたいことは電話が◎	17 決 ○ 一粒万倍日 不成就日 ☆ 理想と現実が違っても投げ出さず慎重に決めて。
18 沈 ▼ 以前に注意されたルールや約束はしっかり守って。	19 天 ◎ 勘が冴えているので、臨機応変にアイデアを出して。	20 迷 一粒万倍日 □ 幸運が入りそう。喜びはシェアを。自慢は禁物。	21 再 ◎ ドキドキを楽しみたい日。かわいいものと触れ合って。	22 金 ☆☆ 怪しい話にはすぐに飛びつかないよう注意。	23 楽 ◑ ＞ 交流の場に出かけると新たな目標が見えてきそう。	24 崩 × 楽な方向に行こうとすると自分に返ってくるので注意。
25 零 不成就日 ☯ 準備が足りないみたい。周りの意見に従おう。	26 破 ↗ 予定が狂っても相手を助ける気持ちを優先して。	27 新 ✧ どうやってお金を回すかイメージし計画的に行動を。	28 探 ○ 自己中になりやすいので思いやりを忘れずに。	29 決 一粒万倍日 ☆ もう一度行きたい場所など、連休の計画を立てて。	30 沈 ▼ イライラしてもガマンを。部屋の掃除で気分転換。	

●新月 ◐上弦 ○満月 ◑下弦

×：立ち止まってみる。冷静に。気をつける。☯：強引にならない。闘わない。調和する。↗：自分を変える。奉仕する。✧：少しずつ動く。もう一度チャレンジする。○：やってみる。人の縁を大切に。☆：レベルアップ。追い風に乗る。▼：無理しない。ゆっくりする。ケガや病気に注意。◎：挑戦する。自信を持つ。諦めない。□：焦らない。可能性を探す。見直す。☆☆：感謝をする。幸せをいただく。ポジティブに。＞：ひとり占めしない。計画的に。

May

天星の年

2022年5月

注目が高まる

金星の月

今まで自分が積み上げてきたものや頑張ってきたことを発揮できるチャンスが来ます。
人と比べずに自分のいい面や得意なものに焦点を当てましょう。

★1 自分の個性を大切にする　★2 自信を持って行動する　★3 欲しかったものを買う

Mon.	Tue.	Wed.	Thu.	Fri.	Sat.	Sun.
						● 1 天 ◎ 新しい刺激や良い情報がもらえそうな日。
2 迷 一粒万倍日 □ じっくり考えてから買い物をするといい日にち。	3 再 ◎ リベンジするなら、まずは気持ちを切り替えて。	4 金 不成就日 ☆☆☆ 収入面でいいことがあっても今日の決断は避けて。	5 楽 ＞ 付き合いを大切に。夜は早めに帰宅し、自分メンテナンス。	6 崩 × 約束を忘れたら反省は言葉ではなく態度で示して。	7 零 ☯ ぼんやり過ごしてしまわないように自己管理を。	8 破 ↗× 車のトラブルがありそう。気を引き締めると回避。
9 新 ◐ ✧ 男女問わず良い出会いがありそう。ご縁を大切に。	10 探 ○ 自分の頑張りをアピールしてみると良い結果に。	11 決 ☆ 自分を見つめなおし、将来の目標を再確認しよう。	12 沈 不成就日 ▼ 思わぬ出費があってもカード利用は控えたほうが良い日。	13 天 ◎ フットワーク軽くテキパキ動くと開運日。	14 迷 一粒万倍日 □ 自分だけで決めずに周りの意見にも耳を傾けて。	15 再 一粒万倍日 ◎ 昔の知人から連絡が来たら近況報告をしておこう。
16 金 ○ ☆☆☆ 気になる人と近づけそう。まずは友達付き合いから。	17 楽 ＞ 感謝されたり褒められたりしそうな日。ナチュラルに。	18 崩 × 本当に相手を思っての行動だったか振り返ろう。	19 零 ☯ 他人任せを指摘される予感。自分のことは自分で。	20 破 不成就日 ↗× 自分勝手にならずにその場に合わせる努力を。	21 新 ✧ 新しいチャンスが入る日。やりたいことをまとめて。	22 探 ○ 失くし物が見つかりやすい日。感謝の気持ちを大切に。
23 決 ◑ ☆ 支えてくれている人への御礼は忘れずに伝えよう。	24 沈 ▼ 今日は答えをもらえなそう。焦らず判断を待とう。	25 天 ◎ 今までの行いは間違っていなかったと実感できそう。	26 迷 一粒万倍日 □ 単独行動よりも、空気を読んだ動きを大切にして。	27 再 一粒万倍日 ◎ 周りのアドバイスのおかげでやる気が復活しそう。	28 金 不成就日 ☆☆☆ 人におすそわけ。ささやかなプレゼントにツキがあり。	29 楽 ＞ お金が巡ってきても、買い物や投資は控えて。
● 30 崩 × 思わぬ課題を与えられても嫌な顔をせず引き受けて。	31 零 ☯ ガマンが限界に達しても手出しや口出しはNG。	Memo				

●新月 ◐上弦 ○満月 ◑下弦

×：立ち止まってみる。冷静に。気をつける。☯：強引にならない。闘わない。調和する。↗×：自分を変える。奉仕する。✧：少しずつ動く。もう一度チャレンジする。○：やってみる。人の縁を大切に。☆：レベルアップ。追い風に乗る。▼：無理しない。ゆっくりする。ケガや病気に注意。◎：挑戦する。自信を持つ。諦めない。□：焦らない。可能性を探す。見直す。☆☆☆：感謝をする。幸せをいただく。ポジティブに。＞：ひとり占めしない。計画的に。

June

天星の年

2022年6月

振り返ってみる

楽星の月

今月は自分だけではなく人にも幸せをおすそ分けするイメージが吉。
たとえ辛いときでも、人に喜んでもらえるように感謝や喜びを提供すると開運に。

1 ノリや勢いで行動しない　2 やることは早めに終える　3 人を喜ばせる行動をする

Mon.	Tue.	Wed.	Thu.	Fri.	Sat.	Sun.
		1 破 ⤢ 誰かに教わることで、救われることがありそう。	2 新 ✧ 趣味や特技に力を入れるといい経験になる日。	3 探 不成就日 □ 思いきったことは控え、慣れ親しんだことに集中。	4 決 ☆ 人の助けで救われる日。感謝を伝えて。	5 沈 ▼ 足腰に気をつけたい日。ストレッチで軽い運動を。
6 天 ◎ 自然体でいる方が周りにもいい影響を与える日。	◐ 7 迷 △ 頼まれごとは受けてみて。今後に生きそう。	8 再 ○ 知らない人の勧誘には乗らず、知人の意見を参考に。	9 金 一粒万倍日 ☆☆ 諦めずに続けたことが評価され才能が開花しそう。	10 楽 天赦日 一粒万倍日 > 周囲に心配をかけていたなら現状の連絡をしよう。	11 崩 不成就日 × 手を抜きたくなっても最後まで丁寧にやり遂げて。	12 零 ● 目上の人に叱られそう。浮かれていたなら反省を。
13 破 ⤢ 足を引っ張る人がいるならば、そっと離れよう。	○ 14 新 ✧ 努力で芽が出る予感。あなたは頑張っています。	15 探 □ ブレずにやりきると達成。誘惑には注意。	16 決 ☆ モヤがなくなり霧が晴れそう。自分を信じてみる。	17 沈 ▼ メンタルを整え人に誘惑されないように。	18 天 ◎ 朝からシャキッと過ごせば開運。口角を上げてニコッと。	19 迷 不成就日 △ 気合を入れてやるなら午後からのスタートが吉。
20 再 ○ 同じ失敗をする予感。よく考えると回避。	◑ 21 金 一粒万倍日 ☆☆ あなたに光が。もう一度挑戦するなら今日。	22 楽 一粒万倍日 > 集まりには積極的に参加すると開運日。	23 崩 × 大切な人に寂しい思いをさせないよう気配りを。	24 零 ● ネガティブになりやすい日。考え過ぎないこと。	25 破 ⤢ 望まない変化があっても、投げ出さず続けて。	26 新 ✧ 流行の音楽で気分転換。苦手意識をなくして。
27 探 不成就日 □ 人の話は注意深く聞こう。早とちりに気をつけて。	28 決 ☆ 周りから聞いたアドバイスに従って過ごそう。	● 29 沈 ▼ 焦らず、ゆっくりと丁寧に物事を進めて。	30 天 ◎ 状況に窮屈さを感じたらこまめにストレス解消を。	Memo		

● 新月　◐ 上弦　○ 満月　◑ 下弦

×：立ち止まってみる。冷静に。気をつける。　●：人の話を聞く。謙虚に。大切なものを守る。　⤢：自分を変える。奉仕する。　✧：少しずつ動く。もう一度チャレンジする。
□：焦らない。可能性を探す。見直す。　☆：自分を信じる。希望を持つ。　▼：無理しない。ゆっくりする。ケガや病気に注意。　◎：挑戦する。自信を持つ。諦めない。　△：初心を忘れない。調子に乗らない。　○：やってみる。人の縁を大切に。　☆☆：レベルアップ。追い風に乗る。　>：ひとり占めしない。計画的に。

July

天星の年

2022年7月

運気が低迷

崩星の月

頑固になっている場合があるので、ゆっくりと今を大切に生きてみて。
早とちりや決めつけはやめて感謝やプラスの気持ちを高められるようにすると回避。

1 確認作業を怠らない　2 結果を焦らず行動する　3 思いやりを大切に

Mon.	Tue.	Wed.	Thu.	Fri.	Sat.	Sun.
				1 迷 △ 大切な人の話は親身になってちゃんと聞こう。	2 再 ○ 刺激を受けることがあっても今は参考にする程度に。	3 金 一粒万倍日 ☆☆ 修理で想定外の出費が。ケチらずすぐに直せば◎
4 楽 一粒万倍日 不成就日 > 周りのアドバイスで癒され、やる気を取り戻せそう。	5 崩 × お金を扱うときは慎重にしてトラブルを回避。	6 零 ● 悪くないのに謝罪を迫られそう。従っておこう。	7 破 ◐ 一粒万倍日 ×↗ 周りのアドバイスを参考にして改善点を見つけよう。	8 新 ✧ 行き詰まりを感じたら、興味がわくものを探してみて。	9 探 □ 相手を必要以上に問い詰めないで。焦りは禁物。	10 決 ☆ 他人の噂話は控えよう。何かとトラブルの火種に。
11 沈 ▼ 健康面で心配な箇所は放置しないで治療を。	12 天 不成就日 ◎ 早とちりせずきちんと確認。集中力を高めてみて。	13 迷 △ 裏切られたように思えても追及しないほうがベター。	14 再 ○ ○ 大切な人とのトラブルは逃げずに解決しよう。	15 金 ☆☆ 周りの希望を聞いて楽しませることで自分も元気に。	16 楽 一粒万倍日 > 自分は我慢して相手を喜ばせることを意識しよう。	17 崩 × 悔しい思いをしても、諦めずに努力を続けて。
18 零 ● 今日は損した気分でも、後で周りに感謝されそう。	19 破 一粒万倍日 ×↗ 矛盾することを口走らないようにすれば順調。	20 新 ◑ 不成就日 ✧ 行きたいところのリサーチなどで静かに過ごして。	21 探 □ 順調にいっていても欲張りにならず現状維持で!	22 決 ☆ 不満があっても相手の反応を見て言葉を選ぼう。	23 沈 ▼ 気持ちの切り替えが肝心。精のつく食事で充電を!	24 天 ◎ 悩み事は自分の早とちりだったと気づけそう。
25 迷 △ 感情が顔に出やすい日。辛くても笑顔で接して。	26 再 ○ 面倒臭いことを頼まれそうな日。はっきり意思表示を。	27 金 ☆☆ あと一歩の結果になりそうだけど、この経験が大事。	28 楽 一粒万倍日 不成就日 > つい見栄を張りがち。上辺ではなく中身を大切に。	29 崩 ● × ルールを守り、欠点を克服することを心がけて。	30 零 ● 自分よりも人を優先して行動すると回避。	31 破 一粒万倍日 不成就日 ×↗ 気分が優れなくても、明日から変化がありそう。

●新月 ◐上弦 ○満月 ◑下弦

×:立ち止まってみる。冷静に。気をつける。●:人の話を聞く。謙虚に。大切なものを守る。×↗:自分を変える。奉仕する。✧:少しずつ動く。もう一度チャレンジする。□:焦らない。可能性を探す。見直す。☆:自分を信じる。希望を持つ。▼:無理しない。ゆっくりする。ケガや病気に注意。◎:挑戦する。自信を持つ。諦めない。△:初心を忘れない。調子に乗らない。○:やってみる。人の縁を大切に。☆☆:レベルアップ。追い風に乗る。>:ひとり占めしない。計画的に。

August

天星の年

2022年8月

謙虚さが大事

零星の月

ささやかな幸せからも喜びを感じられるように、日々を大事に生きましょう。
小さな幸せを積み重ねて大きな幸せに。「ありがとう」の言葉を伝えて。

1 学びの姿勢を大切に　2 大切なものを「守る」　3 ネガティブな感情を手放す

Mon.	Tue.	Wed.	Thu.	Fri.	Sat.	Sun.
1 新 ✧ 新しい挑戦の場が与えられたら全力で頑張ろう。	2 探 □ 苦手な人とも話してみるとよい発見がありそう。	3 決 ☆ 環境に慣れることができるかは今日で決まりそう。	4 沈 ▼ 体調が悪ければ無理をせずに病院へ行こう。	5 天 ◐ ◎ ストレスを溜めると暴走の恐れが。徐々に解消して。	6 迷 △ 分からないことは友達や知人に素直に聞いて。	7 再 ○ 思いがけない人からの連絡に気分が上がりそう。
8 金 不成就日 ☆☆ 冒険はせず、今あることを大切にして。	9 楽 > 同じ志の人と触れ合うことで穏やかな気持ちに。	10 崩 一粒万倍日 × 中途半端になりやすい日。優先順位をつけて行動を。	11 零 ● 現状から逃げ出したくなっても今は留まって。	12 破 ○ ×↗ 過剰な心配は相手にとってストレス。大らかに。	13 新 ✧ 自分の中身を磨く挑戦はどんどんしていこう。	14 探 □ 集まりの場では、自分を客観的に分析してみよう。
15 決 一粒万倍日 ☆ 無理に関係を修復しようとすると逆効果に。	16 沈 不成就日 ▼ ルールを破り叱られそう。周りと歩調を合わせて。	17 天 ◎ 落ち込んだら近くの公園に行って緑に癒されると◎	18 迷 △ 人恋しくなりやすい日。動物からぬくもりをGET。	19 再 ◑ ○ 昔見た映像から刺激を受けそう。前向きに考えて。	20 金 ☆☆ 今日のお誘いに救いあり。お洒落して。	21 楽 > 周りのおかげでピンチを脱出！ 感謝を忘れずに。
22 崩 一粒万倍日 × ながら買いで散財しそう。財布のヒモはしっかり。	23 零 天赦日 ● 予定が流れても代わりにいい選択ができそう。	24 破 不成就日 ×↗ 自分1人で考えず、人に甘えてみると回避。	25 新 ✧ やる気が出ないときは新しい下着を身に着けて。	26 探 □ ケンカばかりの相手には素直な気持ちを話そう。	27 決 ● 一粒万倍日 ☆ 悩むのは終わり。来月の目標を立てて挽回しよう。	28 沈 不成就日 ▼ すれ違いがありそう。冷静に事実を確認して。
29 天 ◎ 積極的に行動できるよう、身軽になる準備が大事。	30 迷 △ ハメを外すと成果が台無しに。忠告は聞き入れよう。	31 再 ○ 一度片付いた案件にミスが。すぐ改善したほうが◎	Memo			

● 新月　◐ 上弦　○ 満月　◑ 下弦

×：立ち止まってみる。冷静に。気をつける。●：人の話を聞く。謙虚に。大切なものを守る。×↗：自分を変える。奉仕する。✧：少しずつ動く。もう一度チャレンジする。
□：焦らない。可能性を探す。見直す。☆：自分を信じる。希望を持つ。▼：無理しない。ゆっくりする。ケガや病気に注意。◎：挑戦する。自信を持つ。諦めない。△：初心を忘れない。調子に乗らない。○：やってみる。人の縁を大切に。☆☆：レベルアップ。追い風に乗る。>：ひとり占めしない。計画的に。

September

天星の年

2022年9月

殻を破る

破星の月

自分の価値観だけではなく、人の言葉や周りの意見を参考に。
成功者や憧れの人の言葉は、あなたの可能性を広げます。掃除や洗濯を大切にして浄化を。

★1 ためになる勉強をする　★2 価値観を押し付けない　★3 洗濯に力を入れる

Mon.	Tue.	Wed.	Thu.	Fri.	Sat.	Sun.
			1 金 ☆☆ 強引に進めるのではなく周りの意見を聞こう。	2 楽 ＞ 一攫千金を狙ってのギャンブルはやめておこう。	3 崩 一粒万倍日 × 振り回されても周りを思いやる行動が評価されそう。	4 零 ◐ ● 目の前の問題を一つ一つ解決。他人任せはNG。
5 破 不成就日 ×↗ 頭にきても暴言はダメ。黙って距離を取ろう。	6 新 ✧ 余裕がなくても周囲にきちんと目を向けておこう。	7 探 □ 与えられたことは責任感を持って取り組んで。	8 決 ☆ 冗談のつもりが誤解を招くかも。本心を伝えよう。	9 沈 ▼ 今夜は家族と一緒にゆっくりおうちで過ごそう。	10 天 ○ ◎ あなたが持っているピュアな一面が伝わりそう。	11 迷 一粒万倍日 △ うっかりミスをしそう。気を引き締めよう。
12 再 ○ うまくいかないなら再考。軌道修正して乗り切って。	13 金 不成就日 ☆☆ 評価だけでなく、自分が納得できるかも大切に。	14 楽 ＞ 余裕を持って進めると◎。急な用件も臨機応変に。	15 崩 × 相手には期待し過ぎずに協力し合って進めて。	16 零 一粒万倍日 ● 派手に動くと目立ちそう。大人しくしていると吉。	17 破 ×↗ 思ったことをストレートに言い過ぎないよう注意。	18 新 ◑ ✧ 物事の変化に気づける日。成長のヒントを発見!
19 探 □ 久しぶりの友人の近況を聞くと活力がわきそう。	20 決 ☆ ウマい話の裏には意外な落とし穴が。慎重に!	21 沈 不成就日 ▼ 気疲れでダウンしそう。用事を片付けて即帰宅を。	22 天 ◎ 今まで気にしていなかった人との縁がありそう。	23 迷 一粒万倍日 △ 柔軟に受け入れると順調に。気の緩みには注意。	24 再 ○ トラブルが続く原因が同じなら改善のため決断を。	25 金 ☆☆ 好きなものを買ったつもりが似合わなくてがっかり。
26 楽 ● 不成就日 ＞ 周りの助けがないと目標を達成するのは難しそう。	27 崩 × 意見があっても場の雰囲気を読みながら話すと◎	28 零 一粒万倍日 ● 見当違いなことが起きるけど新しい発見もありそう。	29 破 ×↗ 使い道がない物より新しい物に目を向けよう。	30 新 ✧ 髪を切ってイメージチェンジ。気合を入れよう!	Memo	

●新月 ◐上弦 ○満月 ◑下弦

×:立ち止まってみる。冷静に。気をつける。 ●:人の話を聞く。謙虚に。大切なものを守る。 ×↗:自分を変える。奉仕する。 ✧:少しずつ動く。もう一度チャレンジする。
□:焦らない。可能性を探す。見直す。 ☆:自分を信じる。希望を持つ。 ▼:無理しない。ゆっくりする。ケガや病気に注意。 ◎:挑戦する。自信を持つ。諦めない。 △:初心を忘れない。調子に乗らない。 ○:やってみる。人の縁を大切に。 ☆☆:レベルアップ。追い風に乗る。 ＞:ひとり占めしない。計画的に。

October

天星の年

2022年10月

新スタート

新星の月

未来の幸せ、成功、喜びを思い描き、よしやるぞ！　と気合を入れてみてください。
イメチェンをしたり、新しいことを始めたりするのにいい時期です。

★1 新しい自分をスタート　★2 良い習慣を始めてみる　★3 したいことを書き出す

Mon.	Tue.	Wed.	Thu.	Fri.	Sat.	Sun.
					1 探 □ 挑戦する自信がないならアドバイスをもらおう。	2 決 ☆ 恋人と将来の話をしてみては。入籍は今年中が◎
3 沈 ◐ ▼ リズムを乱されそう。予定が狂ったら別の日に。	4 天 不成就日 ◎ 手に入れた情報を役立てて披露する準備を。	5 迷 一粒万倍日 △ 初対面でもすぐ意気投合。趣味が同じ人を探して。	6 再 ○ 昔からの付き合いの人から連絡。会話を楽しめそう。	7 金 ☆☆ パートナーと気まずい雰囲気が消え、新鮮な感覚に。	8 楽 一粒万倍日 ＞ 外で楽しく過ごせそう。疲れが溜まらないよう注意。	9 崩 × 進みそうだったことが中断しても諦めないで。
10 零 ○ ● 反論しても良いことなし。指摘されたら改善を。	11 破 一粒万倍日 ×↗ 机の整理を。目を通していない書類があるかも。	12 新 不成就日 ✧ 転職などの行動は、今日はまだしない方がよさそう。	13 探 □ 長年付き合っている人はお互いの友人にも会おう。	14 決 ☆ 家族の意見を大切に。自分勝手だったと気づくかも。	15 沈 ▼ 心が乱れやすい。焦らずに明日のチャンスを待とう。	16 天 ◎ 必要だったものが運よく手に入ってラッキー！
17 迷 △ あれこれ抱えると面倒に。順番を決めて取り組もう。	18 再 ◑ ○ やれずじまいだったことに再チャレンジしてみて。	19 金 ☆☆ 周りからの評価で、気づけることがあるかも。	20 楽 一粒万倍日 不成就日 ＞ 映画館や娯楽施設が吉。気持ちを伝えるのも◎	21 崩 × 自分の意見を押し付けず、相手の要望も聞いてみて。	22 零 天赦日 ● 新しいことをやりたくてもまず今の課題を優先して。	23 破 一粒万倍日 ×↗ 伝えたいことは口先だけでなく、模範を見せよう。
24 新 ✧ 今日は進められていなかったことを始めるチャンス。	25 探 ● □ 好奇心を持って前向きに行動し、仲間を増やそう。	26 決 ☆ 今日は素敵なパートナー候補と出会える可能性大！	27 沈 ▼ 無理な運動は逆効果。徐々に体を慣らしていこう。	28 天 不成就日 ◎ 素敵な人がいても自分から動かないほうがよさそう。	29 迷 △ アイデアを実行したくてウズウズ。焦らないよう。	30 再 ○ 気持ちが切り替えられていないなら原因を追求して。
31 金 ☆☆ 長い目で見て必要な出費を見極めるようにしよう。	Memo					

×：立ち止まってみる。冷静に。気をつける。　●：人の話を聞く。謙虚に。大切なものを守る。　×↗：自分を変える。奉仕する。　✧：少しずつ動く。もう一度チャレンジする。　□：焦らない。可能性を探す。見直す。　☆：自分を信じる。希望を持つ。　▼：無理しない。ゆっくりする。ケガや病気に注意。　◎：挑戦する。自信を持つ。諦めない。　△：初心を忘れない。調子に乗らない。　○：やってみる。人の縁を大切に。　☆☆：レベルアップ。追い風に乗る。　＞：ひとり占めしない。計画的に。

● 新月　◐ 上弦　○ 満月　◑ 下弦

November

天星の年

2022年11月

物事を見直す

探星の月

今月は、腹筋を鍛えたり、肩甲骨をまわしたり、普段手を抜いていることがあれば、強化してみると開運に。少し冒険心を持って行動すると良さそうな月。

★1 丁寧に行動する　★2 固定観念を捨てる　★3 イメチェンをしてみる

Mon.	Tue.	Wed.	Thu.	Fri.	Sat.	Sun.
	1 楽 ◐ 一粒万倍日 ＞ 謙虚に行動すると、問題の解決策が見えてきそう。	2 崩 × 手伝ったことにダメ出しされても不満な顔は×	3 零 ● 予想通りにいかなければ流れに従っておこう。	4 破 一粒万倍日 ×↗ 新しい展開になりそうなら相手の立場で考えてみて。	5 新 不成就日 ✧ 勘が冴えるので、今日は行動より情報収集に徹して。	6 探 □ 出費が多い時期だけど今日の集まりにはメリットが。
7 決 天赦日 ☆ 自分の至らなさを反省。態度や考えを改めよう。	8 沈 ○ ▼ 相手に振り回されそうなら別の日に仕切り直して。	9 天 ◎ 驚きの知らせが。自信を取り戻すような出来事も!	10 迷 △ 今日のひらめきは残念な結果に。気を引き締めよう。	11 再 ○ 昔からの友達を大切にすると可能性が広がりそう。	12 金 ☆☆ 将来への投資以外の出費はなるべく控えよう。	13 楽 不成就日 ＞ 身近な人と協力してやるべきことを済ませよう。
14 崩 × 信用を失いたくないなら声を荒らげないように注意。	15 零 ● 区切りがつく日。前と違う手で次の作戦を練ろう。	16 破 ◑ 一粒万倍日 ×↗ 問題はひとつひとつ整理するように心がけて。	17 新 一粒万倍日 ✧ 資格取得の勉強など初めてのことに挑戦しよう。	18 探 □ 憧れの人の話を聞くなどして新しい目標に進もう。	19 決 ☆ 勝負の日を決めよう。情報を整理して潔い結論を。	20 沈 ▼ 思うように進まず焦りが。時間には余裕を持とう。
21 天 不成就日 ◎ 評価されそうだけど、調子に乗らないように。	22 迷 △ あれもこれもと欲張ると失敗するので注意して。	23 再 ○ 気づかなかったことを悔やむような新発見が。	24 金 ● ☆☆ 行動してきたことへの手ごたえを感じられそうな日。	25 楽 ＞ 大切な人と会うようにして。将来を語り合えそう。	26 崩 × 見栄を張らずに、できないことは正直に話すと吉。	27 零 ● 残念な結果でも周囲の言葉に励まされる日。
28 破 一粒万倍日 不成就日 ×↗ やめるか、やめないかを真剣に考える出来事が。	29 新 一粒万倍日 ✧ 独立などを考えている人は前向きに行動しよう。	30 探 ◐ □ 今後を左右するような重要な人に会いそうな予感。	Memo			

●新月 ◐上弦 ○満月 ◑下弦

×：立ち止まってみる。冷静に。気をつける。●：人の話を聞く。謙虚に。大切なものを守る。×↗：自分を変える。奉仕する。✧：少しずつ動く。もう一度チャレンジする。□：焦らない。可能性を探す。見直す。☆：自分を信じる。希望を持つ。▼：無理しない。ゆっくりする。ケガや病気に注意。◎：挑戦する。自信を持つ。諦めない。△：初心を忘れない。調子に乗らない。○：やってみる。人の縁を大切に。☆☆：レベルアップ。追い風に乗る。＞：ひとり占めしない。計画的に。

December

天星の年

2022年12月

決断する

決星の月

あなたにチャンスが訪れる時期です。決断するなら、今がベスト。
前へ進むためには、ダメもとでも勇気を持って行動することをお勧めします。

★1 良いことはすぐに実践　★2 人の良いところを真似る　★3 変化があれば受け入れる

Mon.	Tue.	Wed.	Thu.	Fri.	Sat.	Sun.
			1 決 ☆ 有言実行で運が開けそう。積極的に外へ行こう!	2 沈 ▼ 想定外のことで足止めされたら流れに身を任せて。	3 天 ◎ 興味あることを追求したくなるなど気合が入りそう。	4 迷 □ 自分が正しいと思い込まずに相手の主張も尊重して。
5 再 ◎ 集まりには参加して。懐かしい人と会えるかも。	6 金 不成就日 ☆☆ 告白するか迷っているなら、今日は準備だけしよう。	7 楽 > 周りに人が集まってくるなら人脈を広げるチャンス。	8 崩 ○ × 決めたことに迷いが出たら別の日に考え直して。	9 零 ☯ 相手にはっきり意思表示すれば、進展があるかも。	10 破 ×↗ 無理に続けていることがあれば潔く手放して。	11 新 ✧ 思い出に残るような年末の計画を立てられそう。
12 探 一粒万倍日 ○ 人との会話で、思いつかなかった新しい発見が。	13 決 一粒万倍日 ☆ 今日の頑張りが肝心。しっかり課題に集中しよう。	14 沈 不成就日 ▼ おしゃべりはほどほどに。静かにしていよう。	15 天 ◎ 集まりで一目置かれそう。表彰されたりするかも。	16 迷 ◐ □ 買い物に行くなら友達と行って意見を聞いてみて。	17 再 ◎ 年末の予定は昔の思い出を振り返るといい案が。	18 金 ☆☆ 欲しかったものは買ってもOK。衝動買いは控えて。
19 楽 > 行事の計画に夢中で仕事が疎かにならぬよう注意。	20 崩 × 相手に頼るだけではダメ。自分にできることを。	21 零 ☯ 短くても大切な人と過ごす時間を大切にして。	22 破 不成就日 ×↗ 最近の嫌な出来事を引きずると今日も台無しに。	23 新 ● ✧ お気に入りの場所や理想の場所でリフレッシュを。	24 探 一粒万倍日 ○ 今日は大切な人とプレゼント交換を楽しめそう。	25 決 一粒万倍日 ☆ やるべきことや目標が決まったらすぐに動こう。
26 沈 ▼ 風邪をひきそう。年末年始に備えて体調を整えて。	27 天 ◎ 諦めていたことに、急にいい返事がもらえそう!	28 迷 不成就日 □ 今日は車を運転するのはやめた方がベター。	29 再 ◎ 今年出来た事、出来なかった事をまとめると良い日。	30 金 ◑ ☆☆ 年末の買い出しで掘り出し物に出会えるかも。	31 楽 > 大晦日は家族と一緒に過ごして。暴飲暴食に注意。	

●新月 ◐上弦 ○満月 ◑下弦

×:立ち止まってみる。冷静に。気をつける。 ☯:強引にならない。闘わない。調和する。 ×↗:自分を変える。奉仕する。 ✧:少しずつ動く。もう一度チャレンジする。 ○:やってみる。人の縁を大切に。 ☆:レベルアップ。追い風に乗る。 ▼:無理しない。ゆっくりする。ケガや病気に注意。 ◎:挑戦する。自信を持つ。諦めない。 □:焦らない。可能性を探す。見直す。 ☆☆:感謝をする。幸せをいただく。ポジティブに。 >:ひとり占めしない。計画的に。

星桜

白

沈星

〝心身をいたわり整える年〞

総合運

２０２２年は「沈星」の年。過去の疲れが出やすく、少しのトラブルでも気力を失いそう。無理をせず、疲れたら休むことを心がければ、持ち前の感性も戻ってきます。迷いが生じて目標を変えたくなりますが、目移りするのは禁物。今年は方針を変えないでしっかり軸を守りましょう。２月、４月はうっかりミスが増えそうなので要注意。周囲と歩調を合わせて、回避を。秋には体力、気力ともに低迷してしまいますが、冬になれば元気になるので焦らず頑張って！

恋愛運

順調だったカップルは「本当にこの人でいいの？」と悩みそう。長所だけでなく、欠点も受け入れられるかが長続きのカギ。８～10月頃には些細なことでケンカをしやすいので注意。勢いで別れを決めると後悔する予感。２０２３年は結婚シーズン到来の時期です。焦らずにお付き合いを。今年を乗り越えたカップルは、ひとまず安泰。恋人募集中の人は「友達を増やす」くらいの軽い気持ちでスタートを。出会いを探すより自分磨きに力を入れると良い流れに。

仕事・金運

周囲の忠告やアドバイスを素直に聞くことが大切。自信過剰で突っ走ると後悔しそうです。特に８～10月は、成果を焦って実力以上に欲張ると、集中力が切れて投げ出してしまいそう。信用を失い痛手となることも。昨年決めたことは、７月には軌道に乗るでしょう。心身のバランスを大切にしながら、努力を続けましょう。財運の芽が出る時。とはいえ、まだ上昇途中なので、期待するほどの収入ＵＰはなさそう。花が開き、実になるまでは根気強く待ちましょう。

星桜・白

2021年

11月
・新スタート
・新発見
・チャレンジする
・直感が戻る

12月
・物事を見直す
・体調を崩しやすい
・準備の時期
・少し休憩

2022年

1月
・決断する
・直感に従う
・人生が変わる
・軸を定める

2月
・体調管理を第一に
・無理はしない
・メンタルダウンに注意
・癒しを大切にする

3月
・変化がある
・力を発揮できる
・夢が膨らむ
・天から光を受ける

4月
・誘惑が多い
・調子に乗りがち
・足腰を温める
・決断はNG

5月
・再生、再会、再挑戦
・縁ある人と再会
・チャンス到来
・縁のある人が集まる
・経験が活かせる時

2022年運気の流れ

6月（金星）
- 自信を持って行動
- プチセレブ感
- 注目が高まる
- 引きが強い時

7月（楽星）
- 楽しんでみる
- 穏やかな雰囲気
- 振り返ってみる
- 最後の決断

8月（崩星）
- 運気が低迷
- 健康運に影が
- 頑固はNG
- 流れに身を委ねる

9月（零星）
- 全てを受け入れてみる
- 謙虚さを大事に
- 決めつけない
- じっくり煮詰める

10月（破星）
- リセットの時期
- 判断ミス
- 縁が切れる
- 爆発しやすい

11月（新星）
- 新スタート
- 新発見
- チャレンジする
- 直感が戻る

12月（探星）
- 物事を見直す
- 体調を崩しやすい
- 準備の時期
- 少し休憩

星桜・白
運気カレンダー

Fortune Calendar

運気カレンダーの見かた

運気カレンダーでは、あなたの毎月の運気と
日々の運気の流れを知ることができます。

運気が停滞しやすい日、判断ミスを起こしやすい日
直感が働く日、物事を決定するのに適した日など
それぞれの運気に合わせたマークが、カレンダーに書かれているので
毎日の過ごしかたの参考にしてください。
カレンダーのグレーは影の時期。運気がやや低迷します。

また、「天赦日」「一粒万倍日」は暦の上での吉日なので、行動を起こすのにいい日です。
逆に「不成就日」は暦の上では願いごとが叶いにくい日なので、穏やかに過ごすのがおすすめです。

吉日と不成就日が重なる場合には、あまり新しい行動は起こさない方がベター。

毎月のお言葉と、挑戦してほしい３つの行動もお伝えしているので、
ぜひ指針にしてみてくださいね。

天星記号のキーワード

- ✕ 立ち止まってみる。冷静に。気をつける。
- ● 人の話を聞く。謙虚に。大切なものを守る。
- ⤭ 自分を変える。奉仕する。
- ✧ 少しずつ動く。もう一度チャレンジする。
- □ 焦らない。可能性を探す。見直す。
- ☆ 自分を信じる。邪気を払う。希望を持つ。
- ▼ 無理しない。ゆっくりする。ケガや病気に注意。
- ◎ 挑戦する。自信を持つ。諦めない。
- △ 初心を忘れない。調子に乗らない。
- ○ やってみる。進む。人の縁を大切に。
- ☆☆ レベルアップ。追い風に乗る。チャンスあり。
- ＞ ひとり占めしない。先を考えてみる。計画的に。
- ☆☆☆ 感謝をする。幸せをいただく。ポジティブに。
- ⤬ 要注意。決断しない。ワガママ禁止。
- ▲ 一度冷静に。心を穏やかに。飛びつかない。
- ☯ 強引にならない。闘わない。調和する。

December

決星の年

2021年12月

物事を見直す

探星の月

厳しい意見ほどあなたのエネルギーになる時期。柔軟に受け入れれば、足りないものを強化できそう。
苦手なことも、焦らず落ち着いて挑戦してみて。

1 無計画な行動は避ける　2 感謝の気持ちを大切に　3 歩きやすい靴を履く

Mon.	Tue.	Wed.	Thu.	Fri.	Sat.	Sun.
		1 楽 ＞ 美味しいものを食べに行ってストレスを解消して。	2 崩 不成就日 × 朝からドタバタ。慌てて転んだりしないように。	3 零 一粒万倍日 ● 1人よりもいろいろな人と会話を。笑顔が大切。	● 4 破 一粒万倍日 ⤯ フォローしてくれる人のありがたさに気づきそう。	5 新 ✧ 話題のお店を調べて◎。新情報が入るかも。
6 探 □ 新しいアイテムを身に着けて。話が盛り上がりそう。	7 決 ☆ 周囲の意見も聞いた上で、思い切って決断して。	8 沈 不成就日 ▼ 楽しませたいなら、相手の意見を尊重しよう。	9 天 ◎ 仕事が認められ人気に。ノウハウを教えると◎	10 迷 △ 確認を怠るなど、気を抜いた行動は失敗のもと。	◐ 11 再 ○ 会いに行っても留守かも。後日改めて訪ねて。	12 金 ☆☆ 気になる人に声をかけられたり、仲良くなれる日。
13 楽 ＞ 夜は疲れを感じそう。家でのんびりして。	14 崩 × 邪魔する人に腹が立っても、取り乱さないように。	15 零 ● 好印象を抱いた相手でも、急接近するのは待って。	16 破 不成就日 ⤯ 昨日までの失敗は忘れて。明日から前を向こう。	17 新 一粒万倍日 ✧ 新しいことに誘われたら勇気を出してトライして。	18 探 一粒万倍日 □ アイデアが欲しいなら人に知恵を借りるのが吉。	○ 19 決 ☆ 良いと思ったことでも、周りの意見を聞いてみて。
20 沈 ▼ 周囲のペースに流されやすい日。契約などは保留。	21 天 ◎ 営業や挨拶回りで良い手ごたえがつかめそう。	22 迷 △ 人の秘密をうっかり話してしまわないよう注意。	23 再 ○ 悩んでいた問題に決着をつけるといい日。	24 金 不成就日 ☆☆ 満足してもらえるプレゼントを買うのに苦労しそう。	25 楽 ＞ いい噂を聞いて、俄然やる気ができそう。	26 崩 × 好印象の相手の嫌な面を発見。理想が高すぎたかも。
◑ 27 零 ● 得意ではないことを押し付けられてしまうかも。	28 破 ⤯ 前へ進むためには、負担になっているものを処分。	29 新 一粒万倍日 ✧ 興味があることの勉強を始めてみると良い結果に。	30 探 一粒万倍日 □ 思わぬ人から連絡が入りそう。いい関係を築いて。	31 決 ☆ 新年に向けて方向性を決めて。後悔しない決断を。	Memo	

● 新月　◐ 上弦　○ 満月　◑ 下弦

×：立ち止まってみる。冷静に。気をつける。 ●：人の話を聞く。謙虚に。大切なものを守る。 ⤯：自分を変える。奉仕する。 ✧：少しずつ動く。もう一度チャレンジする。 □：焦らない。可能性を探す。見直す。 ☆：自分を信じる。希望を持つ。 ▼：無理しない。ゆっくりする。ケガや病気に注意。 ◎：挑戦する。自信を持つ。諦めない。 △：初心を忘れない。調子に乗らない。 ○：やってみる。人の縁を大切に。 ☆☆：レベルアップ。追い風に乗る。 ＞：ひとり占めしない。計画的に。

January

沈星の年

2022年1月

決断する

決星の月

今月は慎重に過ごしてみて。「北風と太陽」の太陽のイメージが、あなたを幸せに導きます。
よい決断でなくても大丈夫。周りには味方がいるはずです。

★1 きっぱりと決断する　★2 穏やかな心を持つ　★3 水回りを整える

Mon.	Tue.	Wed.	Thu.	Fri.	Sat.	Sun.
					1 沈 不成就日 ▼ お正月はマイペースに過ごしたほうが良さそう。	2 天 ◎ 狙っていたものが手に入る予感。満足な1日に。
3 迷 ● △ 現状を把握してから行動を。憶測で動くのはNG。	4 再 ○ 昔の知人から連絡が入りそう。懐かしい気分に。	5 金 ☆☆ お金のことを考える日。新しい仕事より現状維持を。	6 楽 ＞ 楽しみややりたいことの計画を。夜はのんびりが吉。	7 崩 × 冒険心は抑えて、パートナーの意見を重視してみて。	8 零 不成就日 ● 嫉妬してイライラしないように。口出しも逆効果。	9 破 ×↗ 計画が流れそう。身の回りの整理をして切り替えて。
10 新 ◐ ✧ 積極的に動くとチャンスあり。笑顔が吉。	11 探 天赦日 一粒万倍日 □ 目標達成への準備に最適な日。警戒心は忘れずに。	12 決 ☆ 夜ご飯は栄養のあるものを食べて体をいたわって。	13 沈 ▼ 相手任せにすると食い違いそう。しっかり相談を。	14 天 一粒万倍日 ◎ 自分のペースで動ける日。自然と接して気分転換。	15 迷 △ 自分に都合よく解釈しがち。しっかり確認して。	16 再 不成就日 ○ 悪い予感が的中。悩みの種は早めに取り除いて。
17 金 ☆☆ 自分の成果や評価に悩んでも、目標を見失わないで。	18 楽 ○ ＞ 大事なことは日中に。夜は無理しないようにして。	19 崩 × ダメ出しが多くても自分を責めないで。前向きに。	20 零 ● 人の話を持ち出さないこと。追及されて困るかも。	21 破 ×↗ ワガママはNG。大切な人の言うことに従うと吉。	22 新 ✧ やりたいことに集中できそう。頑張りすぎは禁物。	23 探 一粒万倍日 □ 金運アップのキーパーソンに出会えそうな1日。
24 決 不成就日 ☆ お金が関わる誘いに注意。後で困ってしまう予感。	25 沈 ◑ ▼ 体に異変を感じたら無理しないで休むようにして。	26 天 一粒万倍日 ◎ はしゃぎすぎず冷静に場の空気を読んで楽しんで。	27 迷 △ 話したことがない人といい友人関係が築けそう。	28 再 ○ たまには人に甘えて、不安や悩みを打ち明けてみて。	29 金 ☆☆ 体の不調は見逃さないで。大胆な行動は控えよう。	30 楽 ＞ 大切な人とお揃いを身に着けると関係が深まりそう。
31 崩 × 季節を感じる食事を作ると、家族も喜んでくれそう。	Memo					

● 新月　◐ 上弦　○ 満月　◑ 下弦

×：立ち止まってみる。冷静に。気をつける。●：人の話を聞く。謙虚に。大切なものを守る。×↗：自分を変える。奉仕する。✧：少しずつ動く。もう一度チャレンジする。□：焦らない。可能性を探す。見直す。☆：自分を信じる。希望を持つ。▼：無理しない。ゆっくりする。ケガや病気に注意。◎：挑戦する。自信を持つ。諦めない。△：初心を忘れない。調子に乗らない。○：やってみる。人の縁を大切に。☆☆：レベルアップ。追い風に乗る。＞：ひとり占めしない。計画的に。

February

沈星の年

2022年2月

メンテナンス

沈星の月

何かとモヤが入りやすい時期。迷いや不安から暴走しないように注意して。
ゆっくり深呼吸し、心を落ち着かせてみて。心身をいたわることが大切です。

1 癒される音楽を聴く　2 電子機器と距離をおく　3 暴飲暴食に注意する

Mon.	Tue.	Wed.	Thu.	Fri.	Sat.	Sun.
	1 零 ●(新月) ● 言い訳すると状況が悪化。言葉選びに気をつけて。	2 破 ✕ 大切な人を思いやって、きちんと耳を傾けよう。	3 新 不成就日 △ 不満が爆発しないようにマッサージなどで気分転換。	4 探 □ 何ごとにもすぐに飛びつかず警戒心を持って行動。	5 決 一粒万倍日 ☯ 次の段階を思い描いて、決意を固めてみて。	6 沈 ▼ 健康第一！ 体調を整えてからチャレンジしよう。
7 天 ○ 体の異変を感じたら周囲の人に相談してみて。	8 迷 ◐(上弦) □ 小さなサインを見逃すと、事が大きくなる恐れが。	9 再 □ 前から気になっていたものの情報収集をしよう。	10 金 一粒万倍日 □ 本当に欲しいものだけ購入し無駄遣いはしない。	11 楽 不成就日 △ 大切な人にはもう一度、感謝の気持ちを伝えてみて。	12 崩 ✕↘ 気になる人が冷たくても、諦めるのは早いかも。	13 零 ● 意外な噂が。真実がわかるまで話を広めないこと。
14 破 ✕ 気になることは早めに解決を。体をいたわって。	15 新 △ 新しく気になる人がいればアプローチを開始！	16 探 □ 目上の人から注意を受けたら家族や友人に相談して。	17 決 ○(満月) 一粒万倍日 ☯ やると決めたら迷わないで。夜は体調に注意。	18 沈 ▼ 目の疲れを感じたら、緑色のものを多く見よう。	19 天 不成就日 ○ 行動したい気分でも今日はおとなしく計画を。	20 迷 □ 迷いが生まれそうな日。現実をよく見て判断を。
21 再 □ 繰り返す悩みは考え込まず、信頼できる人に相談を。	22 金 一粒万倍日 □ 食事の席で大盤振る舞いしそう。飲み過ぎに注意。	23 楽 △ やると決まったことは全力でトライしてみよう。	24 崩 ◑(下弦) ✕↘ 自分の不得意なことを克服する対策を考えよう。	25 零 ● 涙が止まらない状況に。リベンジを胸に誓おう！	26 破 ✕ ストレスが少しずつ緩和。旅立ちも受け止めよう。	27 新 不成就日 △ 運動不足なら、明日から1駅歩いてみて。
28 探 □ クイズで頭のトレーニング。知識も増やせそう。	Memo					

✕：要注意。決断しない。ワガママ禁止。
□：焦らない。可能性を探す。見直す。
●：人の話を聞く。謙虚に。大切なものを守る。
☯：強引にならない。闘わない。調和する。
✕↘：立ち止まってみる。冷静に。気をつける。
▼：無理しない。ゆっくりする。ケガや病気に注意。
△：初心を忘れない。調子に乗らない。
○：やってみる。人の縁を大切に。

● 新月　◐ 上弦　○ 満月　◑ 下弦

March

沈星の年

2022年3月

努力が報われる

天星の月

小さな光があなたを照らし、ゆっくりと包んでくれるでしょう。
楽しみは待つだけではなく自ら作り出すもの。毎日1つ、あなたの喜びを見つけてみて。

1 周囲に感謝を伝える　2 得意なことに挑戦する　3 日々の喜びを味わう

×：立ち止まってみる。冷静に。気をつける。●：人の話を聞く。謙虚に。大切なものを守る。↗：自分を変える。奉仕する。✧：少しずつ動く。もう一度チャレンジする。□：焦らない。可能性を探す。見直す。☆：自分を信じる。希望を持つ。▼：無理しない。ゆっくりする。ケガや病気に注意。◎：挑戦する。自信を持つ。諦めない。△：初心を忘れない。調子に乗らない。○：やってみる。人の縁を大切に。☆☆：レベルアップ。追い風に乗る。＞：ひとり占めしない。計画的に。

Mon.	Tue.	Wed.	Thu.	Fri.	Sat.	Sun.
	1 決 一粒万倍日 ☆ 取り返したいことがあっても体調を優先しよう。	2 沈 ▼ 集中力が散漫に。今日は早めの帰宅でリラックス。	3 天 ● ◎ 大切な人と一緒に楽しく過ごす計画を立てると吉。	4 迷 不成就日 △ 翻弄されがちな日。疑わしく思うなら信じないで。	5 再 ○ 気になることを打ち明けると近づくチャンスが。	6 金 ☆☆ 努力の成果が出てハッピー。喜びはシェアして。
7 楽 ＞ 今日の作業は今日中に。大変なら助けを借りて。	8 崩 × カチンときても口答えはNG。嫌味も受け止めると◎	9 零 一粒万倍日 ● 今日は静かに自分の時間を楽しむことができそう。	10 破 ◐ ↗ 周りの人たちとの交流で悩みから解放されるかも。	11 新 ✧ 憧れの人とつながりやすい日。自己アピールを。	12 探 不成就日 □ 年上の人の言葉にヒントの予感。よく聞いてみて。	13 決 ☆ モヤモヤしていたことが晴れて方向性が決まりそう。
14 沈 一粒万倍日 ▼ 過去ではなく未来に目を向け今からもう一度スタート。	15 天 ◎ 告白やプロポーズ、良い変化の日。切り替えるなら今。	16 迷 △ 無理なお願いは嫌われるもと。ひとり占めも×	17 再 ○ 絶好調の運気。一度断念したことも今度は成功。	18 金 ○ ☆☆ 金運が好調でも、見栄をはって出費しないように。	19 楽 ＞ 午後は調子が悪いかも。早めの就寝で体力を回復。	20 崩 不成就日 × 集中できなそうな日。ビタミン豊富な食事を。
21 零 一粒万倍日 ● 会話に花が咲きおしゃべりしすぎ。のどを大切に。	22 破 ↗ 忙しくても大切な人の誘いには応える努力を。	23 新 ✧ 「これは流行る!」と思ったものを調べてみて。	24 探 □ 友達と楽しい時間を過ごすなら、地下にあるお店へ。	25 決 ◑ ☆ 我慢していたことを実行すると手応えがある予感。	26 沈 天赦日 一粒万倍日 ▼ 困ったことがあっても仲間に助けてもらえそうな日。	27 天 ◎ 意欲的に行動しよう。来月の目標を立ててみて。
28 迷 不成就日 △ 嘘は厳禁。人を操ろうとせず素直な気持ちを大切に。	29 再 ○ 積み重ねてきたことを大切にして。初心を忘れずに。	30 金 ☆☆ 一目惚れで買ったものはそのうち後悔する予感。	31 楽 ＞ 今日はフランクに、気軽に会話を楽しめる1日。	Memo		

●新月 ◐上弦 ○満月 ◑下弦

April

沈星の年

2022年4月

誘惑が多い

迷星の月

こんなつもりじゃなかったのに、ということが起こりやすいので、
じっくりと計画してから行動して。遅刻や寝坊、どんなものごとも注意すれば回避できます。

1 甘い誘惑に乗らない　2 うっかりミスに注意　3 お節介に気を付けて

Mon.	Tue.	Wed.	Thu.	Fri.	Sat.	Sun.
				1 崩 ●新月 不成就日 ↘ 出会ったばかりの人には、まだ素を見せないで。	2 零 一粒万倍日 ● 迷ったことは目上の人に相談してみると◎	3 破 × 判断を間違えて大変なことに。感情の乱れに注意。
4 新 △ 新鮮な空気を求めて外へ。夕方から元気が回復。	5 探 一粒万倍日 □ 人の意見に流されないで。時には自己主張も大切。	6 決 ☯ オーバーワーク気味なら周りに協力してもらおう。	7 沈 ▼ 慣れない作業でお疲れモード。休息が必要かも。	8 天 一粒万倍日 ○ お誘いやうれしい出来事が入りやすい日。	9 迷 ◐上弦 不成就日 □ 刺激を求めがちですが、無謀な行動はしないで。	10 再 □ 悩み事があるなら友達にアドバイスをもらおう。
11 金 □ 計画的にお金を使わないと後でピンチになりそう。	12 楽 △ 環境に慣れて気分も上々。徐々に自己アピールを。	13 崩 ↘ 隠し事がバレそう。報告を怠るのはNG。	14 零 ● 調子に乗ってしまいそう。人に迷惑をかけないで。	15 破 × 相手の冷たい態度は思い込みかも。話して確認を。	16 新 △ 何かに没頭できればイヤなことを忘れ新たなスタート。	17 探 ○満月 一粒万倍日 不成就日 □ 隣の芝が青く見えそう。自分のペースを大切に。
18 決 ☯ 決断や選択が必要なら責任を持って答えを出そう。	19 沈 ▼ ミスを引きずりそう。早めの切り替えが◎	20 天 一粒万倍日 ○ 行いが注目される予感。最善を尽くせば評価もUP。	21 迷 □ ながら歩きは危険。運転するならスピードに注意。	22 再 □ 新しく買い替えたくなっても本当に必要か考えて。	23 金 ◑下弦 □ 結果がでなくても焦らないで。現状維持でOK。	24 楽 △ GWの計画は今日までに。近場のプランが吉。
25 崩 不成就日 ↘ 周りにふり回されそうな日。噂話に注意。	26 零 ● イライラや迷いは、計画的に動くと回避。	27 破 × 散財に注意。カードでの購入は大出費の危険が。	28 新 △ 心残りになっていることがあれば、迷わず挑戦!	29 探 一粒万倍日 □ 懐かしい場所へ向かうといいことがありそう。	30 決 ☯ 結婚したいなら両親に紹介を。来年の入籍が理想♡	

●新月　◐上弦　○満月　◑下弦

↘:要注意。決断しない。ワガママ禁止。
□:焦らない。可能性を探す。見直す。
●:人の話を聞く。謙虚に。大切なものを守る。
☯:強引にならない。闘わない。調和する。
×:立ち止まってみる。冷静に。気をつける。
▼:無理しない。ゆっくりする。ケガや病気に注意。
△:初心を忘れない。調子に乗らない。
○:やってみる。人の縁を大切に。

May

沈星の年

2022年5月

再挑戦できる

再星の月

これまで出会ってきた人たちの中に、幸せに導いてくれる人がいる予感。
挨拶や相手が喜ぶ事を意識して、見返りを求めず行動すると、幸運に辿り着きます。

★1 周りの人に頼る　★2 足腰を鍛えてみる　★3 懐かしい場所を訪れる

Mon.	Tue.	Wed.	Thu.	Fri.	Sat.	Sun.
						1 沈 ● ▼ 腰に違和感があるなら無理は×。転ばないよう注意。
2 天 一粒万倍日 ◎ ぶっつけ本番でも順調な日。経験や勘を生かそう。	3 迷 △ うっかりミスを連発しそう。慎重な行動を心掛けて。	4 再 不成就日 ○ 自分の長所と欠点を再確認しアドバイスをもらおう。	5 金 ☆☆ お金が貯まらないなら、使い方の見直しを。	6 楽 > 未来を見据えた行動を。今の幸せを大切に。	7 崩 × イヤなことをあとまわしにせず早めに取り組むと吉。	8 零 ● 伝え忘れなど自分が悪いときは言い訳せずに謝罪を。
9 破 ◐ ♐ 目覚ましに気づかず遅刻や忘れ物がありそうな日。	10 新 ✧ やる気が出ないならドライブや散歩に出かけてみて。	11 探 □ 時間を忘れて没頭するものが再び出てくるかも。	12 決 不成就日 ☆ 生活リズムを整えて。夜はゆったり過ごすと吉。	13 沈 ▼ 目の疲れや口内炎が出てきそう。食生活を整えて。	14 天 一粒万倍日 ◎ 諦めずに挑戦を！気になる人と再接近の可能性も。	15 迷 一粒万倍日 △ スマホの扱いに注意すれば穏やかに過ごせそう。
16 再 ○ ○ 失敗は引きずらずにケジメをつけ誠意を伝えて。	17 金 ☆☆ 手に入れたかったものを見つけられるチャンス！	18 楽 > 仲間がサポートしてくれそう。感謝を忘れないで。	19 崩 × 言い寄る人は口先だけかも。誘惑に負けないで。	20 零 不成就日 ● 怪しい話には乗らないよう気をつけて。要注意な日。	21 破 ♐ 課題は早めに片づけよう。明日の楽しみを考えて。	22 新 ✧ ようやく活気が戻ってきそう。前向きに行動すると吉。
23 探 ◑ □ 温めているプランは目上の人に相談すると◎	24 決 ☆ 慎重な判断が求められる日。周りとの調和も大切に。	25 沈 ▼ 古傷が痛みだしたら、来月までに検査の予約を。	26 天 一粒万倍日 ◎ 忘れられない人がいるなら思いを伝えてみて。	27 迷 一粒万倍日 △ 悩みがあるなら海へ。広大な景色に気分も晴れやか。	28 再 不成就日 ○ あきらめたくないものは明日以降に再挑戦して。	29 金 ☆☆ 結果を求めて焦らずに、本物かどうか見極めよう。
30 楽 ● > 周りの助言からの行動がいい流れ。報告は忘れず。	31 崩 × 盗難に注意。高価なものを持ち歩かないで。	Memo				

● 新月 ◐ 上弦 ○ 満月 ◑ 下弦

×：立ち止まってみる。冷静に。気をつける。●：人の話を聞く。謙虚に。大切なものを守る。♐：自分を変える。奉仕する。✧：少しずつ動く。もう一度チャレンジする。□：焦らない。可能性を探す。見直す。☆：自分を信じる。希望を持つ。▼：無理しない。ゆっくりする。ケガや病気に注意。◎：挑戦する。自信を持つ。諦めない。△：初心を忘れない。調子に乗らない。○：やってみる。人の縁を大切に。☆☆：レベルアップ。追い風に乗る。>：ひとり占めしない。計画的に。

June

沈星の年

2022年6月

注目が高まる

金星の月

自分の楽しみや癒しのためにお金を使うことを意識して、やりたいと思うことをやってみるといい時期です。
無理のし過ぎによるケガには気をつけて。

1 責任感を持ち行動する　2 プチ贅沢をしてみる　3 上品な装いを意識する

Mon.	Tue.	Wed.	Thu.	Fri.	Sat.	Sun.
		1 零 ● 周りの流れについていけずに辛い展開。口出しは×	2 破 ✕↗ 勢いでギャンブルに走るのはNG。静かに過ごそう。	3 新 不成就日 ✧ 今日は家で、新しい趣味について考えてみよう。	4 探 □ 興味があるものは、どんどん挑戦してみよう。	5 決 ☆ 続けたいことがあるなら真剣に向き合おう。
6 沈 ▼ 心に余裕がないみたい。人にあたらず冷静に。	7 天 ◐ ◎ 周りとの団結を大事にすればいい結果がでそう。	8 迷 △ 秘密を守らないと関係にヒビが入り悲しい結末に。	9 再 一粒万倍日 ○ 懐かしい相手から、連絡や返事がくるかも。	10 金 天赦日 一粒万倍日 ☆☆ そばにいる人の笑顔や好きなことを優先したい日。	11 楽 不成就日 > 計画が崩れやすく突然の変更がありそう。	12 崩 × 焦りからさらに空回り。できることからゆっくりと。
13 零 ● 失敗しても貴重な経験に。落ち込まないで。	14 破 ○ ✕↗ お金は人のためなら惜しまず使うとよい日。	15 新 ✧ 成果を上げたいなら、今日からスタート。	16 探 □ プライベートで打ち込めるものを探してみて。	17 決 ☆ 気持ちを伝える絶好の日。今日の決断は大切に。	18 沈 ▼ 苦手なことでも、誠実に対応する姿勢を見せよう。	19 天 不成就日 ◎ 身近な人の世話を焼きたくても今日は静かに過ごそう。
20 迷 △ 周りを見る余裕はなさそう。話を聞き逃す恐れが。	21 再 ◑ 一粒万倍日 ○ 今までのやり方を見直す必要が。逃げないで挑戦!	22 金 一粒万倍日 ☆☆ 大きなチャンスが巡ってきそう。意外な人が味方に。	23 楽 > 忙しくて、きつくあたってしまった人に謝罪を。	24 崩 × ボーッとしたい気分。食欲がないなら果物を。	25 零 ● 体がだるいなら無理は禁物。身近な人に頼ろう。	26 破 ✕↗ 腰回りのだるさが続くなら早めに検査の予約を。
27 新 不成就日 ✧ 冒険はせず、今後の計画をじっくり考えよう。	28 探 □ 今は準備の時期。成果が出るよう努力を。	29 決 ● ☆ 力を使い果たさないように計画を立てて進めて。	30 沈 ▼ 大切な人との関係は、きちんとケジメをつけて。	Memo		

●新月 ◐上弦 ○満月 ◑下弦

×：立ち止まってみる。冷静に。気をつける。●：人の話を聞く。謙虚に。大切なものを守る。✕↗：自分を変える。奉仕する。✧：少しずつ動く。もう一度チャレンジする。□：焦らない。可能性を探す。見直す。☆：自分を信じる。希望を持つ。▼：無理しない。ゆっくりする。ケガや病気に注意。◎：挑戦する。自信を持つ。諦めない。△：初心を忘れない。調子に乗らない。○：やってみる。人の縁を大切に。☆☆：レベルアップ。追い風に乗る。>：ひとり占めしない。計画的に。

July

沈星の年

2022年7月

振り返ってみる

楽星の月

体調管理を意識して、気になる点があれば病院へいきましょう。
やるべきことは後回しにせず早めに行動して。綺麗なものを身に着けると幸せな気持ちに。

1 急がずじっくり考える　2 優先順位をつける　3 小さな変化を見逃さない

Mon.	Tue.	Wed.	Thu.	Fri.	Sat.	Sun.
				1 天 ◎ 素直な心を伝えよう。大切な人にプレゼントも。	2 迷 △ 冷たいものばかりで体調ダウン。体を冷やすのは×	3 再 一粒万倍日 ○ よく知っている人との会話が運気UPの秘訣。
4 金 一粒万倍日 不成就日 ☆☆ 自信を持てるようになったら、さらに上を目指して。	5 楽 ＞ 人の成功も自分のことのように喜ぶと開運。	6 崩 × 新しい誘いがあっても、路線が違うなら断って。	7 零 ◐ 一粒万倍日 ● 適当なあいづちは避けて謙虚に対応しよう。	8 破 ↗× 傷つけたなら早めに謝ろう。お土産を渡すのも◎	9 新 ✧ スキルアップを目指して勉強すれば周りの評価もUP。	10 探 □ 人付き合いが苦手でも多くの人と信頼関係を築いて。
11 決 ☆ ダメ出しを受け止めよう。最後は通じ合えるはず。	12 沈 不成就日 ▼ 自分で判断せずに気になることは病院で聞こう。	13 天 ◎ 休日の計画で頭がいっぱいな日。仕事も頑張ろう。	14 迷 ○ △ スピードの出し過ぎは事故のもと。雨の後は特に注意。	15 再 ○ ギャンブル好きなら、欲をかいて大金を賭けては×	16 金 一粒万倍日 ☆☆ お得な情報やクーポンで節約できそうな日。	17 楽 ＞ 大事な人との会話に幸せのヒントがありそう。
18 崩 × 信じていた人に手の平を返されそう。守りを固めて。	19 零 一粒万倍日 ● 部署や担当異動があるかも。何事も経験と思おう。	20 破 ◑ 不成就日 ↗× 教える立場になったらポジティブに伝えよう。	21 新 ✧ 来月の予定を立てよう。詰め込み過ぎず余裕を。	22 探 □ 真剣な話をするなら夕方以降がよさそうです。	23 決 ☆ 食事でスタミナをつければ決断力がUPする日。	24 沈 ▼ 体の検査は今月中に。病院を調べ早めに予約を。
25 天 ◎ 仲間との交流を図れば団結力が強まりそう。	26 迷 △ 暑くても布団をかけて寝よう。風邪には注意。	27 再 ○ 繰り返しのチェックでミスを回避して。	28 金 一粒万倍日 不成就日 ☆☆ 投げ出さなければ成果が出そうな日。	29 楽 ● ＞ 運気に少し影が差してきそう。前向きな心を失わず。	30 崩 × 楽観的にならずに努力を続けてみよう。	31 零 一粒万倍日 不成就日 ● 不調でも自分と周りの大切な人を最優先にして。

●新月 ◐上弦 ○満月 ◑下弦

×：立ち止まってみる。冷静に。気をつける。●：人の話を聞く。謙虚に。大切なものを守る。↗×：自分を変える。奉仕する。✧：少しずつ動く。もう一度チャレンジする。□：焦らない。可能性を探す。見直す。☆：自分を信じる。希望を持つ。▼：無理しない。ゆっくりする。ケガや病気に注意。◎：挑戦する。自信を持つ。諦めない。△：初心を忘れない。調子に乗らない。○：やってみる。人の縁を大切に。☆☆：レベルアップ。追い風に乗る。＞：ひとり占めしない。計画的に。

August

沈星の年

2022年8月

運気が低迷

崩星の月

今月は疲れが出やすい時期。自分では気づかなくても実は無理をしている可能性が。
たまにはアロママッサージやヘッドスパなど、リラクゼーションを心掛けて。

★1 自己否定しない　★2 無理な約束はしない　★3 時間を大切に使う

Mon.	Tue.	Wed.	Thu.	Fri.	Sat.	Sun.
1 破 ✕ 面倒な問題は早めに解決できるよう動いて。	2 新 △ チャレンジよりも、足りないものを補う努力を。	3 探 □ 相手の話をすぐに受け入れないで。裏がある予感。	4 決 ☯ 曖昧なままではトラブルに。覚悟を決めてトライ！	5 沈 ◐ ▼ 自分の時間を確保したくても横やりが入るかも。	6 天 ○ 受け入れてもらえなくても相手を憎まないこと。	7 迷 □ 面倒ごとは後に回さず、やるべきことを優先しよう。
8 再 不成就日 □ 知人との会話から自分の目標を改めて思い出せそう。	9 金 □ 今日は計画性を持ったお金の使い方を学ぼう。	10 楽 一粒万倍日 △ 自分の力を信じてもう一度スタートできる日。	11 崩 ✕↘ 忍耐力が必要な日。厳しい意見も受け入れて。	12 零 ○ ● 頼まれた仕事は即実行。先のことはメモを取ろう。	13 破 ✕ 整理整頓して今後の方向性をじっくり考えよう。	14 新 △ 新しく始めたいことが見つかりそう。情報を集めて。
15 探 一粒万倍日 □ 周りの人の意見を聞く余裕をもって過ごすと吉。	16 決 不成就日 ☯ 責任逃れは×。1人では無理なら皆と決めよう。	17 沈 ▼ 心身がダウン気味。問題は少しずつ解決を。	18 天 ○ 目立とうとせず地道なスキルアップを心がけて。	19 迷 ◑ □ 不調だと楽な方に流れがち。意に反した行動は×	20 再 □ 何度も注意を受けることは、しっかり改善を。	21 金 □ すぐに結果が出なくても、日々の努力が大切。
22 楽 一粒万倍日 △ 作業は今日中に一区切りを。助けを借りても◎	23 崩 天赦日 ✕↘ 反省することがあるなら、誠心誠意尽くそう。	24 零 不成就日 ● 集団の中に身を置く展開。流れに従うのが吉。	25 破 ✕ お別れがあれば出会いも。リセットし受け入れて。	26 新 △ 好意を持っている人から誘い。まず相手を知ろう。	27 探 ● 一粒万倍日 □ 情報収集やスキルアップのため積極的に動いて。	28 決 不成就日 ☯ 譲れないことには、はっきりとした意思表示を。
29 沈 ▼ 面倒なことでも、無理しない範囲内で挑戦しよう。	30 天 ○ 感情の出し過ぎはNG。周りへの気遣いも大切に。	31 迷 □ 曖昧な対応はNG。軽はずみな行動も避けよう。	Memo			

●新月　◐上弦　○満月　◑下弦

✕↘：要注意。決断しない。ワガママ禁止。
□：焦らない。可能性を探す。見直す。
●：人の話を聞く。謙虚に。大切なものを守る。
☯：強引にならない。闘わない。調和する。
✕：立ち止まってみる。冷静に。気をつける。
▼：無理しない。ゆっくりする。ケガや病気に注意。
△：初心を忘れない。調子に乗らない。
○：やってみる。人の縁を大切に。

September

沈星の年

2022年9月

謙虚さが大事

零星の月

健康に悪いこと、悪い習慣はなるべく避けて過ごしましょう。
健康的な食事で、疲れをとることを優先して。映画鑑賞や趣味に没頭するのも良さそうです。

★1 胃に負担をかけない　★2 肌のお手入れを丁寧に　★3 バスソルトで癒しを

Mon.	Tue.	Wed.	Thu.	Fri.	Sat.	Sun.
			1 再 □ 失敗の原因を見つけて改善し、再挑戦しよう。	2 金 □ 財布の中身が少なくてがっかり。使い方を考えて。	3 楽 一粒万倍日 △ 周りの人からの大きな支えに感謝する日。	4 崩 ◐ ×↘ 不規則な生活でダウン。ビタミンと早めの就寝を。
5 零 不成就日 ● 言い寄ってくる人にも嫌な顔はせずやり過ごして。	6 破 × 手に入れるよりも身軽になることを考えたい1日。	7 新 △ 自分に足りないものを見つけて補うよう意識して。	8 探 □ 退屈ならば1つのことを深く掘り下げて話そう。	9 決 ☯ 口約束だけでは×。重要なことほど書面に残そう。	10 沈 ○ ▼ 新しい挑戦をするなら必要な予算の検討から。	11 天 一粒万倍日 ○ 充実した1日になりそう。入念に準備をしよう。
12 迷 □ プライベートと仕事は分けることを心掛けて。	13 再 不成就日 □ 思い通りの結果が出なくても放り出さないで。	14 金 □ 目標に向かって努力した人は良い結果が得られそう。	15 楽 △ 押しつけや責任逃れは×。チームワークを大切に。	16 崩 一粒万倍日 ×↘ 自分のことは自分で解決すれば道は見えてきそう。	17 零 ● 旅先での運転は控えよう。異性の誘惑にも慎重に。	18 破 ◑ × 大切な人とケンカするかも。自分が悪いなら謝って。
19 新 △ 焦りを感じたら情報収集を。人の知恵も借りよう。	20 探 □ 会話が苦手でも周りからアドバイスをもらって。	21 決 不成就日 ☯ 損な役回りに。相手を考えた対応が評価されそう。	22 沈 ▼ 嫉妬心から恋人にあたったり、きつい態度は×	23 天 一粒万倍日 ○ 運動でストレス解消。楽しめる雰囲気づくりが◎	24 迷 □ 油断すると失敗しそう。何事も気をひきしめて。	25 再 □ 長い間、目をそらしてきた問題に向き合おう。
26 金 ● 不成就日 □ 相手のスケジュールを優先し、約束は後日。	27 楽 △ 1人で悩むよりも誰かに相談して解決しよう。	28 崩 一粒万倍日 ×↘ 体調を最優先にして行動すれば順調にいきそう。	29 零 ● コミュニケーションを大事に。相手の立場に立って。	30 破 × まわりを見て柔軟な判断をすることが重要な日。	Memo	

●新月 ◐上弦 ○満月 ◑下弦

×↘：要注意。決断しない。ワガママ禁止。 ●：人の話を聞く。謙虚に。大切なものを守る。 ×：立ち止まってみる。冷静に。気をつける。 △：初心を忘れない。調子に乗らない。
□：焦らない。可能性を探す。見直す。 ☯：強引にならない。闘わない。調和する。 ▼：無理しない。ゆっくりする。ケガや病気に注意。 ○：やってみる。人の縁を大切に。

October

沈星の年

2022年10月

殻を破る

破星の月

あなたがいくら頑張っても、周りが変わるとは限りません。困った時は無理をせず、距離をとってみて。
ネガティブなものは手放して、心を切り替えて。

1 落とし物に注意する　2 人には丁寧に返信する　3 小さな嘘をつかない

Mon.	Tue.	Wed.	Thu.	Fri.	Sat.	Sun.
					1 新 △ 美味しい料理から新しいアイデアが浮かびそう。	2 探 □ 積極的に人と交流を。悩みを相談しても。
3 決 ◐ ☯ 大切なことは人の意見も聞いてから決めよう。	4 沈 不成就日 ▼ 気力体力ともに下降気味。休息する時間を作って。	5 天 一粒万倍日 ○ 難しいと思ったことよりも好きな方を優先して◎	6 迷 □ 睡眠不足なら今日は早めに帰宅して休息モードに。	7 再 □ ケンカを繰り返してしまわないよう笑顔を大切に。	8 金 一粒万倍日 □ ポジティブな行動が吉。ギャンブルは控えて。	9 楽 △ 焦ってもマイペースに振る舞おう。状況把握も大切。
10 崩 ○ ↘ 誰かに嫉妬してしまいそう。考えすぎないで。	11 零 一粒万倍日 ● 欠点を指摘されそう。努力して改善すればプラスに。	12 破 不成就日 × 縁を断ち切ることも大切だけど、今日はじっとして。	13 新 △ 大切な人とマンネリ気味なら新しい刺激を。	14 探 □ フリーの人は出会いが。楽しく過ごせそう。	15 決 ☯ どっちつかずの状態は×。1つに決めよう。	16 沈 ▼ 体に異変があれば病院を調べて、明日予約を。
17 天 ○ 物事がよい方向に。パワーが続いて気分も晴れそう。	18 迷 ◑ □ 話を聞き逃したりして疲れそう。夜はしっかり休もう。	19 再 □ 仲間からのアドバイスに意外なヒントがありそう。	20 金 一粒万倍日 不成就日 □ 小さな結果を出すと◎。考えることでチャンスが。	21 楽 △ 仕事に行き詰まったら私生活を充実させれば安定。	22 崩 天赦日 ↘ トラブルが起きそう。焦らずに前向きに解決して。	23 零 一粒万倍日 ● 大きな変化に戸惑っても謙虚でいよう。
24 破 × 光が射し始める予感。前向きな気持ちでいよう。	25 新 ● △ 興味の枠が広がりそう。ポジティブ思考が吉。	26 探 □ 家族や身近な人との会話を大切にして向き合おう。	27 決 ☯ 将来を考えるなら今の環境に不満があってもガマン。	28 沈 不成就日 ▼ 落ち込み気味ならば元気回復にマッサージが◎	29 天 ○ 自分の力を発揮できるかも。好きなことに集中を。	30 迷 □ 寂しいからといって簡単に気を許さないよう注意。
31 再 □ 将来に不安を感じたら方向性を再確認しよう。	Memo					

↘：要注意。決断しない。ワガママ禁止。
□：焦らない。可能性を探す。見直す。
●：人の話を聞く。謙虚に。大切なものを守る。
☯：強引にならない。闘わない。調和する。
×：立ち止まってみる。冷静に。気をつける。
▼：無理しない。ゆっくりする。ケガや病気に注意。
△：初心を忘れない。調子に乗らない。
○：やってみる。人の縁を大切に。

● 新月 ◐ 上弦 ○ 満月 ◑ 下弦

November

沈星の年

2022年11月

新スタート

新星の月

ようやくモヤが抜け、ゆっくりと上昇していきます。
焦らずに謙虚に過ごすことを意識してください。過去ではなく未来を見ることが大切です。

1 行動を開始する　2 部屋の模様替えをする　3 免疫力を高める

Mon.	Tue.	Wed.	Thu.	Fri.	Sat.	Sun.
	1 金 ◐ 一粒万倍日 ☆☆ 過去を忘れたいなら信頼する人に相談し前進しよう。	2 楽 > 相手にはしっかり謝って、関係を修復させて。	3 崩 × 体を休めることに集中。ゲームや映画鑑賞を。	4 零 一粒万倍日 ● 相手の要望に沿う努力を。聞き役に徹すると◎	5 破 不成就日 ×↗ 今日は自宅で過ごそう。模様替えが気分転換に。	6 新 ✧ 気の向くままに可能性を感じるものにチャレンジ。
7 探 天赦日 □ あるひと言がきっかけで悩みから解放されそう。	8 決 ○ ☆ 進むべき道が見えてモチベーションも上がるはず。	9 沈 ▼ うまくいかないなら、息抜きをしながら進めて。	10 天 ◎ 出会いのチャンスが到来。自然の多い場所が◎	11 迷 △ ほかの異性に目移りしそう。軽はずみな行動はNG。	12 再 ○ やりたくてもやれなかったことを実行してみよう。	13 金 不成就日 ☆☆ 成果が出始めるかも。行動するなら明日から。
14 楽 > わからないことは人に聞こう。仲良くなれるかも。	15 崩 × 思い込みがトラブルのもと。ゆっくり考えてみて。	16 零 ◑ 一粒万倍日 ● 気になっていることがあるなら勉強を始めると良い日。	17 破 一粒万倍日 ×↗ 部屋の掃除をして落ち着ける空間をつくると◎	18 新 ✧ 時間を忘れて集中できる新しい趣味を見つけよう。	19 探 □ 変われるチャンス。感性が近い人に声を掛けて。	20 決 ☆ 今日は一緒にいて安らげる人と出会える予感。
21 沈 不成就日 ▼ 難しい作業は自分だけでやらず、誰かに見てもらおう。	22 天 ◎ 小さな喜びが入る日。好きなことに1つ挑戦。	23 迷 △ 集中力が続かずにすべてが中途半端になりそう。	24 再 ● ○ 昔の友達と楽しい話ができそうな日。いい報告も。	25 金 ☆☆ 大切な人には思っていることを素直に伝えて。	26 楽 > いつもは聞き役でも今日は自分から発言を。	27 崩 × 誰かのお世話をすることに。誠意を持って対応。
28 零 一粒万倍日 不成就日 ● 欠点を指摘されてしまうかも。頑固にならないで。	29 破 一粒万倍日 ×↗ ため息ばかりつかずに、気持ちの整理をして。	30 新 ◐ ✧ 来月に向けてイベントの計画を立てると吉。	Memo			

● 新月　◐ 上弦　○ 満月　◑ 下弦

×：立ち止まってみる。冷静に。気をつける。●：人の話を聞く。謙虚に。大切なものを守る。×↗：自分を変える。奉仕する。✧：少しずつ動く。もう一度チャレンジする。△：初心を忘れない。調子に乗らない。□：焦らない。可能性を探す。見直す。☆：自分を信じる。希望を持つ。▼：無理しない。ゆっくりする。ケガや病気に注意。◎：挑戦する。自信を持つ。諦めない。○：やってみる。人の縁を大切に。☆☆：レベルアップ。追い風に乗る。>：ひとり占めしない。計画的に。

December

沈星の年

2022年12月

物事を見直す

探星の月

規則正しく健康に過ごしましょう。美意識を高め、スーパーフードやサプリを摂るなど、
体の内側から綺麗を目指すことが開運のカギです。

1 早寝早起きを心掛ける　2 10分前行動をしてみる　3 植物やお花を飾る

Mon.	Tue.	Wed.	Thu.	Fri.	Sat.	Sun.
			1 探 □ 目的に向かって進むために、まずは計画を立てて。	2 決 ☯ 大切な人のために手料理を作ってみると吉。	3 沈 ▼ 体調に気をつけムリはしないように注意。	4 天 ○ 気になる人に接近してみてOK。気分も上がりそう。
5 迷 □ 判断ミスの予感。人恋しくても相手を見極めて。	6 再 不成就日 □ 昔の知人と再会したら距離を縮めておこう。	7 金 □ 思い切って新しい人と話してみると運命が変化。	8 楽 ○(満月) △ 仕事を家に持ち帰らずオンオフをしっかり切り替えて。	9 崩 ×↘ 笑顔で近寄ってくる人は裏があるかも。警戒して。	10 零 ● 年下の人にも、丁寧な言葉遣いを心掛けて。	11 破 × 昔のことは忘れて、新しいことに挑戦してみて。
12 新 一粒万倍日 △ 興味がなかったことでも新しくやってみると吉。	13 探 一粒万倍日 □ 勉強を始めてみよう。自然や癒しに関わることが◎	14 決 不成就日 ☯ 重大なことを任されても、取り組むのは明日から。	15 沈 ▼ 早めに大掃除に取り組めるよう少しずつ片づけを。	16 天 ◑(下弦) ○ 決断に向けた準備をするなら今が吉。情報を集めて。	17 迷 □ 誰にでも優しくするのではなく大切な人を優先して。	18 再 □ 何度も思い出す人をクリスマスに誘ってみよう。
19 金 □ 成果が出る日。今後のために大事な話も聞けそう。	20 楽 △ 相手が喜ぶことを考え人のために過ごすと開運に。	21 崩 ×↘ 勘違いなのに責められそう。反論せず謝ろう。	22 零 不成就日 ● はしゃいで大切な人を不安にさせる行動は避けて。	23 破 ●(新月) × 必要ないものを手放すなら今日が吉。執着はしないで。	24 新 一粒万倍日 △ クリスマスイブは自分にご褒美をプレゼント。	25 探 一粒万倍日 □ 今日の出会いは良い方向に発展しそう。
26 決 ☯ 来年にむけて、高い目標を設定すると叶いやすい。	27 沈 ▼ 年内の課題が終わらない恐れが。ヘルプを頼もう。	28 天 不成就日 ○ 年末は気が合う大切な人と、静かに過ごそう。	29 迷 □ 浮かれ過ぎは×。風邪を引かないように気をつけて。	30 再 ◐(上弦) □ 諦めたことを思い出して、再挑戦してみよう。	31 金 □ お財布を整理すると、年始の買い物に幸運が。	

● 新月 ◐ 上弦 ○ 満月 ◑ 下弦

×↘:要注意。決断しない。ワガママ禁止。
□:焦らない。可能性を探す。見直す。
●:人の話を聞く。謙虚に。大切なものを守る。
☯:強引にならない。闘わない。調和する。
×:立ち止まってみる。冷静に。気をつける。
▼:無理しない。ゆっくりする。ケガや病気に注意。
△:初心を忘れない。調子に乗らない。
○:やってみる。人の縁を大切に。

星藤

赤

楽星

〝努力が報われ、平穏な年〞

総合運

2022年は「楽星」の年。これまでの努力が報われ幸せを感じられる時期です。現状に安心できますが、来年以降に備え、節約や貯金を心がけてみて。3~5月は自分に足りないものを学び、強化するといいでしょう。精神的な重荷など余計なものはリセット。6~8月は積極的に働き、優先順位をはっきりさせ気になることを片付けましょう。夏はパートナーへの感謝を込め一緒に過ごすのがおすすめ。9月以降は仕事や、やるべきことに集中し過ごしましょう。

恋愛運

新しい出会いを求めるなら1、2月がベスト。4月は焦りから恋に夢中になりやすいとき。流されないように気をつけて。6~8月は経済的に問題なく家族に祝福される相手なら電撃結婚も。交際中のカップルは、ケジメをつけないと離れていきそう。今の幸せは相手のおかげと感謝を。恋愛よりも結婚の時期なので本気になれない恋は見込みナシ。婚約中の場合には来年に持ち越さず年内に入籍だけでも済ませましょう。ただし3~5月の入籍は避けた方がベター。

仕事・金運

目標を定め、積極的に結果を出すことに努める時期。年明けは順調ですがうっかりミスには気をつけて、慣れたことほど丁寧に行いましょう。好調なので自分を過信しやすい時期でもあります。周囲の意見を聞き必要なことを考え、気がかりなことは見逃さないように。気を引き締めて安定した状態を維持しましょう。独立や転職は、今がよほどひどい状況でなければやめておいた方が良さそう。貯金は苦手と開き直らず、来年以降に備えて意識して励むと◎

星藤・赤

2021年

11月

・誘惑が多い
・調子に乗りがち
・足腰を温める
・決断はNG

12月

・再生、再会、再挑戦
・縁ある人と再会
・チャンス到来
・縁のある人が集まる
・経験が活かせる時

2022年

1月

・自信を持って行動
・プチセレブ感
・注目が高まる
・引きが強い時

2月

・楽しんでみる
・穏やかな雰囲気
・振り返ってみる
・最後の決断

3月

・運気が低迷
・健康運に影が
・頑固はNG
・流れに身を委ねる

4月

・全てを受け入れてみる
・謙虚さを大事に
・決めつけない
・じっくり煮詰める

5月

・リセットの時期
・判断ミス
・縁が切れる
・爆発しやすい

2022年運気の流れ

6月（新星）

・新スタート
・新発見
・チャレンジする
・直感が戻る

7月（探星）

・物事を見直す
・体調を崩しやすい
・準備の時期
・少し休憩

8月（決星）

・決断する
・直感に従う
・人生が変わる
・軸を定める

9月（沈星）

・体調管理を第一に
・無理はしない
・メンタルダウンに注意
・癒しを大切にする

10月（天星）

・変化がある
・力を発揮できる
・夢が膨らむ
・天から光を受ける

11月（迷星）

・誘惑が多い
・調子に乗りがち
・足腰を温める
・決断はNG

12月（再星）

・再生、再会、再挑戦
・縁ある人と再会
・チャンス到来
・縁のある人が集まる
・経験が活かせる時

星藤・赤
運気カレンダー

Fortune Calendar

運気カレンダーの見かた

運気カレンダーでは、あなたの毎月の運気と
日々の運気の流れを知ることができます。

運気が停滞しやすい日、判断ミスを起こしやすい日
直感が働く日、物事を決定するのに適した日など
それぞれの運気に合わせたマークが、カレンダーに書かれているので
毎日の過ごしかたの参考にしてください。
カレンダーのグレーは影の時期。運気がやや低迷します。

また、「天赦日」「一粒万倍日」は暦の上での吉日なので、行動を起こすのにいい日です。
逆に「不成就日」は暦の上では願いごとが叶いにくい日なので、穏やかに過ごすのがおすすめです。

吉日と不成就日が重なる場合には、あまり新しい行動は起こさない方がベター。

毎月のお言葉と、挑戦してほしい３つの行動もお伝えしているので、
ぜひ指針にしてみてくださいね。

天星記号のキーワード

- ✕ 立ち止まってみる。冷静に。気をつける。
- ● 人の話を聞く。謙虚に。大切なものを守る。
- ✕↗ 自分を変える。奉仕する。
- ✧ 少しずつ動く。もう一度チャレンジする。
- □ 焦らない。可能性を探す。見直す。
- ☆ 自分を信じる。邪気を払う。希望を持つ。
- ▼ 無理しない。ゆっくりする。ケガや病気に注意。
- ◎ 挑戦する。自信を持つ。諦めない。
- △ 初心を忘れない。調子に乗らない。
- ○ やってみる。進む。人の縁を大切に。
- ☆☆ レベルアップ。追い風に乗る。チャンスあり。
- ＞ ひとり占めしない。先を考えてみる。計画的に。
- ☆☆☆ 感謝をする。幸せをいただく。ポジティブに。
- ✕↘ 要注意。決断しない。ワガママ禁止。
- ▲ 一度冷静に。心を穏やかに。飛びつかない。
- ☯ 強引にならない。闘わない。調和する。

December

金星の年

2021年12月

再挑戦できる

再星の月

今月は自分がやってきたことが報われたり、願いが叶いやすい時期。
自分のためのご褒美やプレゼントでさらにテンションをUPさせてみましょう。

★1 人からの好意に甘える　★2 好きな人に連絡する　★3 欲しかったものを買う

Mon.	Tue.	Wed.	Thu.	Fri.	Sat.	Sun.
		1 探 ○ 調べものをして、知識を吸収しよう。美術館も◎	2 決 不成就日 ☆ 失敗を引きずりそう。明日から気分を一新!	3 沈 一粒万倍日 ▼ 先に進むよりも丁寧に見直すことが大切。	4 天 ● 一粒万倍日 ◎ ずっとやりたかったことに挑戦できそう。	5 迷 □ 家族のための買い物はいいけど、買いすぎ注意。
6 再 ◎ 行き詰まったら、過去を振り返ると解決できそう。	7 金 ☆ お金について考えよう。家計簿をつけて出費を把握。	8 楽 不成就日 > 行き詰まるかも。新鮮な空気を吸いに外へ行くと吉。	9 崩 × 長く続けてきたことを諦めないといけないかも。	10 零 ☯ 面倒なことから逃げては×。今度こそ解決しよう。	11 破 ◐ ×↗ 注意は受け止めること。相手の言い分を聞こう。	12 新 ✧ 以前行った場所に再発見が。意外と楽しそう。
13 探 ○ 思い出の場所に行くと、初心にかえれてGOOD。	14 決 ☆ わかって欲しいなら、思いをハッキリと伝えよう。	15 沈 ▼ 時間のロスにイライラしそう。途中で気分転換を!	16 天 不成就日 ◎ 告白などは今日のタイミングではNG。様子を見て。	17 迷 一粒万倍日 □ 手を抜かず、きちんと確認すれば評価UP。	18 再 一粒万倍日 ◎ 振り返って、自分に足りないものを考えてみよう。	19 金 ○ ☆ 頭をやわらかくするとチャンスが広がるかも。
20 楽 > 変わらないのはよいこと。早めの帰宅で一息ついて。	21 崩 × 思い通りにいかない日。大事な約束はしないで。	22 零 ☯ 作業を忘れがち。周囲に声掛けを頼めば安心。	23 破 ×↗ 相手に変わる意思がなければ、情を捨ててジャッジ。	24 新 不成就日 ✧ クリスマスイブだけど、今日はおとなしくデスクで作業。	25 探 ○ 周りの雰囲気を読んで、言葉選びに気をつけよう。	26 決 ☆ 今日だけはやる気モード全開で真剣に取り組もう。
27 沈 ◑ ▼ 疲れて帰っても、特にねぎらいや手伝いはなさそう。	28 天 ◎ 褒められるできごとあり。自分のためにご褒美を。	29 迷 一粒万倍日 □ テンションが上がっても羽目を外さず、早めに帰宅。	30 再 一粒万倍日 ◎ 失敗や反省をリストアップ。今後の糧になりそう。	31 金 ☆ 今年の頑張りに満足できそう。金運UPにも期待。	Memo	

●新月 ◐上弦 ○満月 ◑下弦

×:立ち止まってみる。冷静に。気をつける。 ☯:強引にならない。闘わない。調和する。 ×↗:自分を変える。奉仕する。 ✧:少しずつ動く。もう一度チャレンジする。 ○:やってみる。人の縁を大切に。 ☆:レベルアップ。追い風に乗る。 ▼:無理しない。ゆっくりする。ケガや病気に注意。 ◎:挑戦する。自信を持つ。諦めない。 □:焦らない。可能性を探す。見直す。 ☆:感謝をする。幸せをいただく。ポジティブに。 >:ひとり占めしない。計画的に。

January

楽星の年

2022年1月

注目が高まる

金星の月

今月は大きな目標や方向性を決めるといい時期。ぶれない心が開運につながるので、
自分と向き合い、本当に「これだ」と思うことに注力しましょう。

★1 積極的に動いてみる　★2 自分のために生きる　★3 決断をしてみる

Mon.	Tue.	Wed.	Thu.	Fri.	Sat.	Sun.
					1 楽 不成就日 ＞ いつも通りの環境。新年らしく変化を意識しよう。	2 崩 × 噂話は×。人を傷つけないよう思いやりを持って。
3 零 ● ☯ 親切のつもりがお節介に。意思表示はハッキリと。	4 破 ⤫ 親しい人が金欠。安易に貸すと戻ってこないかも。	5 新 ✧ 提案を受け入れてもらえ、新しいことが始まりそう。	6 探 ○ 今年中に結果を出すためには、出費も仕方ない。	7 決 ☆☆ セールは控えた方がベター。本物を見極め購入を。	8 沈 不成就日 ▼ お年玉など痛い出費がありそう。明日から節約しよう。	9 天 ◎ 努力が評価される日。運の良さを実感できるはず。
10 迷 ◐ □ 手近なもので間に合わせよう。買い足さなくてOK。	11 再 天赦日 一粒万倍日 ◎ 家族と鍋料理で団らんを。昔話に花が咲くはず♪	12 金 ☆☆☆ 蓄えが多ければ定期預金、逆なら家計を見直そう。	13 楽 ＞ イベントは今日に設定すると運気UP。外出も◎	14 崩 一粒万倍日 × 友達や家族には、誠意を持って接すると吉。	15 零 ☯ 上の空、時間のルーズさで大失敗。集中しよう。	16 破 不成就日 ⤫ しつこいと敬遠されそう。同じ話をするのも×
17 新 ✧ 貯金やお金の使い方を考えてみよう。	18 探 ○ ○ 公私共にお呼びがかかり大忙し。モテモテ気分。	19 決 ☆☆ 温めてきたアイデアが周りの協力で形になりそう。	20 沈 ▼ 旅行を考えているなら計画的に。トラブルを回避して。	21 天 ◎ イベントにツキあり。少し贅沢なランチも◎	22 迷 □ 困っている人に深入りするなら注意。冷静になろう。	23 再 一粒万倍日 ◎ 昔を振り返るとよいアイデアが生まれそう◎
24 金 不成就日 ☆☆☆ 使っていない高級品は買い取りなどで整理を。	25 楽 ◑ ＞ 目標クリアで一安心。気を抜かず来月まで全開で。	26 崩 一粒万倍日 × 誰かに聞くことで、大切な情報が得られる日にち。	27 零 ☯ 運命の人と出会う予感。まずは距離を置いて観察。	28 破 ⤫ 新商品に目を奪われがち。購入は慎重になるべき。	29 新 ✧ 過去にとらわれず前向きに過ごすのが幸運のカギ。	30 探 ○ 人と触れ合い、笑顔でいると幸運が。
31 決 ☆☆ なんだかずっと忙しそう。タンパク質をとって集中。	Memo					

●新月 ◐上弦 ○満月 ◑下弦

×：立ち止まってみる。冷静に。気をつける。 ☯：強引にならない。闘わない。調和する。 ⤫：自分を変える。奉仕する。 ✧：少しずつ動く。もう一度チャレンジする。 ○：やってみる。人の縁を大切に。 ☆☆：レベルアップ。追い風に乗る。 ▼：無理しない。ゆっくりする。ケガや病気に注意。 ◎：挑戦する。自信を持つ。諦めない。 □：焦らない。可能性を探す。見直す。 ☆☆☆：感謝をする。幸せをいただく。ポジティブに。 ＞：ひとり占めしない。計画的に。

February

楽星の年

2022年2月

振り返ってみる

楽星の月

今月は、やると決めたらテキパキとスピード感を持ち行動してみましょう。
周りに気を遣い過ぎず、高みを目指して有言実行。悩む時間はもったいない。

★1 やりたいことをやる　★2 自分をセーブしない　★3 免疫力アップを心掛ける

Mon.	Tue.	Wed.	Thu.	Fri.	Sat.	Sun.
	1 沈 ● ▼ 情報を奪われてもあなたの企画力があれば大丈夫。	2 天 ◎ 大切な人と素敵な時を過ごせそう。自分をアピール!	3 迷 不成就日 △ 車の運転には用心を。癒しが必要なら家で過ごして。	4 再 ○ 何度も悩まされるなら早めに解決を。長引かせないで。	5 金 一粒万倍日 ☆☆ 嬉しい通知が届いてハッピー!浮かれ過ぎは△	6 楽 ＞ 可愛いワガママが皆に大ウケ。意見が通りそう。
7 崩 × 想いが伝わらず残念。すれ違った相手の悪口は×	8 零 ◐ ● 衝動買いしそう。買い物は注意。誘いは行ってOK。	9 破 ↗ 古いものを捨てて、新しいものをとりいれると良い日。	10 新 一粒万倍日 ✧ イベントに出かけて、大切な人と絆を深めると吉。	11 探 不成就日 □ 一日中毛布にくるまりたい気分。静養が必要かも。	12 決 ☆ 心細くても人の意見に流されないよう心掛けよう。	13 沈 ▼ 不快な噂を聞いても、真実を確かめてから決断を。
14 天 ◎ 楽しい話題から、将来の話にステップアップの予感。	15 迷 △ 欲張りはほどほどが◎。すべて失わないよう回避。	16 再 ○ 同級生と偶然の再会。思い出話に花が咲きそう。	17 金 ○ 一粒万倍日 ☆☆ ずっとガマンしてきたものを手に入れるチャンス!	18 楽 ＞ 結果が出ていないものは確認。気になる人に連絡を。	19 崩 不成就日 × 親切心が伝わりにくくて、あらぬ誤解を生みそう。	20 零 ● 苦手なものでも避けずに真っ向勝負を。逆上は×
21 破 ↗ 無理やり続けてきたことは終わりに。自分に素直に。	22 新 一粒万倍日 ✧ 昼休みに得た発見が力に。新聞や人との会話も鍵。	23 探 □ 旅行の予定があるなら、予算や計画を話し合って。	24 決 ◑ ☆ 進路確認はしっかり。決して迷わないと誓おう。	25 沈 ▼ 今日はヘルプを頼んで休息を。少量のお酒なら◎	26 天 ◎ 人の心配もいいけど、自分のことをまず考えよう。	27 迷 不成就日 △ 感情のコントロールに苦戦。寂しさに負けないで。
28 再 ○ 落ち込み気味なら家族に連絡を。励まされるはず。	Memo					

● 新月　◐ 上弦　○ 満月　◑ 下弦

×：立ち止まってみる。冷静に。気をつける。●：人の話を聞く。謙虚に。大切なものを守る。↗：自分を変える。奉仕する。✧：少しずつ動く。もう一度チャレンジする。□：焦らない。可能性を探す。見直す。☆：自分を信じる。希望を持つ。▼：無理しない。ゆっくりする。ケガや病気に注意。◎：挑戦する。自信を持つ。諦めない。△：初心を忘れない。調子に乗らない。○：やってみる。人の縁を大切に。☆☆：レベルアップ。追い風に乗る。＞：ひとり占めしない。計画的に。

March

楽星の年

2022年3月

運気が低迷

崩星の月

人とのコミュニケーションにズレを感じやすい時期。余計なお節介や見返りを求めた行動はしないで回避。面倒なことをあえて楽しむ気持ちが開運に。

1 寝る前に幸せを思い出す　2 早寝早起きをしてみる　3 自律神経を整えてみる

Mon.	Tue.	Wed.	Thu.	Fri.	Sat.	Sun.
	1 金 一粒万倍日 ☆☆ 小さな事でも世間のルールや常識はきちんと守ろう。	2 楽 ＞ 自分の行いを振り返りながら周りに感謝したい日。	3 ● 崩 × 人に振り回されても怒るのはじっと我慢して。	4 零 不成就日 ● 自分から連絡するのは控えて家でのんびりしよう。	5 破 ⤯ 相談するなら友達に聞いてもらうと強い味方に。	6 新 ✧ 挑戦したい気持ちが高まったとしても無理は禁物。
7 探 □ 迷っているなら人の意見を聞いて選択肢を増やそう。	8 決 ☆ 主張が苦手でも責任感を強く持って意見を言おう。	9 沈 一粒万倍日 ▼ イベントの幹事を任されそう。自分も楽しんで!	10 ◐ 天 ◎ 愚痴は控えて相手も楽しくなる話を心がけよう。	11 迷 △ 大切な人が嘘をついてると思っても騒がず見守って。	12 再 不成就日 ○ 積み重ねを大事にしないと先に進めないかも。	13 金 ☆☆ テンションの上げすぎ注意。思わぬ出費に涙しそう。
14 楽 一粒万倍日 ＞ 取り返したいことがあるなら午前中に動こう。	15 崩 × 余計な話はストップ! 聞かれたことだけに留めて。	16 零 ● 肌荒れや体調不良に悩みがち。睡眠を大切にして。	17 破 ⤯ 先頭に立って行動するのは控えたほうがよさそう。	18 ○ 新 ✧ 何か聞かれたときは曖昧ではなくハッキリ答えると◎	19 探 □ 1人で動くより人の意見をきちんと聞くことが大事。	20 決 不成就日 ☆ 思い通りにならなくても自分らしさを忘れずに。
21 沈 一粒万倍日 ▼ アドバイスするより相手の話を聞いてあげると吉。	22 天 ◎ 今日は周りの大切な人に感謝の思いを伝えてみて。	23 迷 △ うっかりミスをしないよう気を引き締めよう。	24 再 ○ 友人に素直な思いを聞いてもらえたら気分スッキリ!	25 ◑ 金 ☆☆ 実力をつけたいなら資格の講座やセミナーに参加を。	26 楽 天赦日 一粒万倍日 ＞ 人を信じられる日。特に大切な人には誠実に接して。	27 崩 × 雰囲気が悪い中で身動きが取れなくなる可能性が。
28 零 不成就日 ● 後輩に偉そうにしないよう注意。見栄は逆効果。	29 破 ⤯ うまくいかなくてもすぐに気持ちを切り替えよう。	30 新 ✧ 未知のことに飛び込むことになっても前向きに!	31 探 □ 大人数の場では自分のことばかり話すのは避けよう。	Memo		

● 新月　◐ 上弦　○ 満月　◑ 下弦

×：立ち止まってみる。冷静に。気をつける。 ●：人の話を聞く。謙虚に。大切なものを守る。 ⤯：自分を変える。奉仕する。 ✧：少しずつ動く。もう一度チャレンジする。
□：焦らない。可能性を探す。見直す。 ☆：自分を信じる。希望を持つ。 ▼：無理しない。ゆっくりする。ケガや病気に注意。 ◎：挑戦する。自信を持つ。諦めない。 △：初心を忘れない。調子に乗らない。 ○：やってみる。人の縁を大切に。 ☆☆：レベルアップ。追い風に乗る。 ＞：ひとり占めしない。計画的に。

April

楽星の年

2022年4月

謙虚さが大事

零星の月

今月は自分が知らない世界を学べるチャンス。素直に受け入れる気持ちが開運になる時期。
リラクゼーションや温泉など、癒される時間を大切にしてみて。

1 優しい口調で話す　2 忘れ物チェックをする　3 分からないことは確認

Mon.	Tue.	Wed.	Thu.	Fri.	Sat.	Sun.
				● 1 決 不成就日 ☆ 急用で予定が狂いそう。じっとしていた方がベター。	2 沈 一粒万倍日 ▼ よく寝て心身を整えるとポジティブ思考が復活!	3 天 ◎ 大切な人へのワガママはなるべく控えよう。
4 迷 △ 友達に話しにくい悩みはSNSにヒントあり。	5 再 一粒万倍日 ○ 旧友がラッキーパーソンとなる日。懐かしさを大切に。	6 金 ☆☆ 衝動買いに注意!未払いがないかも確認して。	7 楽 > 結果が出ずとも焦らないで。指示を待って動こう。	8 崩 一粒万倍日 × 知り合った人からアプローチ。まずは様子を見て。	◐ 9 零 不成就日 ● 頼まれごとを押しつけられても顔や口に出すのは×	10 破 ↗ ネガティブな悩みを前向きに捉える訓練をしよう。
11 新 ✧ 前向きになれる出来事が。まずは笑顔を心掛けて。	12 探 □ 憧れの人の言葉から良いエネルギーをもらえる日。	13 決 ☆ 勘が冴えている日。今日は優柔不断とサヨナラ!	14 沈 ▼ なんとなく発したひと言が誤解を招く可能性が。	15 天 ◎ いつもと様子が違う人がいても触れないでいよう。	16 迷 △ 友達に自分のことを客観的に見てもらおう。	○ 17 再 一粒万倍日 不成就日 ○ 落ち着かない気持ちは家族と話すことで解消しそう。
18 金 ☆☆ お金を持ち歩くと贅沢したくなるので注意して。	19 楽 > 周りからのアドバイスを取り入れて動いてみて。	20 崩 一粒万倍日 × 些細なことも慎重に行動すればミスを回避。	21 零 ● 見た目の良い人に惹かれても距離感は慎重に。	22 破 ↗ なかなか解決しない問題は手を離してしまおう。	◑ 23 新 ✧ 嬉しい臨時収入が。努力してきたことは続けよう。	24 探 □ お金に余裕ができてもGW前に無駄遣いしないで。
25 決 不成就日 ☆ 休日の予定は周りの希望を優先して立てよう。	26 沈 ▼ 言い訳など余計なことは言わないよう心掛けて。	27 天 ◎ 相手のリクエストを聞くと新しい発見があるはず。	28 迷 △ 迷いや浮ついた気持ちを抑え慎重に行動して。	29 再 一粒万倍日 ○ 懐かしい土地に行くと心が軽くなり余裕ができそう。	30 金 ☆☆ 出費が増えそうなので1つの場所に絞って外出を。	

×:立ち止まってみる。冷静に。気をつける。 ●:人の話を聞く。謙虚に。大切なものを守る。 ↗:自分を変える。奉仕する。 ✧:少しずつ動く。もう一度チャレンジする。
□:焦らない。可能性を探す。見直す。 ☆:自分を信じる。希望を持つ。 ▼:無理しない。ゆっくりする。ケガや病気に注意。 ◎:挑戦する。自信を持つ。諦めない。 △:初心を忘れない。調子に乗らない。 ○:やってみる。人の縁を大切に。 ☆☆:レベルアップ。追い風に乗る。 >:ひとり占めしない。計画的に。

● 新月　◐ 上弦　○ 満月　◑ 下弦

May

楽星の年

2022年5月

殻を破る

破星の月

今月は情や依存は捨て去り、去る者は追わずの感覚でいると回避します。
まずは自宅から整理整頓。必要のないものは片づけ、捨てたり売ったりしましょう。

★1 ものを溜め込まない　★2 データはバックアップを　★3 挨拶やメールは丁寧に

Mon.	Tue.	Wed.	Thu.	Fri.	Sat.	Sun.
						1 楽 ● ＞ 自然が多い場所が吉。新鮮な空気でリフレッシュ。
2 崩 一粒万倍日 × 予定がいっぱい! 焦らず、冷静に対処すれば成功。	3 零 ● 寝坊や遅刻をしてしまうかも。謝ってしっかり対応を。	4 破 不成就日 ↗ 好きな人のことが気になって1日ぼんやりしそう。	5 新 ✧ 新しい趣味を始めるのに◎。いい情報も入るかも。	6 探 □ 携帯やPCの使いすぎに注意。心を落ち着けて。	7 決 ☆ 自分では当たり前の行動が、好評価を得られそう。	8 沈 ▼ 耳鳴りなど体調不良のサインがあれば早めの検査を。
9 天 ◐ ◎ サプライズが起こりそう。幸せムードに浸って♡	10 迷 △ どちらに進むか悩む日。両方ともは無理みたい。	11 再 ○ 急な依頼は、頼りにされている証拠と受け止めて。	12 金 不成就日 ☆☆ 投資に興味が出てきそう。今日から始めるのは×	13 楽 ＞ 人付き合いに疲れたら家族と会話。ディナーも◎	14 崩 一粒万倍日 × 噂話は気にしない、信じないを心がけて。	15 零 一粒万倍日 ● 相手に従いすぎるより、自分でリードしてOK!
16 破 ○ ↗ ケンカをしてしまうかも。感情的にならないで。	17 新 ✧ 昼食は洋食が◎。午後からやる気が出てきそう。	18 探 □ 苦手な人とタッグを組むかも。好き嫌いは忘れて。	19 決 ☆ 一時の感情で投げやりにならず後を考えた行動を。	20 沈 不成就日 ▼ 愚痴が増えそう。ストレス発散したくてもほどほどに。	21 天 ◎ やっと希望が叶うチャンス到来。勝負はここから!	22 迷 △ 意見をはっきり言うことで自分らしくいられそう。
23 再 ◑ ○ 懸命に走ってきた人は、うれしい再会がありそう。	24 金 ☆☆ 何かにつまずいたら過去を振り返ると役立つはず。	25 楽 ＞ 頑張った自分を褒めよう。人のサポートにも感謝。	26 崩 一粒万倍日 × 混乱することもあるけど、やれるだけやろう。	27 零 一粒万倍日 ● 相手から返事が来なくても、不安にならないで。	28 破 不成就日 ↗ 悩みは来月解決しそう。明日から前向きに動こう。	29 新 ✧ やる気が出る日。行動は今日から開始!
30 探 ● □ 理想の相手をイメージ。憧れの場所で出会いが!?	31 決 ☆ 成果が上がるとき。何ごとにも積極的にトライ!	*Memo*				

● 新月　◐ 上弦　○ 満月　◑ 下弦

×：立ち止まってみる。冷静に。気をつける。●：人の話を聞く。謙虚に。大切なものを守る。↗：自分を変える。奉仕する。✧：少しずつ動く。もう一度チャレンジする。□：焦らない。可能性を探す。見直す。☆：自分を信じる。希望を持つ。▼：無理しない。ゆっくりする。ケガや病気に注意。◎：挑戦する。自信を持つ。諦めない。△：初心を忘れない。調子に乗らない。○：やってみる。人の縁を大切に。☆☆：レベルアップ。追い風に乗る。＞：ひとり占めしない。計画的に。

June

楽星の年

2022年6月

新スタート

新星の月

周りからチャンスや希望が舞い込みやすい時期。新しいことに臆せずに挑戦すると吉。
悪循環から脱出するには、思い切って環境を変えてみても。

1 直感に従って行動する　2 自分からお誘いをする　3 新しいことに挑戦する

Mon.	Tue.	Wed.	Thu.	Fri.	Sat.	Sun.
		1 沈 ▼ 情報に流されず目で見たものだけを信じて。	2 天 ◎ 小さな幸せが舞い込む日。黄色を身に着けると幸運。	3 迷 不成就日 △ 将来に向けて行動を。お得プランを発見できるかも!	4 再 ○ 思い出の地で見失っていた自分らしさを再発見。	5 金 ☆☆ 自分磨きのための投資を。自分の土台を作ろう。
6 楽 > 先月の成果が出そう。努力して良かったと満足感。	7 崩 ◐ ✕ 相手が信じられなくなりそう。問い詰めないで。	8 零 ● 誤解でトラブル発生。問題が大きくなる前に対処を。	9 破 一粒万倍日 ✕↗ 失くしものがあっても、新しいものが手に入るかも。	10 新 天赦日 一粒万倍日 ✧ 仲間や家族のアドバイスから活力をもらえそう。	11 探 不成就日 □ 余裕がなくても、来てくれた人は拒まないで。	12 決 ☆ 悩みがあるなら切り替えを。笑いを取り入れスッキリ。
13 沈 ▼ 気分が上がらずため息ばかり。健康には注意して。	14 天 ○ ◎ ホテルのカフェやレストランがラッキースポット。	15 迷 △ ひとつのことに執着しそう。新しいものの場合はNG。	16 再 ○ 久しぶりのことに挑戦。自分の力を再確認できそう。	17 金 ☆☆ 仲間の中のしっかり者から、学んでみよう。	18 楽 > 新しくなにかが始まる予感。宿題は今のうちに。	19 崩 不成就日 ✕ 教えてもらった情報と今日は波長が合わないみたい。
20 零 ● 理想と違うものは断ろう。人に左右されないように。	21 破 ◑ 一粒万倍日 ✕↗ 過去は忘れて一歩を踏み出そう。心を入れ替えて。	22 新 一粒万倍日 ✧ 新しい趣味を始めるといい仲間に恵まれそう。	23 探 □ 頼まれごとを引き受けたら、色々な人に声がけを。	24 決 ☆ 組織のリーダーの話に興味が。ぜひ参考にしよう。	25 沈 ▼ 食欲不振や胃の痛みが。早めに帰って体を整えて。	26 天 ◎ 自信がついて、色々な人との会話も楽しめそう。
27 迷 不成就日 △ 計画通りに進まない日。締切が早いものを優先。	28 再 ○ 交友関係の広さを実感。縁のあった人から連絡も。	29 金 ● ☆☆ 交際費にお金を使うのは◎。買い物は慎重にして。	30 楽 > 気になっていたお店にGO。ぜひ親しい友達と。	Memo		

● 新月 ◐ 上弦 ○ 満月 ◑ 下弦

✕:立ち止まってみる。冷静に。気をつける。 ●:人の話を聞く。謙虚に。大切なものを守る。 ✕↗:自分を変える。奉仕する。 ✧:少しずつ動く。もう一度チャレンジする。 □:焦らない。可能性を探す。見直す。 ☆:自分を信じる。希望を持つ。 ▼:無理しない。ゆっくりする。ケガや病気に注意。 ◎:挑戦する。自信を持つ。諦めない。 △:初心を忘れない。調子に乗らない。 ○:やってみる。人の縁を大切に。 ☆☆:レベルアップ。追い風に乗る。 >:ひとり占めしない。計画的に。

July

楽星の年

2022年7月

物事を見直す

探星の月

今月は、体のメンテナンスをしてほしい時期。ゆっくりと休む時間も必要です。
悪い習慣を手放してみて。良い変化を意識することで開運に。

1 ダイエットに挑戦する　2 イメチェンをする　3 スキルアップをする

×：立ち止まってみる。冷静に。気をつける。●：人の話を聞く。謙虚に。大切なものを守る。⤯：自分を変える。奉仕する。✧：少しずつ動く。もう一度チャレンジする。
□：焦らない。可能性を探す。見直す。☆：自分を信じる。希望を持つ。▼：無理しない。ゆっくりする。ケガや病気に注意。◎：挑戦する。自信を持つ。諦めない。△：初心を忘れない。調子に乗らない。○：やってみる。人の縁を大切に。☆☆：レベルアップ。追い風に乗る。>：ひとり占めしない。計画的に。

Mon.	Tue.	Wed.	Thu.	Fri.	Sat.	Sun.
				1 崩 × 聞き違いにご用心。話をよく聞けばチャンスが！	2 零 ● やりとりを振り返って相手の気持ちを考えて。	3 破 一粒万倍日 ⤯ 予定の時間より早めに家を出て、遅刻を回避。
4 新 一粒万倍日 不成就日 ✧ 行きたかった場所の情報収集にツキがありそう。	5 探 □ 夏休みの旅の計画を。水がきれいな場所が吉。	6 決 ☆ 重要なポジションを任されそう。前向きにトライ！	7 沈 ◐ 一粒万倍日 ▼ 趣味や特技を生かすのはいいけど歩調を合わせて。	8 天 ◎ 旅行の計画は、リストアップして話し合うのが◎	9 迷 △ 異性と接するときは、誤解を招かないよう注意。	10 再 ○ 何度も同じことで悩むようなら子年の人に相談を。
11 金 ☆☆ 気になったらチャレンジ！ 結果は10月に出そう。	12 楽 不成就日 > 癒しが必要なとき。塩を入れたお風呂に入ってみて。	13 崩 × 早く帰りたいのに足止めが。待ち合わせは避けて。	14 零 ○ ● 思いがけない出会いあり。熱を上げすぎず冷静に。	15 破 ⤯ 人ごみはストレスに。自由に動ける場所が吉。	16 新 一粒万倍日 ✧ 休みを楽しめそう。洋食を食べるのがGOOD。	17 探 □ 知人の中にラッキーパーソンが。休みでもだらけずに。
18 決 ☆ いい出会いに恵まれる日。有言実行を。	19 沈 一粒万倍日 ▼ 知恵を活かした対応で評価がアップしそう。	20 天 ◑ 不成就日 ◎ 今後に向けた大切な話をしたくても、今日はガマン。	21 迷 △ 誰かに想いを打ち明けられるかも。いったん保留に。	22 再 ○ 季節の行事を意識して。新しい興味が出てきそう。	23 金 ☆☆ 好かれたいのなら、自分らしさを忘れないで。	24 楽 > 掃除で懐かしい名刺が。連絡を取ると発展しそう。
25 崩 × 甘い話に注意。時間がかかるものはなおさら×	26 零 ● 高いものに惹かれるけれど、使いこなせない予感。	27 破 ⤯ 終わってないものは今日中に。テキパキ動くと回避。	28 新 一粒万倍日 不成就日 ✧ 明日を見据えた作業を。来月の目標を立ててみて◎	29 探 ● □ 迷わず決断したい日。自分の目で確かめよう。	30 決 ☆ 大きな行事は年内を目標に計画。貯蓄は必須！	31 沈 一粒万倍日 不成就日 ▼ 人の目や評価を気にし過ぎず、気楽に対応しよう。

●新月　◐上弦　○満月　◑下弦

August

楽星の年

2022年8月

決断する

決星の月

今月は大きな決断をするといい時期。自分の中でやりたいことを細かく決めてみて。
近い将来の目標を立て、綿密なスケジュールを設定すると吉。

★1 自分の可能性を信じる　★2 プラスの言葉を使う　★3 目標を高く設定する

Mon.	Tue.	Wed.	Thu.	Fri.	Sat.	Sun.
1 天 ◎ 良い変化やチャンスが入る日。自信を持って。	2 迷 □ 気持ちを固めて、諦めるのか進むのか決めよう。	3 再 ◎ やってきたことが順調か確認して。見直しも必要。	4 金 ☆☆ お金に余裕があっても、無駄遣いは厳禁。	5 楽 ◐ > 話が合わないなら聞き役に。色々教えてもらって。	6 崩 × 適当な返事はNG。すれ違いになりやすい日にち。	7 零 ☯ 傷つけるからと遠回しは×。相手が勘違いしそう。
8 破 不成就日 ×↗ 強い口調で責めないよう。相手を優先する姿勢で。	9 新 ◇ 休みに向けて、今日明日は気合で行動。	10 探 一粒万倍日 ○ 投資に挑戦！しっかり分析して慎重にすると◎	11 決 ☆ 昔からの仲間と将来の話をする機会ができそう。	12 沈 ○ ▼ 暴飲暴食で体調ダウン。バランスのよい食事を。	13 天 ◎ 将来を考えている人がいるなら、一歩行動を。	14 迷 □ やるべき課題を忘れて大失敗！休憩以外は集中を。
15 再 一粒万倍日 ◎ お土産運あり。持って行ったお土産も好評で気分UP。	16 金 不成就日 ☆☆ 人に丁寧に接してみて。感謝を伝えると吉。	17 楽 > 残した作業は早めに処理。忘れ物にも気をつけて。	18 崩 × 予想外の展開にイライラ。周囲への八つ当たりはNG。	19 零 ◑ ☯ 相手の反応が読めなくてもOK。思い込みは×	20 破 ×↗ 不要な物は手放して、新しい物を取り入れよう。	21 新 ◇ 気になる人にはアプローチ！直接会って話そう。
22 探 一粒万倍日 ○ 笑顔で過ごせば、声をかけてもらってハッピー♡	23 決 天赦日 ☆ 我慢せず、はっきり自分の考えを伝えよう。	24 沈 不成就日 ▼ 寒暖差で風邪を引きそう。クーラーで冷えないよう。	25 天 ◎ 理想の人はすぐそこに。周囲を見回してみて。	26 迷 □ 予定の詰め込みすぎに注意。優先順位を決めよう。	27 再 ● 一粒万倍日 ◎ あなたを認めてくれる人から声が。ぜひトライを。	28 金 不成就日 ☆☆ 今は現状維持が◎。環境を変えたいなら10月に。
29 楽 > 疲れが出やすい時。大事な用は来月に回すのが吉。	30 崩 × 手柄を横取りされてしまうかも。逆上せず冷静に。	31 零 ☯ お酒で胃腸を壊しそう。ストレス解消はガムが◎	Memo			

×：立ち止まってみる。冷静に。気をつける。 ☯：強引にならない。闘わない。調和する。 ×↗：自分を変える。奉仕する。 ◇：少しずつ動く。もう一度チャレンジする。 ○：やってみる。人の縁を大切に。 ☆：レベルアップ。追い風に乗る。 ▼：無理しない。ゆっくりする。ケガや病気に注意。 ◎：挑戦する。自信を持つ。諦めない。 □：焦らない。可能性を探す。見直す。 ☆☆：感謝をする。幸せをいただく。ポジティブに。 >：ひとり占めしない。計画的に。

● 新月 ◐ 上弦 ○ 満月 ◑ 下弦

September

楽星の年

2022年9月

メンテナンス

沈星の月

今月は、新しいことにチャレンジするよりも、やり残していることに取り組むといい時期。
1人で抱え込まずに、たまには周囲に甘えることも必要です。

★1 自然にふれて癒される　★2 自分にご褒美をあげる　★3 デジタルデトックス

Mon.	Tue.	Wed.	Thu.	Fri.	Sat.	Sun.
			1 破 ↗ 夜更かし厳禁。しっかり眠って的確な判断を。	2 新 ✧ 部屋の掃除に適した日。空気の入れ替えで気分爽快。	3 探 一粒万倍日 □ 温泉やリラックスできる場所を訪れると良い日。	◐ 4 決 ☆ 自分のことよりも相手のためを考えると◎
5 沈 不成就日 ▼ 健診で健康状態をチェック。必要な治療は早めに。	6 天 ◎ 雑誌や口コミでいいリラックス法を発見できそう。	7 迷 △ 好きな人の行動を知りたくてもやり過ぎは×	8 再 ○ 行ってみたかった場所へ家族と行くとラッキー!	9 金 ☆☆ 予算不足の現実に直面。過ごし方に変化を。	○ 10 楽 > あきらめず頑張ったことが、思いのほか褒められそう。	11 崩 一粒万倍日 ✕ 気になっていても行けていなかった病院を予約。
12 零 ● 突然の仕事にパニック。落ち着いて対応を。	13 破 不成就日 ↗ 熱中しすぎには注意。周りを見て冷静に。	14 新 ✧ 遊びに夢中は×。やることをやったら連休の計画を。	15 探 □ 気になる人に誰かの影が。嫉妬は控えめに。	16 決 一粒万倍日 ☆ 人の助言に従って計画を立てるとうまく運びそう。	17 沈 ▼ 仲間と考えた作戦が失敗しそう。人を責めないで。	◑ 18 天 ◎ 自信がなければ協力を頼もう。不安も減るはず。
19 迷 △ 時間に余裕を持って行動を。遅刻やパニックを回避。	20 再 ○ 人づてに懐かしい話が聞ける日。初心を忘れずに。	21 金 不成就日 ☆☆ 休みが多い分、成果もイマイチ。努力しコツコツと。	22 楽 > 深刻な悩みは親しい人に相談。助言に気づきが。	23 崩 一粒万倍日 ✕ 備えあれば憂いなし。事前確認をするのが◎	24 零 ● 持病をケアしたい時。病院の予約と休暇を取ろう。	25 破 ↗ ライバル出現に焦るかも。明日から挽回を。
● 26 新 不成就日 ✧ 今日からの努力で、迷惑をかけてきた人に恩返しを。	27 探 □ 同じ目標を持つ人と、助けあっていい関係に。	28 決 一粒万倍日 ☆ 期待してOK。仕事も遊びも楽しめそう。	29 沈 ▼ 部屋で長時間PCとにらめっこは△。疲れ目にご用心。	30 天 ◎ 人とのふれあいを大切に。初対面でも笑顔がカギ!	Memo	

●新月 ◐上弦 ○満月 ◑下弦

✕:立ち止まってみる。冷静に。気をつける。●:人の話を聞く。謙虚に。大切なものを守る。↗:自分を変える。奉仕する。✧:少しずつ動く。もう一度チャレンジする。□:焦らない。可能性を探す。見直す。☆:自分を信じる。希望を持つ。▼:無理しない。ゆっくりする。ケガや病気に注意。◎:挑戦する。自信を持つ。諦めない。△:初心を忘れない。調子に乗らない。○:やってみる。人の縁を大切に。☆☆:レベルアップ。追い風に乗る。>:ひとり占めしない。計画的に。

October

楽星の年

2022年10月

努力が報われる

天星の月

大きな買い物や欲しかったものの購入をするといい時期。
あなたの頑張りが評価され、注目される出来事もありそうです。自信を持って行動してみて。

★1 人に無理に合わせない　★2 おしゃれを意識してみる　★3 自分の“好き”を増やす

Mon.	Tue.	Wed.	Thu.	Fri.	Sat.	Sun.
					1 迷 □ 気持ちが揺れそう。簡単に気を許さないで。	2 再 ◎ 信頼できる人に相談してみよう。心が晴れるはず!
3 金 ◐ ☆☆☆ 先月の課題がいち段落。自分にご褒美を。	4 楽 不成就日 > やってきたことをふり返り、足りないものを強化。	5 崩 一粒万倍日 × 用件を持ちかけられたらしっかり聞いて信頼度UP。	6 零 ☯ 「何でもいい」は相手が困る態度。しっかり判断。	7 破 ↗ 気になる人の行動にやきもきしても、あきらめないで。	8 新 一粒万倍日 ✧ 初めての場所でも行動範囲は広く。いい思い出に。	9 探 ○ 今後につながる出会いあり。まずは約束をとりつけて。
10 決 ○ ☆ 待ってばかりでなく、自分から仕掛けると◎	11 沈 一粒万倍日 ▼ 余裕を持った行動が今日の実りを多くしてくれそう。	12 天 不成就日 ◎ 周囲の褒め言葉を素直に受け止められないかも。	13 迷 □ パソコンを使う作業は、確認をしっかりしてみて。	14 再 ◎ 告白にいい返事をもらえなくても、再挑戦してOK。	15 金 ☆☆☆ 遊びよりやるべきことを優先。成果は上がります。	16 楽 > 親しい人と気になる店へGO。良い刺激になりそう。
17 崩 × 説明は丁寧に。誠心誠意相手に伝える努力を。	18 零 ◑ ☯ 深刻なメールは控えよう。相手も対応に困りそう。	19 破 ↗ 不毛な関係に終止符。友情を大切にしよう。	20 新 一粒万倍日 不成就日 ✧ 趣味や特技を伸ばそう。作品販売、大会出場も◎	21 探 ○ 来年から出費が増えそう。今から貯金を。	22 決 天赦日 ☆ 体の調子を整えて◎。些細な変化にも注目しよう。	23 沈 一粒万倍日 ▼ アドバイスを快く受け取ると、今後の糧に。
24 天 ◎ 良い変化あり。今日声をかけてくる人に注目を。	25 迷 ● □ 昨日のラッキーをつい自慢。注意されないように。	26 再 ◎ 今月の失敗を挽回するチャンス。自信を持って!	27 金 ☆☆☆ これまでを整理して、これからを考えよう。	28 楽 不成就日 > 疲れていても寝過ぎは×。規則正しい生活を。	29 崩 × 目標から脱線しないよう、強さを持って過ごそう。	30 零 ☯ 口数は少なめに。魅力的な話にも乗らないのが吉。
31 破 ↗ 喉が不調なら掃除を。ハウスダストの可能性も。	Memo					

×:立ち止まってみる。冷静に。気をつける。 ☯:強引にならない。闘わない。調和する。 ↗:自分を変える。奉仕する。 ✧:少しずつ動く。もう一度チャレンジする。 ○:やってみる。人の縁を大切に。 ☆:レベルアップ。追い風に乗る。 ▼:無理しない。ゆっくりする。ケガや病気に注意。 ◎:挑戦する。自信を持つ。諦めない。 □:焦らない。可能性を探す。見直す。 ☆☆☆:感謝をする。幸せをいただく。ポジティブに。 >:ひとり占めしない。計画的に。

● 新月 ◐ 上弦 ○ 満月 ◑ 下弦

November

楽星の年

2022年11月

誘惑が多い

迷星の月

今月は、自分の体のメンテナンスと美を高める行動をしてほしい時期。
あなたは、まだまだ美しく、カッコよくなれます。自分の可能性を広げてみて。

1 周りに感謝してみる　2 トレーニングを始める　3 自分の気持ちに素直に

✕：立ち止まってみる。冷静に。気をつける。●：人の話を聞く。謙虚に。大切なものを守る。⤯：自分を変える。奉仕する。✧：少しずつ動く。もう一度チャレンジする。□：焦らない。可能性を探す。見直す。☆：自分を信じる。希望を持つ。▼：無理しない。ゆっくりする。ケガや病気に注意。◎：挑戦する。自信を持つ。諦めない。△：初心を忘れない。調子に乗らない。○：やってみる。人の縁を大切に。☆☆：レベルアップ。追い風に乗る。＞：ひとり占めしない。計画的に。

Mon.	Tue.	Wed.	Thu.	Fri.	Sat.	Sun.
	1 新 ◐ 一粒万倍日 ✧ 人の意見より自分の勘を信じて。面白い発見も。	2 探 □ 気さくなところが長所だけど、誘いには慎重に。	3 決 ☆ 友人への接し方に注意。大切な人を思いやって。	4 沈 一粒万倍日 ▼ 楽しいお喋りもほどほどに。よく寝てパワーチャージ。	5 天 不成就日 ◎ 調子がよくても、人を見下すような態度は厳禁。	6 迷 △ 意見をすぐ変えないで。周りが困りそう。
7 再 天赦日 ○ 過去より未来へ進むことが開運へのカギ。	8 金 ○ ☆☆ 力を抜いて挑戦を。経験のあるジャンルが◎	9 楽 ＞ 周りと自分を比較せず、やるべきことを把握して。	10 崩 ✕ やりたくないことでも真面目に取り組んで。	11 零 ● 空返事は相手を不快に。会話に集中しよう。	12 破 ⤯ 必要な物が出せず焦る前に、カバンの中を整理。	13 新 不成就日 ✧ 今日はリラックスできる場所を探してのんびり。
14 探 □ 人に会う機会はあるけど外見で判断せず、内面も見て。	15 決 ☆ 予定通りにいかないなら、一旦現状を確認しよう。	16 沈 ◑ 一粒万倍日 ▼ 栄養バランスのよい食事で心も体も元気に。	17 天 一粒万倍日 ◎ 多忙だった人ほど、今日のイベントを楽しめそう。	18 迷 △ 今以上の理想を求めると、実を結ばないかも。	19 再 ○ 遊びのことばかり考えて、大事なことを忘れやすい日。	20 金 ☆☆ 自分への投資にお金を使い、ムダな出費は抑えて。
21 楽 不成就日 ＞ ミスを周囲がフォロー。しっかり反省とお礼を。	22 崩 ✕ アイデアはまだ公表しないで。真似されてしまうかも。	23 零 ● 忙しいのに雑用ばかり。計画性を大事にして。	24 破 ● ⤯ 作業が終わらずピンチ。正直に申告するのが◎	25 新 ✧ ギャンブルは避けるのが◎。一攫千金よりまじめに。	26 探 □ 新しく出会った人よりも、今まで縁がある人を大切に。	27 決 ☆ 来月の予定と目標を立てると迷いなく進めるはず。
28 沈 一粒万倍日 不成就日 ▼ 疲れをためないよう、慎重に行動をしよう。	29 天 一粒万倍日 ◎ 実は理想の人がすぐそばに。周囲をチェック。	30 迷 ◐ △ 冬休みのことで頭がいっぱい。ミスには注意を。	Memo			

● 新月　◐ 上弦　○ 満月　◑ 下弦

December

楽星の年

2022年12月

再挑戦できる

再星の月

今月は、あなたがやってきたすべてのことが結実する時期です。
やり残していることがあるなら、年内にすべて決め、来年に持ち越さないようにしてみて。

1 やる気スイッチを入れる　2 願いを口に出してみる　3 再挑戦してみる

Mon.	Tue.	Wed.	Thu.	Fri.	Sat.	Sun.
			1 再 ◎ 思いが遂げられる予感。願いは必ず叶います。	2 金 ☆☆ お気に入りの服でおでかけを。紫色が運気を高めます。	3 楽 ＞ 約束事の企画は今日中に進めて。明日以降はNG。	4 崩 × 想定外の展開が。できる限りサポートに回ろう。
5 零 ☯ 自信がないなら振り返って。同じミスをしてるかも。	6 破 不成就日 ♐ ネットの買い物は信頼できるお店にして。	7 新 ✧ 仕事もプライベートも、年末に向けて計画作りを。	8 探 ○ ○ 昔できなかったことやあきらめたことを思い出してみて。	9 決 ☆ 家族に目を向けて、問題がないか探ってみよう。	10 沈 ▼ 相手のペースに巻き込まれそう。困ったら相談を。	11 天 ◎ 嬉しいボーナスが入りそう。貯蓄するのが賢明です。
12 迷 一粒万倍日 □ 午前中にテキパキ動き、午後はゆっくり過ごすと◎	13 再 一粒万倍日 ◎ やりたいこと、楽しいことを考えポジティブでいれば吉。	14 金 不成就日 ☆☆ 重要な決断を迫られても、今日は避けるのが無難。	15 楽 ＞ ありがたみを感じる予感。人には感謝を。	16 崩 ◑ × 注意力が散漫に。気を引き締めて行動を。	17 零 ☯ こそこそしていると叱られるかも。嘘は厳禁。	18 破 ♐ トイレで携帯を見ると、うっかり落としてしまうかも!
19 新 ✧ イベントよりも仕事に集中しないと予定が狂いそう。	20 探 ○ 仕事とプライベートのけじめをつけよう。	21 決 ☆ 大切な人に気持ちを精一杯伝えると◎	22 沈 不成就日 ▼ 奮発するのはNG。リーズナブルに過ごそう。	23 天 ● ◎ 大切な人にささやかなプレゼントを贈ろう。	24 迷 一粒万倍日 □ 周りの話に耳を傾けると、さらにいい関係に。	25 再 一粒万倍日 ◎ 今日に集中しよう。サプライズがあるかも♡
26 金 ☆☆ 大売り出しの文字に引き寄せられそう。本当に必要?	27 楽 ＞ 思いが伝わり、気になる人と幸せになれる予感。	28 崩 不成就日 × 大切な人と一緒にいたいからと無理を言うのは×	29 零 ☯ お土産購入などで出費。笑顔のためならOK。	30 破 ◐ ♐ 部屋の掃除は今日しよう。電源コードに注意。	31 新 ✧ 年末の買い出しで掘り出しものをゲット!	

● 新月　◐ 上弦　○ 満月　◑ 下弦

×：立ち止まってみる。冷静に。気をつける。 ☯：強引にならない。闘わない。調和する。 ♐：自分を変える。奉仕する。 ✧：少しずつ動く。もう一度チャレンジする。 ○：やってみる。人の縁を大切に。 ☆：レベルアップ。追い風に乗る。 ▼：無理しない。ゆっくりする。ケガや病気に注意。 ◎：挑戦する。自信を持つ。諦めない。 □：焦らない。可能性を探す。見直す。 ☆☆：感謝をする。幸せをいただく。ポジティブに。 ＞：ひとり占めしない。計画的に。

星藤

白

金星

〝経済的に恵まれる年〞

総合運

2022年は「金星」の年。やりたいことを絞ることでさらに上昇していく時期です。信用も金運もUPし、余裕が生まれやる気も高まるでしょう。高い目標を設定し自分のランクUPも目指してみて。3月までは順調で、いい評価が期待できます。4~6月は疲れが出やすいとき。早めに病院に行ったり、自分のメンテナンスを心掛けてみましょう。7~9月は自然体で実力を発揮できます。大切な人たちとの関係を深めましょう。

恋愛運

恋愛よりも仕事が順調な年。今年は全力で実績UPに努めましょう。仕事や経済のゆとりが魅力になり、注目されます。夏ごろは食事やデートの誘いが増え、経済力のある相手と縁がありそうです。カップルは4~6月にケンカの予感。価値観のズレがあっても、急いで結論を出さないで、きちんとよく話し合いましょう。ゴールインに適した年なので、収入面で安心できるようなら、結婚に向けて努力を。お見合いや紹介にも良い縁があるかもしれません。

仕事・金運

好きな仕事で収入も信用もUPし、好調な年になりそう。満足な結果を得られないようなら、早めに振り返って原因を探りましょう。再起するチャンスはやってきます。信頼関係を大切にし、バランス感覚を磨いて。10月、12月は注意力が散漫になり怪我やトラブルを起こしやすいかも。評判を落とさないよう注意を。収入が安定することで気が大きくなりますが、セールスや勧誘にのらないようにしましょう。余分な現金は持たないほうが安心です。

星藤・白

・変化がある
・力を発揮できる
・夢が膨らむ
・天から光を受ける

・誘惑が多い
・調子に乗りがち
・足腰を温める
・決断はNG

・再生、再会、再挑戦
・縁ある人と再会
・チャンス到来
・縁のある人が集まる
・経験が活かせる時

・自信を持って行動
・プチセレブ感
・注目が高まる
・引きが強い時

・楽しんでみる
・穏やかな雰囲気
・振り返ってみる
・最後の決断

・運気が低迷
・健康運に影が
・頑固はNG
・流れに身を委ねる

・全てを受け入れてみる
・謙虚さを大事に
・決めつけない
・じっくり煮詰める

2021年 11月 12月
2022年 1月 2月 3月 4月 5月

2022年運気の流れ

6月
・リセットの時期
・判断ミス
・縁が切れる
・爆発しやすい

7月
・新スタート
・新発見
・チャレンジする
・直感が戻る

8月
・物事を見直す
・体調を崩しやすい
・準備の時期
・少し休憩

9月
・決断する
・直感に従う
・人生が変わる
・軸を定める

10月
・体調管理を第一に
・無理はしない
・メンタルダウンに注意
・癒しを大切にする

11月
・変化がある
・力を発揮できる
・夢が膨らむ
・天から光を受ける

12月
・誘惑が多い
・調子に乗りがち
・足腰を温める
・決断はNG

星藤・白 運気カレンダー

Fortune Calendar

運気カレンダーの見かた

運気カレンダーでは、あなたの毎月の運気と
日々の運気の流れを知ることができます。

運気が停滞しやすい日、判断ミスを起こしやすい日
直感が働く日、物事を決定するのに適した日など
それぞれの運気に合わせたマークが、カレンダーに書かれているので
毎日の過ごしかたの参考にしてください。
カレンダーのグレーは影の時期。運気がやや低迷します。

また、「天赦日」「一粒万倍日」は暦の上での吉日なので、行動を起こすのにいい日です。
逆に「不成就日」は暦の上では願いごとが叶いにくい日なので、穏やかに過ごすのがおすすめです。

吉日と不成就日が重なる場合には、あまり新しい行動は起こさない方がベター。

毎月のお言葉と、挑戦してほしい３つの行動もお伝えしているので、
ぜひ指針にしてみてくださいね。

天星記号のキーワード

- × 立ち止まってみる。冷静に。気をつける。
- ● 人の話を聞く。謙虚に。大切なものを守る。
- ⤫ 自分を変える。奉仕する。
- ✧ 少しずつ動く。もう一度チャレンジする。
- □ 焦らない。可能性を探す。見直す。
- ☆ 自分を信じる。邪気を払う。希望を持つ。
- ▼ 無理しない。ゆっくりする。ケガや病気に注意。
- ◎ 挑戦する。自信を持つ。諦めない。
- △ 初心を忘れない。調子に乗らない。
- ○ やってみる。進む。人の縁を大切に。
- ☆ レベルアップ。追い風に乗る。チャンスあり。
- ＞ ひとり占めしない。先を考えてみる。計画的に。
- ☆☆ 感謝をする。幸せをいただく。ポジティブに。
- ⨯ 要注意。決断しない。ワガママ禁止。
- ▲ 一度冷静に。心を穏やかに。飛びつかない。
- ☯ 強引にならない。闘わない。調和する。

December

再星の年

2021年12月

誘惑が多い

迷星の月

ノリや勢いでの即断即決は控えめにするとよい時期です。
すぐに行動に移すより考えてから進めましょう。周りに振り回されず、自分のケアを第一に。

1 大掃除の予定を立てる　2 今月読む本を決める　3 マナーやルールを大事に

Mon.	Tue.	Wed.	Thu.	Fri.	Sat.	Sun.
		1 新 ✧ ネガティブにならなくてOK。たまには発散も。	2 探 不成就日 □ 変化を求めても、積極的に動くのには向かない日。	3 決 一粒万倍日 ☆ いつもと違う自分をアピール。イメチェンに吉あり。	● 4 沈 一粒万倍日 ▼ 周囲の心遣いがうれしい日。好意を受け取って。	5 天 ◎ 季節を感じる食べ物で、パワーチャージすると◎
6 迷 △ 声をかけられるけど、調子に乗らないように。	7 再 ○ 同じ失敗を繰り返す予感。気合を入れよう。	8 金 不成就日 ☆☆ 欲しいものがたくさん。でもそれは本当に必要?	9 楽 ＞ 笑顔でいれば柔らかい印象を演出できて好感度UP。	10 崩 × 誰かに癒されたくても簡単に気を許すのはNG。	◐ 11 零 ● 適当にものごとを決めないで。欲張るのもNG。	12 破 ↗ 先のないものは諦めよう。大きな進展はなさそう。
13 新 ✧ やりたいことをやって、行きたいところへ行ってOK!	14 探 □ 人見知りでも今日は楽しく会話を楽しめそう。	15 決 ☆ 大切なものを守ろう。軽い気持ちが予想外の展開に。	16 沈 不成就日 ▼ アプローチや告白がうまくいかなくて意気消沈。	17 天 一粒万倍日 ◎ 作業が片付いて一息つける余裕ができそう。	18 迷 一粒万倍日 △ 集中力を欠かさずに。忘れ物などのトラブルを回避。	○ 19 再 ○ 過去にこだわって同じ内容を問いただすのはNG。
20 金 ☆☆ 普段の作業も用心深く。ミスが発覚するかも。	21 楽 ＞ 趣味に熱中! 熱い思いも言葉で伝えよう。	22 崩 × おしゃれを楽しんで、新しい自分を発見しよう。	23 零 ● 情報に振り回されず目で見たものを信じてみると吉。	24 破 不成就日 ↗ 肌の露出や派手な色は、周囲から冷たい視線が。	25 新 ✧ 来年の課題は計画的に進めよう。優先順位を。	26 探 □ 常に一歩引きがちだけど、近づく努力も必要。
◑ 27 決 ☆ 適当な返事は誤解を招くかも。返答は明確に。	28 沈 ▼ 体調が悪いなら、軽く見ずに病院へ。	29 天 一粒万倍日 ◎ 趣味や特技に注目が。多趣味であることが話題に。	30 迷 一粒万倍日 △ 中途半端な状態に。悪く言われないよう考えて。	31 再 ○ 今年を振り返って、足りない部分を見つけよう。	Memo	

●新月 ◐上弦 ○満月 ◑下弦

×：立ち止まってみる。冷静に。気をつける。●：人の話を聞く。謙虚に。大切なものを守る。↗：自分を変える。奉仕する。✧：少しずつ動く。もう一度チャレンジする。△：初心を忘れない。調子に乗らない。□：焦らない。可能性を探す。見直す。☆：自分を信じる。希望を持つ。▼：無理しない。ゆっくりする。ケガや病気に注意。◎：挑戦する。自信を持つ。諦めない。○：やってみる。人の縁を大切に。☆☆：レベルアップ。追い風に乗る。＞：ひとり占めしない。計画的に。

January

金星の年

2022年1月

再挑戦できる

再星の月

運命が好転する時期。近い将来の具体的なイメージを描くと実行できます。
将来のヒントとなる話を人から聞けることも。やるべきことをやり切って。

★1 今年叶えたいことを書く　★2 氏神様にご挨拶をする　★3 玄関はきれいにしておく

Mon.	Tue.	Wed.	Thu.	Fri.	Sat.	Sun.
					1 金 不成就日 ☆ 新年から運の良さを実感。夢に近づけそう。	2 楽 ＞ お誘いにツキあり。良い変化がありそうです。
3 崩 ● × 新年早々面倒が。流れに身を任せたほうが良い日。	4 零 ☯ 自分の考えをしっかり伝えることを心がけると回避。	5 破 ↗ 同じ失敗を繰り返す事態に。勢いだけの判断は×	6 新 ✧ 人との交流が吉。うっかり見落としたメールに返信を。	7 探 ○ 自分のための出費はプラスに。有り難く使って。	8 決 不成就日 ☆ 遠くへ行きたくなるけれど、今日はじっとガマン。	9 沈 ▼ 無理はせず体調を整えたい日。メンテナンスを。
10 天 ◐ ◎ 喜びが入りやすい日。物事に本気で取り組もう。	11 迷 天赦日 一粒万倍日 □ 人の噂や秘密は言わない、聞かないが吉。	12 再 ◎ 事の重要性を再確認。方向を見直すきっかけに。	13 金 ☆ 衝動買いの予感。安いものより本物を選ぶと吉。	14 楽 一粒万倍日 ＞ 悩んだことも、振り返れば思い出に。データの整理を。	15 崩 × 判断力が鈍りそう。メモをとってミスを回避。	16 零 不成就日 ☯ 支払いは早めに。お金を持ち歩くと散財しそう。
17 破 ↗ 使用せず放置していたものは、潔く捨てよう。	18 新 ○ ✧ お世話になった人と交流を。助言をもらえそう。	19 探 ○ 仲間とお金の話をしてみると、いい情報が入るかも。	20 決 ☆ 先延ばしにしていたことを、今こそ決断したい日。	21 沈 ▼ ミスや間違いが入りやすい日。落ち着いて行動を。	22 天 ◎ 諦めていたことに光が。喜びは誰かとシェアを。	23 迷 一粒万倍日 □ 懐かしい人から連絡が。現状報告すると◎
24 再 不成就日 ◎ 過去の話に驚きの事実を発見しそう。	25 金 ◑ ☆ チャンスが舞い込むけど、新しいものには注意。	26 楽 一粒万倍日 ＞ 誘いには乗ろう。話を聞けばアイデアが閃きそう。	27 崩 × ストップがかかりそう。周りのアドバイスを聞いて。	28 零 ☯ 知人にばったり会って、急接近。冷静に。	29 破 ↗ 臨時収入の予感。今日は不調でも明日から上向き。	30 新 ✧ 素敵な出会いが待っている予感。笑顔を忘れずに!
31 探 ○ あなたのパフォーマンスで、周りを楽しませて。	Memo					

●新月 ◐上弦 ○満月 ◑下弦

×:立ち止まってみる。冷静に。気をつける。☯:強引にならない。闘わない。調和する。↗:自分を変える。奉仕する。✧:少しずつ動く。もう一度チャレンジする。○:やってみる。人の縁を大切に。☆:レベルアップ。追い風に乗る。▼:無理しない。ゆっくりする。ケガや病気に注意。◎:挑戦する。自信を持つ。諦めない。□:焦らない。可能性を探す。見直す。☆:感謝をする。幸せをいただく。ポジティブに。＞:ひとり占めしない。計画的に。

February

金星の年

2022年2月

注目が高まる

金星の月

今月はたとえ自信が持てなくても、幸運の光が舞い降りています。
チャレンジ精神を高め、今までやってきたことの集大成、という気持ちで行動してみて。

1 自分へのご褒美を用意　2 きつい口調に気をつける　3 常に感謝の気持ちを表す

Mon.	Tue.	Wed.	Thu.	Fri.	Sat.	Sun.
	1 決 ● ☆☆ あなたの力が必要とされそう。覚悟を決めて挑戦を。	2 沈 ▼ 甘やかさないで、今は自分がやるべきことに集中!	3 天 不成就日 ◎ 今後のことについて、ゆっくり話し合うのが良さそう。	4 迷 □ 甘いものが欲しくても我慢。買い物は明日以降に。	5 再 一粒万倍日 ◎ もう一度会いたい人の名を口に出すと引き寄せられそう。	6 金 ☆☆☆ あるだけ浪費しそう。財布の中は必要な分だけに。
7 楽 ＞ 次々に疑問が。誰かを頼るとヒントを得て目標に。	8 崩 ◐ ✕ 忘れていた支払いはない？ 慌てないようメモを。	9 零 ☯ トラブルが多発しそうな日。しっかりと反省を。	10 破 一粒万倍日 ↗✕ 近況報告が自慢にならぬよう注意。おごる流れに。	11 新 不成就日 ✧ 派手に動いたり新しいことは控えると吉。	12 探 ○ 贈り物で人とつながる日。人と会話して新発見。	13 決 ☆☆ 言いたいことを口に出したら、案外スムーズに。
14 沈 ▼ 疲れがドッとでる予感。無理せずケガを回避して。	15 天 ◎ 周囲を牽引すると事は順調に。アクティブに動こう。	16 迷 □ 決断を迫られる日。思いきれないときは保留に。	17 再 ○ 一粒万倍日 ◎ 懐かしい人と再会したら、恋に発展する予感!	18 金 ☆☆☆ 交際費がかさんでも楽しい時間に満足できるはず。	19 楽 不成就日 ＞ 話が盛り上がっても、交流を深めすぎないように注意。	20 崩 ✕ 同情から自分が苦境に。無理なものは潔く断ろう。
21 零 ☯ トラブル多発でも、こんな日もあるさ、と受け止めて。	22 破 一粒万倍日 ↗✕ 運転を慎重にすることで、運気を上向きにできそう。	23 新 ✧ イベントを考えているなら、ロマンチックな演出を。	24 探 ◑ ○ 家族の話が出たら理想を説明。嬉しいサプライズが!	25 決 ☆☆ 昨日聞き流した話を再考して。今日の決断は大事。	26 沈 ▼ 環境が変わることになるかも。まず疲れをとって。	27 天 不成就日 ◎ イベントに熱意を燃やすのは今はストップ。
28 迷 □ 忠告を聞かないのは×。自分の勘より周囲を信じて。	Memo					

● 新月　◐ 上弦　○ 満月　◑ 下弦

✕：立ち止まってみる。冷静に。気をつける。 ☯：強引にならない。闘わない。調和する。 ↗✕：自分を変える。奉仕する。 ✧：少しずつ動く。もう一度チャレンジする。 ○：やってみる。人の縁を大切に。 ☆☆：レベルアップ。追い風に乗る。 ▼：無理しない。ゆっくりする。ケガや病気に注意。 ◎：挑戦する。自信を持つ。諦めない。 □：焦らない。可能性を探す。見直す。 ☆☆☆：感謝をする。幸せをいただく。ポジティブに。 ＞：ひとり占めしない。計画的に。

March

金星の年

2022年3月

振り返ってみる

楽星の月

注目を集めやすい時期。メイクや身だしなみには気を配って、自分の美を高めることに力を入れてみましょう。
自分のお守りになるアイテムを身に着けて。

1 楽しめる仲間と過ごす　2 人の話をよく聞く　3 ポジティブな思いを書く

Mon.	Tue.	Wed.	Thu.	Fri.	Sat.	Sun.
	1 再 一粒万倍日 ○ やるべきことを進めていこう。順調に片付きそう。	2 金 ☆☆ 頑張るほどに成果が出そう。妥協しないで。	3 楽 ● ＞ これまでやってきたことを親しい人に披露してみて。	4 崩 不成就日 × 一旦停止。信頼する人のアドバイスが吉。	5 零 ● 終わったことは引きずらない。切り替えが必要。	6 破 ×↗ 悩んでいるなら問題を来月まで持ち越さないように。
7 新 ✧ 新プロジェクトが舞い込んだら計画を練っておこう。	8 探 □ 仲間と協力して進めよう。聞き役に回ると吉。	9 決 一粒万倍日 ☆ ステップアップの機会をもらえそう。感謝を伝えて。	10 沈 ◐ ▼ コミュニケーションにズレが。深く考えないように。	11 天 ◎ 感激する出来事がありそう。人と絆が深まる日。	12 迷 不成就日 △ 難しい選択を迫られそう。決められないなら後回し。	13 再 ○ お世話になった人には今月中に直接御礼を。
14 金 一粒万倍日 ☆☆ 目新しいものには深入りせず、先のことを考えよう。	15 楽 ＞ 楽しい予定を立てると、周囲も盛り上がりそう。	16 崩 × 無理に手を貸しても、きちんと対処できなそう。	17 零 ● ぼーっとしがち。集中しないと失敗するかも。	18 破 ○ ×↗ 嫌な気分なら、親しい人と汗をかいて発散を。	19 新 ✧ 今日を楽しんで。誰かと出かければリフレッシュ。	20 探 不成就日 □ 交友範囲が広がっても、出会いに期待しないで。
21 決 一粒万倍日 ☆ あなたのアイデアが形になって実現する可能性大！	22 沈 ▼ 急な風当たりの強さに疲れ気味。体を優先しよう。	23 天 ◎ 嬉しいハプニングが。思いが相手に伝わる可能性も。	24 迷 △ 傲慢な態度は×。好調な時こそ感謝の心を忘れずに。	25 再 ◑ ○ 恒例イベントでのあなたの気配りが評価されそう。	26 金 天赦日 一粒万倍日 ☆☆ 環境が変わるなら挨拶回りを計画。ケジメをつけて。	27 楽 ＞ 新たにトライする前に、注意点を見つめ直そう。
28 崩 不成就日 × 新しい分野を任されて不安になりそう。	29 零 ● 人より自分を優先。愚痴ばかりはNG。	30 破 ×↗ 1つのことに集中して話を聞き逃さないよう注意。	31 新 ✧ 何かと腰が重い日。信頼UPのために本気で。	Memo		

●新月 ◐上弦 ○満月 ◑下弦

×：立ち止まってみる。冷静に。気をつける。●：人の話を聞く。謙虚に。大切なものを守る。×↗：自分を変える。奉仕する。✧：少しずつ動く。もう一度チャレンジする。□：焦らない。可能性を探す。見直す。☆：自分を信じる。希望を持つ。▼：無理しない。ゆっくりする。ケガや病気に注意。◎：挑戦する。自信を持つ。諦めない。△：初心を忘れない。調子に乗らない。○：やってみる。人の縁を大切に。☆☆：レベルアップ。追い風に乗る。＞：ひとり占めしない。計画的に。

April

金星の年

2022年4月

運気が低迷

崩星の月

今月は愚痴や批判は封印して、喜ばしいもの、幸せなもの、楽しいことで心を満たしましょう。
疲れたら、あえて何もしないようにするとデトックスに。

★1 1人の時間を作る　★2 開運アイテムを持つ　★3 無理に頑張らない

Mon.	Tue.	Wed.	Thu.	Fri.	Sat.	Sun.
				1 探 ● 不成就日 □ 人前では話し方に注意。相手の話も聞いて。	2 決 一粒万倍日 ☆ イベントにはシックな装いが◎。TPOをわきまえて。	3 沈 ▼ 考え方が違うなら無理に理解を求めない方がベター。
4 天 ◎ 頼れる人に悩みを打ち明けて。気が楽になるはず。	5 迷 一粒万倍日 △ 自分のことは自分でやる気持ちが運気を上げそう。	6 再 ○ 辛いときこそ、弱い自分を克服するチャンス。	7 金 ☆☆ イベントでは主張は控えめに。盛り上げ役に徹して。	8 楽 一粒万倍日 > 人が羨ましく見えても大丈夫。自分らしさが一番。	9 崩 ◐ 不成就日 × 折り返しの連絡を忘れそう。何ごとも即対応が◎	10 零 ● 気になる人に振り回されても、問い詰めずスルー。
11 破 ×↗ ケンカになっても逆上せず、冷静に思いを伝えて。	12 新 ✧ 理想と現実の差に悩みそう。でも自分を見つめて。	13 探 □ 取引先から提案が。判断に迷うなら上司に相談。	14 決 ☆ 口頭で情報を伝えるだけだと軽く受け流されそう。	15 沈 ▼ 愚痴を控えよう。楽しく過ごせるムード作りを。	16 天 ◎ 人のために奉仕するといい日。苦手な人ほど仲良く。	17 迷 ○ 一粒万倍日 不成就日 △ アプローチされても、気乗りしないなら断って良し。
18 再 ○ 電話でもメールでも、家族との会話を大切に。	19 金 ☆☆ 今日は食品売り場を避けて。山ほど買ってしまいそう。	20 楽 一粒万倍日 > 指示には即座に行動。素直でいることも大切。	21 崩 × 知らない話があって驚くかも。深く考えないで。	22 零 ● 不快に思うことを、人にしないように注意して。	23 破 ◑ ×↗ 今日は時間を気にせず、やるべきことをやろう。	24 新 ✧ 情報を集めて、実力UPにつとめよう。
25 探 不成就日 □ 交流は多いけど人間関係は深まらない。次に期待。	26 決 ☆ 噂話は考えもの。相手との信頼関係は大丈夫?	27 沈 ▼ 強引に愛情を求めるのは×。好きでいれば問題ナシ。	28 天 ◎ 余裕を持つのは大事。周囲と足並みを揃えよう。	29 迷 一粒万倍日 △ 今日の買い物は、カードではなく現金払いが◎	30 再 ○ 昔のことよりも、新しい思い出作りを大事に。	

●新月 ◐上弦 ○満月 ◑下弦

×：立ち止まってみる。冷静に。気をつける。●：人の話を聞く。謙虚に。大切なものを守る。×↗：自分を変える。奉仕する。✧：少しずつ動く。もう一度チャレンジする。□：焦らない。可能性を探す。見直す。☆：自分を信じる。希望を持つ。▼：無理しない。ゆっくりする。ケガや病気に注意。◎：挑戦する。自信を持つ。諦めない。△：初心を忘れない。調子に乗らない。○：やってみる。人の縁を大切に。☆☆：レベルアップ。追い風に乗る。>：ひとり占めしない。計画的に。

May

金星の年

2022年5月

謙虚さが大事

零星の月

自分のテンションが低いと実感したなら、目標へのハードルを上げすぎている可能性が。
今月は、人付き合いはほどほどにして、休養をとるのがおすすめ。

★1 周りの意見を聞く　★2 良い香りを取り入れる　★3 1日1回自分を褒める

Mon.	Tue.	Wed.	Thu.	Fri.	Sat.	Sun.
						● 1 金 ☆☆ 財布の中がレシートだらけなら浪費気味。節約を!
2 楽 一粒万倍日 > 遠くの場所よりも近くにラッキーがありそう。	3 崩 × 落ち込んだら鏡で顔を見てみよう。前を向けるはず。	4 零 不成就日 ● 忘れものや失くしものに注意。見直して確認。	5 破 ↗× 話を受け流すのは×。相手との関係性に配慮を。	6 新 ✧ 夢を語る人に夢中に。距離はゆっくり縮めていこう。	7 探 □ 自分と真逆の人と出会う予感。今後、頼れるかも。	8 決 ☆ 決断を求められても、冷静に対応しよう。
◐ 9 沈 ▼ 人にいい顔しないように。気を持たせるのもNG。	10 天 ◎ 人前に立つのが苦にならない日。自然体でいると◎	11 迷 △ 仕事が疎かに。悩んだときはきちんと相談を。	12 再 不成就日 ○ 周りの不満を抱えそうな日。優しく受け止めて。	13 金 ☆☆ カードの請求額に驚愕!? こまめに明細の確認を。	14 楽 一粒万倍日 > 褒められて自信がつきそう。周りにも感謝を。	15 崩 一粒万倍日 × 無責任な行動にイライラ。理由を考えるとよさそう。
○ 16 零 ● 感情を制御できなそう。下手に関わらないように。	17 破 ↗× 悩み疲れたら忘れよう。次の展開を夢見た方が◎	18 新 ✧ 思い込みで予想外の結果に。人の話に耳を傾けて。	19 探 □ 上司、先輩の助言で鬱屈を脱出。新事業も舞い込む。	20 決 不成就日 ☆ 外で動きたくなっても、今日は家事や掃除に集中。	21 沈 ▼ 相手を思ってやったことが裏目に。ゴリ押しは×	22 天 ◎ 思いやりの行動を。優しさが相手を勇気づける日。
◑ 23 迷 △ 聞いた話を人に伝えるのは、事実を確認してから。	24 再 ○ 今のあなたは確実に成長中! 迷わず前進しよう。	25 金 ☆☆ 探しもので時間がムダに。整理整頓を習慣にして。	26 楽 一粒万倍日 > 今月の自分を見つめ直し、欠点克服に努めると◎	27 崩 一粒万倍日 × 今の方向性に迷いが生じても、自分を信じてOK。	28 零 不成就日 ● 人に振り回されやすい日。何もしないほうが良さそう。	29 破 ↗× 去っていくものには執着せず、否定もしないで。
● 30 新 ✧ 元気を取り戻せそう。変化を敏感に察知して。	31 探 □ いいことがないと思うなら、身の回りの整理を。	Memo				

●新月 ◐上弦 ○満月 ◑下弦

×:立ち止まってみる。冷静に。気をつける。 ●:人の話を聞く。謙虚に。大切なものを守る。 ↗×:自分を変える。奉仕する。 ✧:少しずつ動く。もう一度チャレンジする。 □:焦らない。可能性を探す。見直す。 ☆:自分を信じる。希望を持つ。 ▼:無理しない。ゆっくりする。ケガや病気に注意。 ◎:挑戦する。自信を持つ。諦めない。 △:初心を忘れない。調子に乗らない。 ○:やってみる。人の縁を大切に。 ☆☆:レベルアップ。追い風に乗る。 >:ひとり占めしない。計画的に。

June

金星の年

2022年6月

殻を破る

破星の月

自分の苦手な分野に向き合い強化するといい時期。できないと決めつけずやってみましょう。
人のアドバイスを聞き、自分にない発想を取り入れ学びを深めましょう。

1 相手の良いところを探す　2 好きな音楽を聞く　3 データのバックアップを

Mon.	Tue.	Wed.	Thu.	Fri.	Sat.	Sun.
		1 決 ☆ ガマンが限界に。決断したら実行すると進展アリ。	2 沈 ▼ 気持ちが落ち込みがち。噂話はスルーしよう。	3 天 不成就日 ◎ 心配事が解消。人への自分の態度を反省する機会も。	4 迷 △ 許そうと思っても許せないことが。気持ちの整理を。	5 再 ○ 同じミスの繰り返しに用心。注意点を再確認しよう。
6 金 ☆☆ 周りを羨むより、自分の力不足な部分を探すと吉。	7 楽 ◐ ＞ 元気が出たら、周りの人にお礼と近況報告を。	8 崩 × 長い付き合いの人が予想外の発言。真意を確かめて。	9 零 一粒万倍日 ● 目上の人の指摘は自分を成長させる好機と考えて。	10 破 天赦日 一粒万倍日 ×↗ 軽はずみな言動に注意。思いやりを持って行動を。	11 新 不成就日 ✧ 自分と真逆のタイプの人に出会うかも。	12 探 □ 興味のあるイベントに参加すれば、元気が回復!
13 決 ☆ 管理できなくなる前に、やるべきことを絞ろう。	14 沈 ○ ▼ 疲れているなら、しっかり休憩をとるのも大事。	15 天 ◎ 自分らしさを取り戻し、目指す方向性が定まりそう。	16 迷 △ 視野が狭まる日。考え事をしながらの運転は危険。	17 再 ○ 結果が不満なら、趣味や特技を活かすのも手かも。	18 金 ☆☆ マンネリ脱却に、打ち込めるものに投資してみては。	19 楽 不成就日 ＞ 励ましてくれた仲間に元気な姿を見せてみて。
20 崩 × 今は自分に直接関わるものだけに集中しておこう。	21 零 ◑ 一粒万倍日 ● 悩みがちっぽけに感じられるいいニュースが。	22 破 一粒万倍日 ×↗ 突然、役割が交代。指導力を発揮して信頼UP!	23 新 ✧ 配置転換の予感。責任ある仕事は早めに慣れて。	24 探 □ 知人の意見や助言を参考に。初耳の話はメモ。	25 決 ☆ 意気込みが大事! 意欲的にやるべきことに集中を。	26 沈 ▼ 薬に頼る痛みや辛い状態が続くなら、迷わず病院へ。
27 天 不成就日 ◎ 忙しく動き回りたくても、今日はゆっくり過ごそう。	28 迷 △ やりたいことを実行するのは、よく見極めてから。	29 再 ● ○ 吹っ切れないなら過去を省みて。同じ失敗を回避。	30 金 ☆☆ 新しい案が必要ならヒントがありそうな場所へGO!	Memo		

● 新月 ◐ 上弦 ○ 満月 ◑ 下弦

×：立ち止まってみる。冷静に。気をつける。 ●：人の話を聞く。謙虚に。大切なものを守る。 ×↗：自分を変える。奉仕する。 ✧：少しずつ動く。もう一度チャレンジする。
□：焦らない。可能性を探す。見直す。 ☆：自分を信じる。希望を持つ。 ▼：無理しない。ゆっくりする。ケガや病気に注意。 ◎：挑戦する。自信を持つ。諦めない。 △：初心を忘れない。調子に乗らない。 ○：やってみる。人の縁を大切に。 ☆☆：レベルアップ。追い風に乗る。 ＞：ひとり占めしない。計画的に。

July

金星の年

2022年7月

新スタート

新星の月

心が解放され、追い風に吹かれます。人とのつながりを感じ、人を癒すことが自分のエネルギーに。
変化を怖がらずに行動的になれば飛躍のチャンス。

1 友人からの誘いに乗る　2 新しい縁を大切にする　3 色々な情報を収集する

Mon.	Tue.	Wed.	Thu.	Fri.	Sat.	Sun.
				1 楽 ＞ 他の意見も取り入れよう。考えを客観視できるはず。	2 崩 × 新しいスタートの前に、残りの問題を解決しよう。	3 零 一粒万倍日 ● 10分前行動を。責任を持った発言が◎
4 破 一粒万倍日 不成就日 ↗ 好機を活かすなら、腐れ縁を切って心の整理を。	5 新 ✧ 仕事も出会いも受け入れて。積極的な行動も◎	6 探 □ 運を掴みたいなら待つだけじゃ×。進んで行動を。	7 決 ◐ 一粒万倍日 ☆ いい情報をゲット！ 実行したら結果も早く出そう。	8 沈 ▼ お誘いに気分が乗らなそう。クーラー風邪に用心。	9 天 ◎ 周囲への気遣いが評価されて、自分の糧になりそう。	10 迷 △ 張り切り過ぎずに無難に過ごそう。遠出は×
11 再 ○ よく行く場所で新しい出会いの予感。笑顔がカギ。	12 金 不成就日 ✩☆ 告白したい気持ちになっても、今はまだガマン。	13 楽 ＞ 仲間と今後の課題を話すと好奇心を刺激されそう。	14 崩 ○ × 張り切りたいけどパワー不足みたい。休憩しよう。	15 零 ● 可能性を広げたいなら多種多様な声を聞くと◎	16 破 一粒万倍日 ↗ テーマパークよりもスポーツ観戦や運動を。	17 新 ✧ 刺激的な場所に惹かれそう。足を運んでOK。
18 探 □ 自分ができることを積極的にやっていくと◎	19 決 一粒万倍日 ☆ 興味が湧くものに巡り合えそう。挑戦してみて。	20 沈 ◑ 不成就日 ▼ 気持ちの調整が難しそうな日。休養が必要かも。	21 天 ◎ 好きな人からお誘いが。緊張で余裕がなくなりそう。	22 迷 △ 意欲がダウン。ミスをしないように気をつけて。	23 再 ○ 食わず嫌いを克服できそう。意外な発見が!?	24 金 ✩☆ 興味深い話が舞い込むかも。案を考えてみよう。
25 楽 ＞ 安心することがありそう。人との関わりに感謝を。	26 崩 × 聞いた話は自分で留めて。まだ不確定なことかも。	27 零 ● 遊びより自分の学びに力を入れたい日。	28 破 一粒万倍日 不成就日 ↗ 来月から新たな環境なら、お世話になった挨拶を。	29 新 ● ✧ 新しいことが始まりそう。人見知りは卒業しよう。	30 探 □ 今までと違う展開が起こる予感。期待して◎	31 決 一粒万倍日 不成就日 ☆ 考えるだけでなく実行しよう。判断もスムーズに。

●新月 ◐上弦 ○満月 ◑下弦

×：立ち止まってみる。冷静に。気をつける。 ●：人の話を聞く。謙虚に。大切なものを守る。 ↗：自分を変える。奉仕する。 ✧：少しずつ動く。もう一度チャレンジする。
□：焦らない。可能性を探す。見直す。 ☆：自分を信じる。希望を持つ。 ▼：無理しない。ゆっくりする。ケガや病気に注意。 ◎：挑戦する。自信を持つ。諦めない。 △：初心を忘れない。調子に乗らない。 ○：やってみる。人の縁を大切に。 ✩☆：レベルアップ。追い風に乗る。 ＞：ひとり占めしない。計画的に。

August

金星の年

2022年8月

物事を見直す

探星の月

今月は、頑張り過ぎずに甘えることも必要です。1人で無理をして頑張れば頑張るほど孤立する可能性が。支え合う気持ちを大切にしてみて。

1 睡眠時間をしっかり確保　2 信じる気持ちを大切に　3 体を動かすことを意識

Mon.	Tue.	Wed.	Thu.	Fri.	Sat.	Sun.
1 沈 ▼ ライバルが一歩リード。別のアイデアで挑戦を。	2 天 ◎ 頼りにされても、ミスを指摘する際はこっそりと。	3 迷 △ 「誰でもいい」は×。同じ目標を持つ人を探そう。	4 再 ○ 不安を感じるなら、経験者の話を聞くとGOOD。	◐ 5 金 ☆☆ セミナーや習い事を通して、成長が期待できそう。	6 楽 ＞ 仲間と協力しあい同じ気持ちでいると、よい結果に。	7 崩 × 面倒を押し付ける人に怒りが。気にしないこと!
8 零 不成就日 ● 恋人とすれ違い。ワガママを通してないか内省を。	9 破 ↗ 計画通りに進まない日。臨機応変な行動で対処。	10 新 一粒万倍日 ✧ 良い行いが倍増する日。大切な人と過ごして。	11 探 □ 久しぶりの再会には意味があり。縁を広げて。	○ 12 決 ☆ いつもと違うルートを開拓したら、発見が多そう!	13 沈 ▼ 悪習慣をやめて健康を意識して。	14 天 ◎ やりたかったことが始動。周囲との協力が成功のカギ。
15 迷 一粒万倍日 △ 丁寧な作業を意識すると、集中力も効率もUP!	16 再 不成就日 ○ 昔の仲間から連絡が来ても、浮かれすぎず冷静に。	17 金 ☆☆ 交際費がかさんでも、迷わず外出するのが正解!	18 楽 ＞ 最近始めた課題にも成果を実感。継続は力なり。	◑ 19 崩 × 気分が不安定なら予定は変更すると◎	20 零 ● 車の運転など信号や安全確認はしっかりと。	21 破 ↗ 連絡が気になって上の空。目の前のことに集中。
22 新 一粒万倍日 ✧ チャンスが多い日。年上の人から学びあり。	23 探 天赦日 □ 人の影響で試したいことが増加。現状を磨く発想で。	24 決 不成就日 ☆ 実績が評価に結びついていないと感じるかも。	25 沈 ▼ イライラつきがちなのは栄養バランスの乱れが原因かも。	26 天 ◎ 人と会う機会を設けて。楽しく過ごせる予感。	● 27 迷 一粒万倍日 △ 人と張り合わず、自分らしさを貫くのが◎	28 再 不成就日 ○ 飽きっぽい性格でも、責任感を持たないとだめかも。
29 金 ☆☆ いい買い物はできるけど、投資はひかえて貯蓄を意識。	30 楽 ＞ 寂しさを感じるなら、人に笑顔で接しよう。	31 崩 × 本当にお互いのためになるか考えてから決めよう。	Memo			

●新月 ◐上弦 ○満月 ◑下弦

×：立ち止まってみる。冷静に。気をつける。 ●：人の話を聞く。謙虚に。大切なものを守る。 ↗：自分を変える。奉仕する。 ✧：少しずつ動く。もう一度チャレンジする。 □：焦らない。可能性を探す。見直す。 ☆：自分を信じる。希望を持つ。 ▼：無理しない。ゆっくりする。ケガや病気に注意。 ◎：挑戦する。自信を持つ。諦めない。 △：初心を忘れない。調子に乗らない。 ○：やってみる。人の縁を大切に。 ☆☆：レベルアップ。追い風に乗る。 ＞：ひとり占めしない。計画的に。

September

金星の年

2022年9月

決断する

決星の月

今月から幸運期に突入。奮闘あるのみ！　ネバーギブアップの精神で物事に取り組もう。
曖昧にせず、いい・悪いをはっきりとさせるストレートさが◎

1 自分自身と向き合う　2 相手のための行動を意識　3 マイナスの感情は捨てる

Mon.	Tue.	Wed.	Thu.	Fri.	Sat.	Sun.
			1 零 ☯ 嫌な忠告を受けそう。欠点が出ていないか確認を。	2 破 ✕↗ 何かを手放すことで新しい光に。切り替えて。	3 新 一粒万倍日 ✧ 目標を立てやり切る姿勢を。あなたにチャンスあり。	◐ 4 探 ○ 動物や子どもからパワーをもらえる日。
5 決 不成就日 ☆ 自分の評価がわからないなら、明日から頑張ろう。	6 沈 ▼ 仲間と同じ気持ちで頑張る機会が。協調性を大切に。	7 天 ◎ 意欲が上昇。プライベートでも主導権を握って。	8 迷 □ 楽観的になりそうだけど、あとから焦らないよう計画を。	9 再 ◎ 人のためにお金を使うと開運する日にち。	○ 10 金 ☆☆ 紹介で出会いのチャンスが。周りの協力のおかげ！	11 楽 一粒万倍日 ＞ 意見はハッキリ。反省点と目標を挙げると◎
12 崩 ✕ 寝坊や遅刻にご用心。言い訳はせず素直に謝罪を。	13 零 不成就日 ☯ 迷うなら見送るべき。いい話でも余裕がなさそう。	14 破 ✕↗ 面倒なことに取り組むと、悩みが減りそう。	15 新 ✧ 趣味に打ち込むとアイデアが湧いて仕事にも吉。	16 探 一粒万倍日 ○ 今日は誰かと一緒が◎。行きたかったところへGO!	17 決 ☆☆ 遊び過ぎて大出費に。財布の中身と相談がマスト。	◑ 18 沈 ▼ ライバルが現れるかも。気にせず自分磨きに集中。
19 天 ◎ 人を笑顔にできる日。奉仕の精神が目覚めそう。	20 迷 □ 多少の不満はあっても、今の優しさを信じてみて。	21 再 不成就日 ◎ 憧れの人に近づきたくても、今日はじっとガマン。	22 金 ☆☆ 関係を進めたいなら自分から踏み出して。	23 楽 一粒万倍日 ＞ 同じ趣味の人と過ごすと吉。意見交換を楽しもう。	24 崩 ✕ 壊れた物は、必要かどうか考えてから再購入を。	25 零 ☯ 親切心がお節介になりそう。控えめでいるのが吉。
● 26 破 不成就日 ✕↗ 孤独でも去る者は追わず。新しい出会いに備えて。	27 新 ✧ 今後の予定をたてるなら、余裕を持たせたものに。	28 探 一粒万倍日 ○ 体調管理を第一に。早めの調整が吉となりそう。	29 決 ☆ やっておけばよかったと後悔。リベンジを決めて。	30 沈 ▼ ストレスを感じる日。些細なことで怒らないで。	Memo	

●新月　◐上弦　○満月　◑下弦

✕：立ち止まってみる。冷静に。気をつける。　☯：強引にならない。闘わない。調和する。　✕↗：自分を変える。奉仕する。　✧：少しずつ動く。もう一度チャレンジする。　○：やってみる。人の縁を大切に。　☆：レベルアップ。追い風に乗る。　▼：無理しない。ゆっくりする。ケガや病気に注意。　◎：挑戦する。自信を持つ。諦めない。　□：焦らない。可能性を探す。見直す。　☆☆：感謝をする。幸せをいただく。ポジティブに。　＞：ひとり占めしない。計画的に。

October

金星の年

2022年10月 沈星の月

メンテナンス

疲労が蓄積しているかも。睡眠や起床、三食きちんといただくなどの生活リズムを整えて。
色とりどりの野菜があなたのパワーをチャージしてくれます。

1 気になることは解決を　2 秋の味覚を堪能する　3 早起きを心がけてみる

Mon.	Tue.	Wed.	Thu.	Fri.	Sat.	Sun.
					1 天 ◎ 好きな事で気分転換を。準備を整えてから始めよう。	2 迷 △ 自信を失って甘えたくなるかも。気のある振りはNG。
3 再 ◐ ○ ミス挽回のチャンス。後悔のないよう取り組もう。	4 金 不成就日 ☆☆ 気分転換が必要な日。胃に優しい食事を。	5 楽 一粒万倍日 > 大事なことほど午前中に終わらせるようにしよう。	6 崩 × 周りに任せていたことで揉め事が。冷静に対処して。	7 零 ● 欲を出し過ぎると時間を無駄にするだけで終わりそう。	8 破 一粒万倍日 ↗ 予想が外れる可能性大。下手な駆け引きは禁物。	9 新 ✧ 慣れないことは一度考えてから始めるようにしよう。
10 探 ○ □ 自分だけが目立つのではなく周りのことも立てよう。	11 決 一粒万倍日 ☆ 多忙な1日になりそう。移動中に栄養補給で回復。	12 沈 不成就日 ▼ 体に違和感があるなら病院へ行って検査を受けて。	13 天 ◎ 人と楽しく過ごせる日。自分の希望を伝えると◎	14 迷 △ 焦って答えを決めないで周りにも意見を聞いてみて。	15 再 ○ 病気が再発しそう。検診して休息をとれば大丈夫。	16 金 ☆☆ 悩みながら取り組んできたことに光が差しそう。
17 楽 > 周囲のフォローで仕事を完遂。喜びを共有しよう。	18 崩 ◑ × 空気が悪い場所に長居しないように気をつけよう。	19 零 ● 駆け込み乗車など無謀な行動はしないよう注意して。	20 破 一粒万倍日 不成就日 ↗ 整理整頓しないと大事な物を失くしてしまいそう。	21 新 ✧ 頼まれごとはよく考えてから引き受けるように。	22 探 天赦日 □ 周りの助けで自分の限界を超えることができそう。	23 決 一粒万倍日 ☆ 行き詰まっても気分転換をして諦めずに進めよう。
24 沈 ▼ 挑発する人がいても反応しないように冷静でいよう。	25 天 ● ◎ 意識的に体を動かして考え方をポジティブにしよう。	26 迷 △ 火の元に注意。不安になったら引き返して再確認。	27 再 ○ 繰り返す問題があるなら徹底的に向き合ってみよう。	28 金 不成就日 ☆☆ 挨拶や御礼など最低限のマナーを大切にしてみて。	29 楽 > 大事な用事は早めに片づけられるように動こう。	30 崩 × 予定変更など思い通りにいかない1日になりそう。
31 零 ● 周りの人へお願いごとをするならば控えめにしよう。	Memo					

●新月　◐上弦　○満月　◑下弦

×：立ち止まってみる。冷静に。気をつける。　●：人の話を聞く。謙虚に。大切なものを守る。　↗：自分を変える。奉仕する。　✧：少しずつ動く。もう一度チャレンジする。
□：焦らない。可能性を探す。見直す。　☆：自分を信じる。希望を持つ。　▼：無理しない。ゆっくりする。ケガや病気に注意。　◎：挑戦する。自信を持つ。諦めない。　△：初心を忘れない。調子に乗らない。　○：やってみる。人の縁を大切に。　☆☆：レベルアップ。追い風に乗る。　>：ひとり占めしない。計画的に。

November

金星の年

2022年11月

努力が報われる

天星の月

今月は、自分から何か新しい物事をはじめると、運気が拡大する時期です。
新しいことを学んだり、趣味を見つけたり。良い出会いのチャンスもある予感。

1 新しい交流を大切に　2 挨拶やお礼を意識　3 湯船にゆっくり浸かる

Mon.	Tue.	Wed.	Thu.	Fri.	Sat.	Sun.
	◐ 1 破 一粒万倍日 ↗ トラブルがあれば後回しにせずに早めに謝罪を。	2 新 ✧ 友達に誘われた先で会いたかった人と再会するかも。	3 探 ○ 意中の相手に真剣に話すと発展の可能性。	4 決 一粒万倍日 ☆ 将来を決めるなら今日がベスト。2人で幸せに♡	5 沈 不成就日 ▼ 無理したりガマンをするのはやめよう。	6 天 ◎ 遊びよりもやるべきことを優先して評価UP!
7 迷 天赦日 □ 仕事中は目の前のことに集中するように注意しよう。	○ 8 再 ◎ リーダーなら指摘ははっきりと伝えるよう心掛けて。	9 金 ☆☆ 周りの個性を大切にするとアイデアが生まれそう。	10 楽 ＞ 人への気遣いが評価されそう。大切なことは午前中に。	11 崩 × お金が無くても親しい人に借りるのはやめよう。	12 零 ☯ 自分の思いが伝わりにくい日。周りに頼ってみて。	13 破 不成就日 ↗ 迷っていたことを手放せば気持ちの整理がつくかも。
14 新 ✧ 努力は報われると信じて、目標を決めて動こう。	15 探 ○ あなたのやりたいことを助けてくれる人が現れそう。	◑ 16 決 一粒万倍日 ☆ チームで仕事をする場合は、丁寧な説明を心掛けて。	17 沈 一粒万倍日 ▼ 思っていることは曖昧にせずはっきりと伝えよう。	18 天 ◎ 嬉しいサプライズが！ 幸せな気持ちで過ごせそう。	19 迷 □ 浮き足立たず、目の前のことを片付けよう。	20 再 ◎ やりたかったことに挑戦したい日。自信を持って。
21 金 不成就日 ☆☆ 以前の努力が報われて、臨時収入があるかも。	22 楽 ＞ 満足することは何か考えてみるといい発見が。	23 崩 × 根も葉もない噂をたてられたら犯人探しより対策を。	● 24 零 ☯ 思い通りにいかなそう。自己主張は控えめにしよう。	25 破 ↗ 愛用品が壊れるけど、欲しい物も手に入りそう。	26 新 ✧ 朝は気分が優れなくても午後は切り替えて活発に。	27 探 ○ おしゃべりに夢中になっても忘れ物には気をつけて。
28 決 一粒万倍日 不成就日 ☆ 手にしたチャンスを逃さぬよう気を引き締めよう。	29 沈 一粒万倍日 ▼ 嫉妬が強くなり過ぎて周りに迷惑をかけないよう注意。	◐ 30 天 ◎ 人との出会いに恵まれそう。対等に接すれば◎	Memo			

×：立ち止まってみる。冷静に。気をつける。☯：強引にならない。闘わない。調和する。↗：自分を変える。奉仕する。✧：少しずつ動く。もう一度チャレンジする。○：やってみる。人の縁を大切に。☆：レベルアップ。追い風に乗る。▼：無理しない。ゆっくりする。ケガや病気に注意。◎：挑戦する。自信を持つ。諦めない。□：焦らない。可能性を探す。見直す。☆☆：感謝をする。幸せをいただく。ポジティブに。＞：ひとり占めしない。計画的に。

● 新月　◐ 上弦　○ 満月　◑ 下弦

December

金星の年

2022年12月

誘惑が多い

迷星の月

ピンチがチャンスになる時期。知らないことは恥ずかしがらず素直に聞こう。
好きなことに夢中になるほど運気がUPするので、関心のあることを追いかけてみて。

★1 頑張った自分を労う　★2 整理整頓をしっかりする　★3 ファッションを大事に

Mon.	Tue.	Wed.	Thu.	Fri.	Sat.	Sun.
			1 迷 △ 財布には必要な額だけを。貯金できるようやりくりを。	2 再 ○ 昔の恋人に要注意。流されないようにして。	3 金 ☆☆ 得意なものから始めると、スムーズに進みそう。	4 楽 > 単調な作業は飽きそう。完成後の目標を立てよう。
5 崩 × なぜか注意される日。出しゃばらず謙虚に。	6 零 不成就日 ● 不信感を抱くかも。心配でも行動は控えて。	7 破 ×↗ 人に決断を急がせるとよいことはなさそう。	8 新 ○ ✧ 精神的にまいって睡眠不足なら、癒される場所へ。	9 探 □ 人と関わるのは大切だけど、雰囲気を壊す重い話は×	10 決 ☆ 多才な人に心惹かれそう。安易な心変わりはNG。	11 沈 ▼ 甘さを指摘されるかも。大事にならないよう対処。
12 天 一粒万倍日 ◎ プレゼントに悩んだら、相手が欲しい物を選ぼう。	13 迷 一粒万倍日 △ 出会いがあったら、まず知る努力をしてみて◎	14 再 不成就日 ○ 過去の失敗を繰り返しそう。改善する努力を。	15 金 ☆☆ 進行役を任されそう。不安なら適任者に助けを。	16 楽 ◑ > 予約は今日中に。何事も早めの行動を心掛けて。	17 崩 × 焦った行動はさらなる失敗に。ルーズさを反省。	18 零 ● ワガママを控え相手に尽くすといい日。
19 破 ×↗ 同僚に誘われて近づきすぎると噂が立つので注意。	20 新 ✧ 年末の予定は一緒に考えて。共同作業の喜びが。	21 探 □ サプライズがあるかも。演出や贈り物を楽しもう。	22 決 不成就日 ☆ 驚愕の事実を打ち明けられたら、曖昧な返事はNG。	23 沈 ● ▼ 熱が冷めて悲しい気持ち。明日に備えて切り替えて。	24 天 一粒万倍日 ◎ 進むべき道が見つかりそう。周囲に公言すると◎	25 迷 一粒万倍日 △ 自分の意見を押しつけず、相手の状況を考慮すると◎
26 再 ○ 大掃除を。不要な物は思い切って捨てると上向き。	27 金 ☆☆ 通帳の残高の確認を。万が一の対策も万全に。	28 楽 不成就日 > 軽い運動を。太りやすい日なので気をつけて。	29 崩 × 来年は仕事も私生活も結果が出そう。体調管理を。	30 零 ◐ ● 親戚の集まりでは、大人しくしていた方が身のため。	31 破 ×↗ 来年の目標は「倹約」にして心を入れ替えて。	

●新月 ◐上弦 ○満月 ◑下弦

×：立ち止まってみる。冷静に。気をつける。 ●：人の話を聞く。謙虚に。大切なものを守る。 ×↗：自分を変える。奉仕する。 ✧：少しずつ動く。もう一度チャレンジする。 □：焦らない。可能性を探す。見直す。 ☆：自分を信じる。希望を持つ。 ▼：無理しない。ゆっくりする。ケガや病気に注意。 ◎：挑戦する。自信を持つ。諦めない。 △：初心を忘れない。調子に乗らない。 ○：やってみる。人の縁を大切に。 ☆☆：レベルアップ。追い風に乗る。 >：ひとり占めしない。計画的に。

星菊

赤

零星

〝焦らず控えめな行動の年〟

総合運

2022年は「零星」の年。何かと障害が多く、無難に過ごすためには強気な行動は控えましょう。状況に不安を感じ自信が揺らぐなら、周囲に協力を頼み、謙虚な姿勢を忘れないように。3月までは特に低調期。動揺する出来事がある予感。自分の考えに固執せず柔軟になり、心を静かに保つと回避します。4月からは少し楽になりますが、9月は気が緩む時期。動く前に気を引き締めて。10月からは状況が改善してスムーズに。12月からは節約に励むと運気は安定。

恋愛運

今年始まった恋は、交際が深まるほどに慎重に。相手をきちんと見極めて下さい。不安を抱えやすい時期です。恋人がいる人も1～3月は運気が落ち込むので注意が必要。お正月は外出よりも家で過ごして。7～9月は浮気や裏切りなど、予想外のことがあるかも。コミュニケーションはしっかり取るようにしましょう。長く付き合いたいなら至らない点は反省し相手の思いを聞き入れること。相手の幸せを願い行動すると安定。結婚はあと2年待つのがベスト。

仕事・金運

スムーズに進まないのが当たり前と思っておきましょう。理屈っぽくなると、周囲からの評判を落とします。この時期をどう過ごすかで、今後の仕事に関わってくるので、慎重な行動を心がけましょう。転職にも不向きな年なので、勢いで「辞める」などとは言わないように。年始めから全力で仕事に励んできた人は、7月以降に一気に疲れが。休日はしっかり休みましょう。金運も停滞ぎみなので、お金の貸し借りはNG。貯金を意識して地道に過ごしましょう。

星菊・赤

2021年 11月
- 自信を持って行動
- プチセレブ感
- 注目が高まる
- 引きが強い時

12月
- 楽しんでみる
- 穏やかな雰囲気
- 振り返ってみる
- 最後の決断

2022年 1月
- 運気が低迷
- 健康運に影が
- 頑固はNG
- 流れに身を委ねる

2月
- 全てを受け入れてみる
- 謙虚さを大事に
- 決めつけない
- じっくり煮詰める

3月
- リセットの時期
- 判断ミス
- 縁が切れる
- 爆発しやすい

4月
- 新スタート
- 新発見
- チャレンジする
- 直感が戻る

5月
- 物事を見直す
- 体調を崩しやすい
- 準備の時期
- 少し休憩

2022年運気の流れ

・決断する
・直感に従う
・人生が変わる
・軸を定める

6月

・体調管理を第一に
・無理はしない
・メンタルダウンに注意
・癒しを大切にする

7月

・変化がある
・力を発揮できる
・夢が膨らむ
・天から光を受ける

8月

・誘惑が多い
・調子に乗りがち
・足腰を温める
・決断はNG

9月

・再生、再会、再挑戦
・縁ある人と再会
・チャンス到来
・縁のある人が集まる
・経験が活かせる時

10月

・自信を持って行動
・プチセレブ感
・注目が高まる
・引きが強い時

11月

・楽しんでみる
・穏やかな雰囲気
・振り返ってみる
・最後の決断

12月

星菊・赤
運気カレンダー

Fortune Calendar

運気カレンダーの見かた

運気カレンダーでは、あなたの毎月の運気と
日々の運気の流れを知ることができます。

運気が停滞しやすい日、判断ミスを起こしやすい日
直感が働く日、物事を決定するのに適した日など
それぞれの運気に合わせたマークが、カレンダーに書かれているので
毎日の過ごしかたの参考にしてください。
カレンダーのグレーは影の時期。運気がやや低迷します。

また、「天赦日」「一粒万倍日」は暦の上での吉日なので、行動を起こすのにいい日です。
逆に「不成就日」は暦の上では願いごとが叶いにくい日なので、穏やかに過ごすのがおすすめです。

吉日と不成就日が重なる場合には、あまり新しい行動は起こさない方がベター。

毎月のお言葉と、挑戦してほしい３つの行動もお伝えしているので、
ぜひ指針にしてみてくださいね。

天星記号のキーワード

- × 立ち止まってみる。冷静に。気をつける。
- ● 人の話を聞く。謙虚に。大切なものを守る。
- ⤯ 自分を変える。奉仕する。
- ✧ 少しずつ動く。もう一度チャレンジする。
- □ 焦らない。可能性を探す。見直す。
- ☆ 自分を信じる。邪気を払う。希望を持つ。
- ▼ 無理しない。ゆっくりする。ケガや病気に注意。
- ◎ 挑戦する。自信を持つ。諦めない。
- △ 初心を忘れない。調子に乗らない。
- ○ やってみる。進む。人の縁を大切に。
- ⭐☆ レベルアップ。追い風に乗る。チャンスあり。
- ＞ ひとり占めしない。先を考えてみる。計画的に。
- ✩☆ 感謝をする。幸せをいただく。ポジティブに。
- ⤨ 要注意。決断しない。ワガママ禁止。
- ▲ 一度冷静に。心を穏やかに。飛びつかない。
- ☯ 強引にならない。闘わない。調和する。

December

崩星の年

2021年12月

振り返ってみる

楽星の月

今月は、定期的な検診や自分の体のチェックを。何かおかしいと感じたら早めに行動しましょう。
表面的な感触だけで判断せずに本質を見極めて。

1 自分の可能性を信じる　2 帰宅途中にご褒美を　3 言葉を良い意味にとる

Mon.	Tue.	Wed.	Thu.	Fri.	Sat.	Sun.
		1 沈 ▼ 1人で問題を抱え込むより、相談をしてみて。	2 天 不成就日 ○ 背伸びするよりも自然体でいることが大切。	3 迷 一粒万倍日 △ 人間関係を円滑にしたいなら謙虚な姿勢を忘れずに。	● 4 再 一粒万倍日 ○ 人脈を活かせるアイデアが浮かびそう。行動力が要。	5 金 ◎ 結果は後から付いてくるもの。焦らず継続しよう。
6 楽 △ のんびり構えず、やるべきことを片付けて。	7 崩 × 早とちりに注意。事実をしっかり確認しよう。	8 零 不成就日 ● 習慣を見直すなら健康面を意識した変化を。	9 破 × 過去を引きずるより先を見て未練を断ち切ろう。	10 新 △ 意外な人と気が合いそう。情報交換をして視野を広げて。	◐ 11 探 □ 出会いを探している人は、周りに頼ってみて。	12 決 ☯ 意見がまとまらないなら第三者の助言を聞いて。
13 沈 ▼ 気乗りしない誘いは見送って睡眠を優先しましょう。	14 天 ○ 意外な人や、年下と縁がありそう。変化を楽しんで。	15 迷 △ 褒められおだてられ、都合よく扱われないように。	16 再 不成就日 ○ 過去と同じ失敗をしやすい日。慎重な判断を。	17 金 一粒万倍日 ◎ 言葉より真摯な行動を積み重ねることが大切。	18 楽 一粒万倍日 △ 身近な人には特に親切に。感謝を示すことが◎	○ 19 崩 × トラブルに人を巻き込まず、自分で解決を。
20 零 ● 嫌な妄想で落ち込みやすい日。好きな音楽を聴いて。	21 破 × 半端な関係の相手とは縁を切って身軽になろう。	22 新 △ 今を楽しむ気持ちを大切にすることで運気UP。	23 探 □ 観察力を活かした気遣いで周囲の人に安心を。	24 決 不成就日 ☯ クリスマスの計画は事前にじっくり綿密にすれば◎	25 沈 ▼ 不摂生な生活を改めないと調子が下り坂に。	26 天 ○ 家族や仲間には、感謝を行動で表しましょう。
◑ 27 迷 △ いい話が舞い込んできても、すべて真に受けず慎重に。	28 再 ○ 恋人と会うなら大勢より2人の時間を大切に。	29 金 一粒万倍日 ◎ 一生懸命な人との交流が良い刺激になるでしょう。	30 楽 一粒万倍日 △ 周囲の助けに恵まれて今があることに感謝して。	31 崩 × 今年の問題は今年のうちにしっかり片づけて。	Memo	

● 新月 ◐ 上弦 ○ 満月 ◑ 下弦

×：立ち止まってみる。冷静に。気をつける。
☯：強引にならない。闘わない。調和する。
●：人の話を聞く。謙虚に。大切なものを守る。
▼：無理しない。ゆっくりする。ケガや病気に注意。
△：初心を忘れない。調子に乗らない。
○：やってみる。人の縁を大切に。
□：焦らない。可能性を探す。見直す。
◎：挑戦する。自信を持つ。諦めない。

January

零星の年

2022年1月

運気が低迷

崩星の月

うまくいかないときは流れに逆らわないこと。頑固にならずに自分の欠点を見直してみると吉。
喧騒から離れ、安らぎのひとときで心の栄養補給を大切に。

★1 流れに身を委ねてみる　★2 自分を責めるのはやめる　★3 予定には余裕を持って

Mon.	Tue.	Wed.	Thu.	Fri.	Sat.	Sun.
					1 零 不成就日 ● 感情的にならず穏やかに新年を迎えるよう意識。	2 破 × 周囲から邪魔が入っても、成り行きに任せるのが◎
3 新 ● △ 気分転換に、流行を取り入れてイメチェンすると◎	4 探 □ 好奇心が高まる日。本を読んで、まずは情報収集を。	5 決 ☯ 観察眼が活かされそう。意外な所に良いヒントが。	6 沈 ▼ 気分が晴れない日。なるべく早く帰宅して休息を。	7 天 ○ 甘やかしてくれる人よりも厳しい意見に耳を傾けて。	8 迷 不成就日 ▲ 頼まれても、すぐに引き受けないように注意して。	9 再 □ 友人とトラブルになりそうな日。意地を張ると×
10 金 ◐ ☯ しっかり調べればネットでいい買い物ができそう。	11 楽 天赦日 一粒万倍日 △ 幸運な出来事に恵まれる日。慎重さは忘れずに。	12 崩 ↘ 恋人の言動を観察して。良い気づきがあるかも。	13 零 ● 寄り道をせずに早めの帰宅を。SNSは慎重に。	14 破 一粒万倍日 × 曖昧な関係は清算を。決別は相手に直接伝えよう。	15 新 △ 意見の違う人も受け入れると、良い刺激になり◎	16 探 不成就日 □ 友達からの誘いは見送って。メールの返信は丁寧に。
17 決 ☯ 曖昧にしていたことに結論が出たら受け入れよう。	18 沈 ○ ▼ 気持ちに余裕がなくなりやすい日。小まめに休もう。	19 天 ○ 目新しいものに惹かれても今日は定番を選ぶと吉。	20 迷 ▲ 恋人以外に気持ちが傾きそう。軽率な行動は×	21 再 □ 仕事でも趣味でも最後までやりぬく気持ちが大切。	22 金 ☯ 苦手な課題も、コツコツと努力すれば上達。	23 楽 一粒万倍日 △ 謙虚な気持ちと控えめな態度で幸せに過ごせそう。
24 崩 不成就日 ↘ 当たり前のことでも、確認を怠らずに慎重に行動。	25 零 ◑ ● 自分を押し付けずに、周りから学ぶことを大切に。	26 破 一粒万倍日 × なんとなく続けているムダな習慣をやめると好転。	27 新 △ ネットの誤情報に注意。行動する前に調べ直して。	28 探 □ 今は挑戦のタイミングではないので準備を大切に。	29 決 ☯ 環境を変えるより、問題をどう乗り越えるか考えて。	30 沈 ▼ 疲労が溜まりやすい日。メリハリをつけて休憩を。
31 天 ○ 上手く頼ることで運気が上がっていく日に。	*Memo*					

● 新月　◐ 上弦　○ 満月　◑ 下弦

↘：要注意。決断しない。ワガママ禁止。　●：人の話を聞く。謙虚に。大切なものを守る。　×：立ち止まってみる。冷静に。気をつける。　△：初心を忘れない。調子に乗らない。
□：焦らない。可能性を探す。見直す。　☯：強引にならない。闘わない。調和する。　▼：無理しない。ゆっくりする。ケガや病気に注意。　○：やってみる。人の縁を大切に。
▲：一度冷静に。心を穏やかに。飛びつかない。

February

零星の年

2022年2月

謙虚さが大事

零星の月

今月は、今の環境で自分にできる最善を尽くすことが、備えになる時期。
謙虚な姿勢を心掛けつつ、自分を見失わないようにして。あなたなら大丈夫。

1 問題から逃げず向き合う　2 思い込みをやめてみる　3 明るめの洋服をチョイス

Mon.	Tue.	Wed.	Thu.	Fri.	Sat.	Sun.
	1 迷 ● ▲ ストレス解消のつもりが暴飲暴食にならないよう注意。	2 再 □ 一度した失敗は繰り返さないように計画を立てて。	3 金 不成就日 ☯ 人付き合いも大切な投資。損得ばかり考えないで。	4 楽 △ 小さな親切にも、感謝の気持ちを言葉で伝えよう。	5 崩 一粒万倍日 ×↘ 予期せぬトラブル対応でも経験を積めば成長。	6 零 ● 謙虚な姿勢で耳を傾けると知識の蓄えができそう。
7 破 × 後悔するより、新しい目標に向かっての準備が大切。	8 新 ◐ △ 周りから認められなくても前向きな気持ちでいよう。	9 探 □ 取り組んでいることに熱意を持って進めると◎	10 決 一粒万倍日 ☯ 意見を通したいなら、相手の意向も気にかけよう。	11 沈 不成就日 ▼ トラブルが起きて予定が狂うかも。余裕を持って。	12 天 ○ 順調と思いきや予想外の展開に。安易な考えは×	13 迷 ▲ やる気が出ないときは、楽しむ工夫をしよう。
14 再 □ 勉強に最適な時期。投げ出したことに再び挑戦!	15 金 ☯ 努力が認められそう。今後も手を抜かずにやると吉。	16 楽 △ 自分の悪い所が出てきそう。謙虚に意見を聞いて。	17 崩 ○ 一粒万倍日 ×↘ 悔しい思いをしても諦めずに続けていれば大丈夫。	18 零 ● 思い込みを捨ててみると、意外な発見があるかも。	19 破 不成就日 × うまくいかなくても、気持ちを切り替えていこう。	20 新 △ 行ったことのない場所に出かけて新鮮な気持ちに。
21 探 □ いい加減な相手にも、冷静に柔軟な対応を忘れずに。	22 決 一粒万倍日 ☯ 楽かどうかではなく、楽しいかどうかで判断しよう。	23 沈 ▼ 心身ともにお疲れ気味。無理はせず、今晩は休息を。	24 天 ◑ ○ イメチェンには最適な日。出会いが増えるでしょう。	25 迷 ▲ 家や外出先に忘れ物をしそう。荷物の確認を!	26 再 □ どんなことでも一生懸命に取り組む姿勢が大切。	27 金 不成就日 ☯ 安いからと無駄な買い物をすると後悔する結果に。
28 楽 △ 身の回りを整理整頓。しっかり管理してトラブル回避。	Memo					

×↘：要注意。決断しない。ワガママ禁止。　●：人の話を聞く。謙虚に。大切なものを守る。　×：立ち止まってみる。冷静に。気をつける。
□：焦らない。可能性を探す。見直す。　☯：強引にならない。闘わない。調和する。　▼：無理しない。ゆっくりする。ケガや病気に注意。　△：初心を忘れない。調子に乗らない。
▲：一度冷静に。心を穏やかに。飛びつかない。　○：やってみる。人の縁を大切に。

● 新月 ◐ 上弦 ○ 満月 ◑ 下弦

March

零星の年

2022年3月

殻を破る

破星の月

今月は、ケアレスミスが多発しそうな時期です。
パワーストーンやラッキーアイテムなど自分のなかでのお守りを持ち歩くと吉。謙虚な姿勢が成功のカギ。

1 不要なものを処分する　2 お守りを持ち歩いてみる　3 身だしなみに気をつける

×↘：要注意。決断しない。ワガママ禁止。　●：人の話を聞く。謙虚に。大切なものを守る。　×：立ち止まってみる。冷静に。気をつける。　△：初心を忘れない。調子に乗らない。
□：焦らない。可能性を探す。見直す。　☯：強引にならない。闘わない。調和する。　▼：無理しない。ゆっくりする。ケガや病気に注意。　○：やってみる。人の縁を大切に。
▲：一度冷静に。心を穏やかに。飛びつかない。

Mon.	Tue.	Wed.	Thu.	Fri.	Sat.	Sun.
	1 崩 一粒万倍日 ×↘ 間違いは認めて、取り繕うような嘘はつかず正直に。	2 零 ● 自己主張が強いとよくない展開に。今日はおとなしく。	● 3 破 × 大切な人が離れていきそう。思いやりを大切に。	4 新 不成就日 △ 勢いで決めたことは身になりづらい日。まずは自己鍛錬。	5 探 □ 興味のないことにも挑戦し行動に移すと吉。	6 決 ☯ 攻撃的な言動は誤解のもと。穏やかに接してみて。
7 沈 ▼ ストレッチをしたり、軽い運動をしてストレス発散。	8 天 ○ 成功して自信がついても転職などは時期尚早。	9 迷 一粒万倍日 ▲ 思い込みや正義感で突っ走るとトラブルに。	◐ 10 再 □ 中途半端に放置していたことを見直してみよう。	11 金 ☯ 気になる人に声をかけられても、今日は慎重に。	12 楽 不成就日 △ 流れに身を任せて、求められていることに応えよう。	13 崩 ×↘ 自己流より、上手くいっている人を観察してみよう。
14 零 一粒万倍日 ● 選り好みはNG。何でも誠実にこなせばプラスに。	15 破 × 頭が痛くなりがちな日。曖昧にせず清算を。	16 新 △ 適当な受け答えはトラブルのもと。誠実に対応して。	17 探 □ 苦手と思って敬遠していた人と話してみると学びが。	○ 18 決 ☯ 意外な分野の仕事に関わって経験を積むチャンス。	19 沈 ▼ 精神的に疲れているみたい。家で静かに過ごそう。	20 天 不成就日 ○ 誰にでもフラットに接するように意識しましょう。
21 迷 一粒万倍日 ▲ 事前の確認を怠らないことが結果につながりそう。	22 再 □ 気まずい相手でも素直に謙虚に接すれば縁が深まる日。	23 金 ☯ 素敵な雰囲気の人に出会っても、慎重に様子見を。	24 楽 △ 自己流に固執せず、周囲の意見も参考にすると◎	◑ 25 崩 ×↘ やることに追われても慌てずコツコツ進めていこう。	26 零 天赦日 一粒万倍日 ● 身内や仲間への出費はケチらず気持ちよくサポートを。	27 破 × 距離を置くべき人が明確に。付き合いは制限を。
28 新 不成就日 △ ネガティブ思考に陥りそう。外に出て気分転換。	29 探 □ 誘われたときは、積極的に顔を出すようにすると◎	30 決 ☯ 守れない約束をするのは×。信頼を失うことに。	31 沈 ▼ いつもより趣味や落ち着くための時間を確保しよう。	Memo		

●新月 ◐上弦 ○満月 ◑下弦

April

零星の年

2022年4月

新スタート

新星の月

今月は、悩み事や問題があるときは一度リセットし、一から考え直してみましょう。
大切な人、守りたい人には、思いやりを持って接すること。

1 難しく考えずシンプルに　2 自分の気持ちに素直に　3 新しいビジョンを持つ

Mon.	Tue.	Wed.	Thu.	Fri.	Sat.	Sun.
				1 天 ● 不成就日 ○ 好調でも手を広げず、やるべきことに焦点を絞ろう。	2 迷 一粒万倍日 △ 焦らないで、最初に決めたペースを大切にしよう。	3 再 ○ 古い友達からの厳しい意見も愛情と思って改善を。
4 金 ◎ 後輩から刺激を受けそう。初心に返ることが大事。	5 楽 一粒万倍日 △ 社交性を高め、周囲と結束すればさらに好調に。	6 崩 × すぐ人のせいにせず、やるべきことに向き合おう。	7 零 ● 周りの適当さが目についても各々の個性と捉えて。	8 破 一粒万倍日 × 頼まれ事への対応は、自分のことをやった後に。	9 新 ◐ 不成就日 △ 固定観念や先入観にとらわれず、普段と思考を変えてみて。	10 探 □ 元気がみなぎる日。人が嫌がることを率先してやろう。
11 決 ☯ 意見はハッキリと。納得できないことは伝えよう。	12 沈 ▼ 要領がいい人の行動を見て。学びがある日にち。	13 天 ○ 積極性がツキを呼ぶ予感。自分から行動すると吉。	14 迷 △ どうにかなると甘く考えずに、計画はしっかりと。	15 再 ○ レベルアップを目指して。以前やったことにヒントが。	16 金 ◎ 地道な努力が評価される日。これからも続けよう。	17 楽 ○ 一粒万倍日 不成就日 △ 周囲がサポートしてくれるので遠慮せず任せてみる。
18 崩 × 悔しいことから学びがある日。成長できそう。	19 零 ● 理解できないことばかりでも面白いと感じられれば好転。	20 破 一粒万倍日 × 誤解を解くには理性的な話し合いで理解を深めて。	21 新 △ 旬な食べ物や話題の映画を観て運気を底上げ。	22 探 □ 自然がある場所へ行って気持ちを安定させてみて。	23 決 ◑ ☯ 何気ない行動が人生を左右しそう。誘惑に注意を。	24 沈 ▼ 揉め事には首を突っ込まず、ムダな好奇心は抑えて。
25 天 不成就日 ○ メールでは誤解が生じそうなので、電話が良さそう。	26 迷 △ 余計な一言は思いがけないトラブルを呼ぶので注意。	27 再 ○ 懐かしい人に連絡を取ると、いい話が聞けそう。	28 金 ◎ 友達の買い物に付き合うといい物が見つかる日。	29 楽 一粒万倍日 △ アクティブに動いて良いエネルギーを集めてみて。	30 崩 × 余計な妄想をせずに、幸せな物語をみて気分を上げて。	

×：立ち止まってみる。冷静に。気をつける。
●：人の話を聞く。謙虚に。大切なものを守る。
△：初心を忘れない。調子に乗らない。
□：焦らない。可能性を探す。見直す。
☯：強引にならない。闘わない。調和する。
▼：無理しない。ゆっくりする。ケガや病気に注意。
○：やってみる。人の縁を大切に。
◎：挑戦する。自信を持つ。諦めない。

● 新月　◐ 上弦　○ 満月　◑ 下弦

May

零星の年

2022年5月

物事を見直す

探星の月

今月は、日常生活になんらかの変化をつけたい時期。悪い習慣を3つやめてみましょう。
体のトレーニングやダイエットを始めてみるといいでしょう。

★1 体のメンテナンスをする　★2 悩んだ時は掃除してみる　★3 自分の時間を持ってみる

Mon.	Tue.	Wed.	Thu.	Fri.	Sat.	Sun.
						1 零 ● ● 苦手なことを得意な人に教えてもらうといいでしょう。
2 破 一粒万倍日 ✕ 一区切りついたら結果を素直に受け入れて、次の糧に。	3 新 △ 新しい物に興味を。今まで避けていたことに挑戦して。	4 探 不成就日 □ 新たな課題に直面。成長のきっかけになるでしょう。	5 決 ☯ 曖昧さやごまかしはNG。○か×かキッパリ答えよう。	6 沈 ▼ うわべだけの会話ではなく腹を割って話し合おう。	7 天 ○ どの誘いに乗るかは素直な気持ちを優先させてOK。	8 迷 ▲ 計画性のない言動は足をすくわれるでしょう。
9 再 ◐ □ 中途半端にしていたことを明日までに終わらせて。	10 金 ☯ 努力が実る日。ただし、サボっていたなら皺寄せが。	11 楽 △ 周りからちやほやされても、謙虚にしていよう。	12 崩 不成就日 ✕↘ 人のお勧めに従えば、新たな発見がありそう。	13 零 ● いつもと違うアイデアで、周囲の評価が上向きに。	14 破 一粒万倍日 ✕ 借りたままの物があれば今日中に返しておこう。	15 新 一粒万倍日 △ 挽回のチャンス。向上心を持って挑めば成功しそう。
16 探 ○ □ スキルアップのため、まず習い事を探してみて。	17 決 ☯ 迷っていたことに決断を。一歩踏み出してみよう。	18 沈 ▼ 寝不足だとダウンしそう。短い昼寝など休憩が必要かも。	19 天 ○ 誤解されないように言葉選びはしっかり丁寧に。	20 迷 不成就日 ▲ 寝坊や確認不足に注意。普段より慎重な行動を。	21 再 □ 結果を見直したい日。周囲の協力でより良くなります。	22 金 ☯ 御馳走してもらったらお礼をしっかり忘れずに。
23 楽 ◑ △ 早めに帰ってリラックスが◎。明日に備えよう。	24 崩 ✕↘ 予定通りに進まなくても、肩の力を抜いて。	25 零 ● 焦って結果を出すのは×。大切なことは来週に持ち越して。	26 破 一粒万倍日 ✕ いらない物を捨て、掃除をしてスッキリしよう。	27 新 一粒万倍日 △ 見慣れた場所にも発見が。新鮮な驚きが刺激に。	28 探 不成就日 □ いつも通りが通用しない日。臨機応変に対応を。	29 決 ☯ 見栄っぱりは程々に。失敗から学ぶ必要があるかも。
30 沈 ● ▼ 大事なときに睡魔がきそう。大きなミスに注意して。	31 天 ○ 自己主張のしすぎは×。丁寧な伝え方を意識して。	Memo				

✕↘：要注意。決断しない。ワガママ禁止。 ●：人の話を聞く。謙虚に。大切なものを守る。 ✕：立ち止まってみる。冷静に。気をつける。 △：初心を忘れない。調子に乗らない。
□：焦らない。可能性を探す。見直す。 ☯：強引にならない。闘わない。調和する。 ▼：無理しない。ゆっくりする。ケガや病気に注意。 ○：やってみる。人の縁を大切に。
▲：一度冷静に。心を穏やかに。飛びつかない。

●新月 ◐上弦 ○満月 ◑下弦

June

零星の年

2022年6月

決断する

決星の月

今月は、区切りとなる出来事がありそう。変化を認めて、過去を振り返らないことで運気UP。
尊敬する人や自分を高めてくれる人と連絡をとるのも◎

1 過去のことは割り切る　2 気持ちは隠さず伝える　3 憧れの人のSNSをチェック

Mon.	Tue.	Wed.	Thu.	Fri.	Sat.	Sun.
		1 迷 △ 口に出したことは責任を持って最後までやり抜くこと。	2 再 ○ 同じ失敗を再び起こすようなら、原因をしっかり確認。	3 金 不成就日 ◎ 人の誘いに乗ってもいいですが、我を出さないように。	4 楽 △ 悩み事に解決の兆し。協力してくれた人に感謝を。	5 崩 × 間違いに気づいたら潔く、素直に修正しよう。
6 零 ● 乗り気でないことを始めると後々面倒なことに。	7 破 ◐ × 重荷に感じる付き合いは清算を。発展はなさそう。	8 新 △ 未経験のスポーツや習いごとに挑戦してみよう。	9 探 一粒万倍日 □ 先輩や上司の言葉でモチベーションを高められる日。	10 決 天赦日 一粒万倍日 ☯ 今日始めた勉強が今後の人生に大いに役立つかも。	11 沈 不成就日 ▼ 脚に疲れが溜まっていそう。お風呂でマッサージ!	12 天 ○ グループデートが盛り上がりそう。今日は積極的が◎
13 迷 △ たまには気を緩めよう。集中力が必要な仕事は後で。	14 再 ○ ○ しばらく失っていた自信や意欲を取り戻せそう。	15 金 ◎ 下からの突き上げがありそう。感謝を忘れずに。	16 楽 △ 心が満たされる日。刺激よりも安らぎを求めよう。	17 崩 × ドタキャンされても、事情を察する優しさが大事。	18 零 ● 壁に直面。何事も「勉強になる」と受け止めよう。	19 破 不成就日 × 大切な物を持ち歩くと失くしそうなので避けて。
20 新 △ やりたかったことを始めるために、まず情報収集から。	21 探 ◑ 一粒万倍日 □ スマホの壁紙を変えたりいつもと違う音楽で気分転換。	22 決 一粒万倍日 ☯ 夕方からパワーダウン。やることは早めに片付けて。	23 沈 ▼ 気乗りしないなら、今日の誘いは断るのがベター。	24 天 ○ 出しゃばり過ぎに注意。サポート役に徹しよう。	25 迷 △ 曖昧な返事や行動をしていると周囲から信頼を失います。	26 再 ○ 一度の挑戦で諦めず、続けていればチャンスが来ます。
27 金 不成就日 ◎ お金のことで迷ったら、冒険は避けて地道にいこう。	28 楽 △ 周囲の好意に甘えることで、関係性も良好に。	29 崩 ● × 発言は丁寧に。悪気なく人を傷つけてしまいそう。	30 零 ● 直感は信じないで、決めるときは周りに確認しよう。	Memo		

×:立ち止まってみる。冷静に。気をつける。
☯:強引にならない。闘わない。調和する。
●:人の話を聞く。謙虚に。大切なものを守る。
▼:無理しない。ゆっくりする。ケガや病気に注意。
△:初心を忘れない。調子に乗らない。
○:やってみる。人の縁を大切に。
□:焦らない。可能性を探す。見直す。
◎:挑戦する。自信を持つ。諦めない。

● 新月 ◐ 上弦 ○ 満月 ◑ 下弦

July

零星の年

2022年7月

沈星《メンテナンス》の月

ストレス解消が重要な時期。気持ちをリセットする習慣を取り入れて。
無茶をせず、焦らず冷静に時を待つこと。スタミナがつく料理でパワーアップ。

★1 1日の終わりに反省会を　★2 ヨガで心も体も整える　★3 夏の味覚を取り入れる

Mon.	Tue.	Wed.	Thu.	Fri.	Sat.	Sun.
				1 破 × 人間関係に決着をつける時。去る人への未練は×	2 新 △ これまでのこだわりを変えれば、新しい未来が見えそう。	3 探 一粒万倍日 □ 複雑な状況こそ、気分転換することを意識しよう。
4 決 一粒万倍日 不成就日 ☯ 決断は必ず自分で！ 一度決めたら迷わず進もう。	5 沈 ▼ 力不足で弱気でも甘い言葉に流されてはダメ。	6 天 ○ 趣味の合う友人と今後の展望を話してやる気を蓄積。	◐ 7 迷 一粒万倍日 ▲ 上の空で大事な話を聞き逃しそう。気を引き締めて。	8 再 □ 昔の友達から連絡がきたら思い出の場所に誘うと吉。	9 金 ☯ ちょっと贅沢なものを食べて自分の機嫌を取ろう。	10 楽 △ 勝手な行動は控え、素直にしているといいことが。
11 崩 ×↘ 仲間に足を引っ張られそう。様子をうかがって。	12 零 不成就日 ● 完璧を求めると八方塞がりに。楽観的でいよう。	13 破 × ひとつのことに集中しないとすべてがやり直しに。	○ 14 新 △ 初めての場所で経験値UP。刺激を受けられそう。	15 探 □ 積極的に人と関わって身になる知識を得られそう。	16 決 一粒万倍日 ☯ 直感がさえる日。勘に従えばいい結果になるはず。	17 沈 ▼ ゆっくり家で休んで、溜まった疲れを癒そう。
18 天 ○ 忙しくても声がかかれば嫌な顔せずテキパキこなそう。	19 迷 一粒万倍日 ▲ 少しでも調子が悪ければ、すぐに栄養と睡眠を。	◑ 20 再 不成就日 □ 懐かしい音楽を聴くと運気が安定して落ち着きます。	21 金 ☯ 意外な出会いから将来の縁につながるので大切に。	22 楽 △ 身近な人の優しさに触れる日。感謝を伝えよう。	23 崩 ×↘ 期待が外れやすい日。運任せなことは割り切ろう。	24 零 ● 普段は見ない雑誌や番組で見聞を広めよう。
25 破 × 聞き役になってくれる友人に感謝をしましょう。	26 新 △ 広く知識を得ると◎。物知りの友達と連絡をとろう。	27 探 □ 今まであまり交流していない人から良い刺激がもらえそう。	28 決 一粒万倍日 不成就日 ☯ 今日は単独行動がいい経験になりそう。情報収集が吉。	● 29 沈 ▼ 夜更かしはほどほどにして、規則正しく過ごそう。	30 天 ○ ワガママ放題にならないよう、お礼や感謝は必ず。	31 迷 一粒万倍日 不成就日 ▲ 落ち着きがなくなりそう。いつも以上に丁寧に行動。

●新月 ◐上弦 ○満月 ◑下弦

×↘：要注意。決断しない。ワガママ禁止。●：人の話を聞く。謙虚に。大切なものを守る。×：立ち止まってみる。冷静に。気をつける。△：初心を忘れない。調子に乗らない。
□：焦らない。可能性を探す。見直す。☯：強引にならない。闘わない。調和する。▼：無理しない。ゆっくりする。ケガや病気に注意。○：やってみる。人の縁を大切に。
▲：一度冷静に。心を穏やかに。飛びつかない。

August

零星の年

2022年8月

努力が報われる

天星の月

習い事や資格取得など興味を持った物事や未知の分野に挑戦するといい時期。
焦らずにじっくりコツコツと煮詰めて、長期戦でいきましょう。

1 自分を高めることに集中　2 新しいことに興味を持つ　3 結果より過程を楽しむ

Mon.	Tue.	Wed.	Thu.	Fri.	Sat.	Sun.
1 再 ○ 悪いことを繰り返しやすいので、経験を活かして回避。	2 金 ☆☆ 努力が認められる日。家族やパートナーのおかげです。	3 楽 ＞ 大変なときに助けてくれた人への感謝を忘れずに。	4 崩 × うかつに私生活をペラペラと話しすぎないよう注意。	5 零 ◐ ● 面倒なことからは距離を置こう。寄り道せず帰宅を。	6 破 ✕↗ メールの返信など放置していたことを片付けよう。	7 新 ✧ 感性が鈍らないよう、話題の店で刺激を受けて。
8 探 不成就日 □ 調子が良いと感じる時ほど確認は念入りにしよう。	9 決 ☆ 好みの人と出会いがありそう。周りの人の評価を聞こう。	10 沈 一粒万倍日 ▼ 疲れが出る日。気力がないときは体調を最優先して。	11 天 ◎ 魅力が人に伝わる日。朝は時間をかけて準備しよう。	12 迷 ○ △ 好不調の波が激しい。仕事は×でも遊びは楽しんで。	13 再 ○ 誰かが背中を押してくれたら、流れに乗ってみて。	14 金 ☆☆ 目に見えることだけではなく利益など数字に関心を持って。
15 楽 一粒万倍日 ＞ 努力が実を結んで、満足感に浸れそうな1日。	16 崩 不成就日 × トラブルが多い予感。今日は早く帰って湯船に浸かって。	17 零 ● 八方塞がりな状況。下手に動かない方がよさそう。	18 破 ✕↗ 大切な人が離れていくかも。執着せず受け止めて。	19 新 ◑ ✧ 勢いに乗って前進を。下手な策は練らないこと。	20 探 □ チャンスには飛びつこう。優柔不断はツキを逃します。	21 決 ☆ 期限が迫っていなくても結論は早めに出しておこう。
22 沈 一粒万倍日 ▼ 暑くても冷たいものは控えて体調を一番に考えよう。	23 天 天赦日 ◎ 一目惚れの予感。相手の反応が良ければ押してみよう。	24 迷 不成就日 △ 的確な判断が難しい日。浪費や恥ずかしい失敗も。	25 再 ○ パートナー候補は、意外と身近なところにもいそう。	26 金 ☆☆ 思わぬ臨時収入を得られそう。会食でいい情報も。	27 楽 ● 一粒万倍日 ＞ 交友関係が好調。友人の紹介から選択肢が増えそう。	28 崩 不成就日 × 人との連携がうまくいかないので、1人で努力の時。
29 零 ● 遊びを優先させると、仕事のチャンスを逃すかも。	30 破 ✕↗ いい話でも即決は×。よく考えないとトラブルに。	31 新 ✧ 向上心を持って取り組めば周囲からの評価もUP。	Memo			

● 新月 ◐ 上弦 ○ 満月 ◑ 下弦

×：立ち止まってみる。冷静に。気をつける。 ●：人の話を聞く。謙虚に。大切なものを守る。 ✕↗：自分を変える。奉仕する。 ✧：少しずつ動く。もう一度チャレンジする。
□：焦らない。可能性を探す。見直す。 ☆：自分を信じる。希望を持つ。 ▼：無理しない。ゆっくりする。ケガや病気に注意。 ◎：挑戦する。自信を持つ。諦めない。 △：初心を忘れない。調子に乗らない。 ○：やってみる。人の縁を大切に。 ☆☆：レベルアップ。追い風に乗る。 ＞：ひとり占めしない。計画的に。

September

零星の年

2022年9月

誘惑が多い

迷星の月

今月は有言実行を。忘れやすく、言った言わないなどのトラブルになりがちなので、
メモなどで記録することを心掛けたい時期。頑固にならずに柔軟に。

★1 目標を口に出してみる　★2 時には悩むのもよし　★3 TO DOリストを作ってみる

Mon.	Tue.	Wed.	Thu.	Fri.	Sat.	Sun.
			1 探 □ 苦手なことに挑戦。やってみたら意外とハマりそう。	2 決 ☯ 目標設定は少し高めが◎。やる気も上がるでしょう。	3 沈 一粒万倍日 ▼ 規則正しい生活を心掛けることで、体調が回復。	4 天 ◐ ○ 絶好調でも調子に乗ると落とし穴があるので注意。
5 迷 不成就日 ▲ 遅刻や忘れ物に気をつけて。早めの行動で難を回避。	6 再 □ 相手の美点に気づける日。揚げ足取りはやめましょう。	7 金 ☯ アイデアを実現するプロセスや数字まで意識してみよう。	8 楽 △ 憧れの人と話せたら、連絡先の交換までしっかり。	9 崩 ✕↘ 集団行動で気を遣うより今日は1人で動いてみて。	10 零 ○ ● 頼る人がいない状況でも自力で解決できる準備を。	11 破 一粒万倍日 ✕ 立てた計画に満足するだけでなく実行に移す準備。
12 新 △ 新しいものを身に着けてやる気を上げると好調に。	13 探 不成就日 □ 意外な発見があっても、まずは様子見から。	14 決 ☯ 発言には責任を持って、決めたことはやり抜く覚悟。	15 沈 ▼ 疲れが抜けないなら、お風呂にしっかり入って体を温めて。	16 天 一粒万倍日 ○ 良くも悪くも目立ちそう。客観的な行動を意識して。	17 迷 ▲ 事故や盗難、料理中のケガに注意。緊張感を持とう。	18 再 ◑ □ 懐かしい相手と思い出話をすると元気になれそう。
19 金 ☯ 周りの動向に左右されず、心を決めて行動に移して。	20 楽 △ ご先祖様に手を合わせることで心が穏やかに。	21 崩 不成就日 ✕↘ 大切な人の悪いところは、きちんと指摘して。	22 零 ● 欲を出さなければ、後で幸運がやってくるでしょう。	23 破 一粒万倍日 ✕ 部屋の掃除を入念に。窓を開けてリフレッシュ。	24 新 △ いつもと違う行動を。新しい自分を発見できそう。	25 探 □ 外出前にニュースで情報を集めておけば役に立ちます。
26 決 ● 不成就日 ☯ 優先順位を決め、ひとつひとつ丁寧に対応して。	27 沈 ▼ 季節の変わり目で体調に違和感。早起きして散歩が吉。	28 天 一粒万倍日 ○ 努力したぶん結果が出そう。今はまだでも焦らないで。	29 迷 ▲ 違う職種に興味があっても情報収集に留めて行動は×	30 再 □ 以前に指摘された問題点を思い出し改善すると◎	Memo	

● 新月　◐ 上弦　○ 満月　◑ 下弦

✕↘：要注意。決断しない。ワガママ禁止。●：人の話を聞く。謙虚に。大切なものを守る。✕：立ち止まってみる。冷静に。気をつける。△：初心を忘れない。調子に乗らない。
□：焦らない。可能性を探す。見直す。☯：強引にならない。闘わない。調和する。▼：無理しない。ゆっくりする。ケガや病気に注意。○：やってみる。人の縁を大切に。
▲：一度冷静に。心を穏やかに。飛びつかない。

October

零星の年

2022年10月

再挑戦できる

再星の月

過去の知人が運気を高めてくれる時期。懐かしい場所を訪れるのも開運に。
楽しかったことや幸せな出来事を思い出し、自分の幸せが何かを振り返ろう。

1 昔の映画を観直してみる　2 旧友の近況を聞いてみる　3 故郷の料理を食べる

Mon.	Tue.	Wed.	Thu.	Fri.	Sat.	Sun.
					1 金 ◎ 前に得た知識や経験が活かせる場面がありそうな日。	2 楽 △ 久々の友達との会話で向上心を刺激されやる気UP。
3 崩 ◐ × 説明不足はトラブルのもと。丁寧に話して確認を。	4 零 不成就日 ● 間違いも経験。失敗から得られるものを大切に。	5 破 一粒万倍日 × 悩み事は、友達に相談してはっきり言ってもらおう。	6 新 △ 興味がない話も最後まできちんと聞けば気づきがある日。	7 探 □ 学生時代の友達との交流で新しい発見ができるでしょう。	8 決 一粒万倍日 ☯ 伝わりやすい表現を意識できればいい環境に。	9 沈 ▼ 不調の原因は寝不足かも。生活習慣を見直そう。
10 天 ○ ○ SNSでポジティブな投稿をすると良い誘いがありそう。	11 迷 一粒万倍日 △ 自信の無いことはやり方をよく考えてやり直そう。	12 再 不成就日 ○ 昔の恋人や過去の思い出に惑わされず、今を大切に。	13 金 ◎ 周囲に夢や希望を語ることで良き協力者が現れそうです。	14 楽 △ 秋の夜長を楽しんで、趣味や勉強に没頭しましょう。	15 崩 × 裏切られてもがっかりせず、焦らないで慎重な行動を。	16 零 ● 言葉には気をつけて。毒舌ではなく控えめな表現が吉。
17 破 × 即断即決を迫られても焦らず、物事は順序良く整理して。	18 新 ◑ △ 家族の意見を聞いて、行動パターンを見直してみましょう。	19 探 □ 笑顔を意識して年齢問わず誰とでも気軽に話そう。	20 決 一粒万倍日 不成就日 ☯ 選択肢が多くても優柔不断は×。即決を心掛けて。	21 沈 ▼ 忙しいときほど栄養バランスのよい食事を大切に。	22 天 天赦日 ○ 多少無理しても、出来ることは今日中に片づけて。	23 迷 一粒万倍日 △ 調子に乗らなければ、再びチャンスが訪れそう。
24 再 ○ 過去の失敗にとらわれず、経験を活かせば大丈夫。	25 金 ● ◎ 靴下や下着など、目につかない部分に少し奮発してみて。	26 楽 △ 過信は禁物。小さなミスが大失敗になる可能性も。	27 崩 × 予想外のことが起きても焦らないでまず相談。	28 零 不成就日 ● 思い通りに物事が進まないのが当たり前だと思って準備。	29 破 × 部屋の掃除や洗濯、不要な物は早く捨ててスッキリしよう。	30 新 △ 思い込みを捨てて、新しいことにチャレンジしよう。
31 探 □ 流行をキャッチするには、足で情報収集が大事。	Memo					

×：立ち止まってみる。冷静に。気をつける。
●：人の話を聞く。謙虚に。大切なものを守る。
△：初心を忘れない。調子に乗らない。
□：焦らない。可能性を探す。見直す。
☯：強引にならない。闘わない。調和する。
▼：無理しない。ゆっくりする。ケガや病気に注意。
○：やってみる。人の縁を大切に。
◎：挑戦する。自信を持つ。諦めない。

● 新月　◐ 上弦　○ 満月　◑ 下弦

November

零星の年

2022年11月

注目が高まる

金星の月

人の言葉に感動したり、学びを得たり、自分を変えるチャンスがありそう。
自分のルールで判断せず周りの状況を把握し、思いやりを持って行動すると◎

★1 癒しタイムを確保する ★2 基礎化粧品を格上げ ★3 責任を意識する

Mon.	Tue.	Wed.	Thu.	Fri.	Sat.	Sun.
	◐ 1 決 一粒万倍日 ☆ じっくりとよく考えてから出した答えなら信じて大丈夫。	2 沈 ▼ 先月からの疲れが出そう。体を動かしてほぐしましょう。	3 天 ◎ 得意なことは率先して引き受けると評価も自信もつきます。	4 迷 一粒万倍日 △ 勢いや思いつきでの行動は失敗のもと。判断は正確に。	5 再 不成就日 ○ 積み重ねは後に活きるので、今日の行動は控えて。	6 金 ☆☆ 目につくことはどんどんチャレンジ。経験を増やそう。
7 楽 天赦日 > 仕事で使うものを新調すると幸運を呼ぶでしょう。	○ 8 崩 × 意識や捉え方次第で、嫌なことも好転させられるはず。	9 零 ● 至らない点が明白に。良い機会を得たと考えましょう。	10 破 ⤯ 諦めも肝心。解決不可能な問題からは手を引こう。	11 新 ✧ 悩みは思い詰めず、人に相談すれば解決に向かう日。	12 探 □ 好奇心を活かして今の状態をよくするものを探そう。	13 決 不成就日 ☆ 手抜きは×。常に身だしなみを整えれば高評価を得られそう。
14 沈 ▼ 今日は早めの休息を。温かいお風呂やマッサージで回復。	15 天 ◎ 根気強く続けてきたことは評価や成長につながるでしょう。	◑ 16 迷 一粒万倍日 △ 周囲を気遣った発言や行動が、幸運を引き寄せます。	17 再 一粒万倍日 ○ 行動を振り返って、間違いに気づいたらすぐに謝罪。	18 金 ☆☆ やるべきことがはかどる日。できることをしっかりと。	19 楽 > 自分より人のためになることを意識するのが◎	20 崩 × 懐が不安になっても、貯金を崩すなどの行動はNG。
21 零 不成就日 ● 状況が悪化したら素直に周囲に助けを求めましょう。	22 破 ⤯ 合わない人との仕事に疲れても、修業と思って乗り切って。	23 新 ✧ やる気が出なくても、まず動くことで波に乗れるはず。	● 24 探 □ フットワーク軽く、初対面の人との交流を増やしてみて。	25 決 ☆ 規則正しい生活を意識して継続する努力を。	26 沈 ▼ ストレスを感じたら、炭酸水など小さな刺激でリラックス。	27 天 ◎ 常に笑顔を意識していれば、自然と人が集まるでしょう。
28 迷 一粒万倍日 不成就日 △ 慣れているからと適当にこなすと失敗するので、丁寧に。	29 再 一粒万倍日 ○ 目標に近づく努力が大切。常に憧れの人を意識して。	◐ 30 金 ☆☆ 多少損をしたと感じてもいいので、経験を得ることが大切。	Memo			

● 新月 ◐ 上弦 ○ 満月 ◑ 下弦

×：立ち止まってみる。冷静に。気をつける。 ●：人の話を聞く。謙虚に。大切なものを守る。 ⤯：自分を変える。奉仕する。 ✧：少しずつ動く。もう一度チャレンジする。
□：焦らない。可能性を探す。見直す。 ☆：自分を信じる。希望を持つ。 ▼：無理しない。ゆっくりする。ケガや病気に注意。 ◎：挑戦する。自信を持つ。諦めない。 △：初心を忘れない。調子に乗らない。 ○：やってみる。人の縁を大切に。 ☆☆：レベルアップ。追い風に乗る。 >：ひとり占めしない。計画的に。

December

零星の年

2022年12月

振り返ってみる

楽星の月

リラックスを心掛け、ゆっくりとした時間を楽しんでみて。
優しい口調や丁寧なメールの返信を意識してみてください。思い切ったイメチェンも吉。

1 休日は癒しを大事に　2 時間をかけて料理する　3 円滑な会話を心掛ける

Mon.	Tue.	Wed.	Thu.	Fri.	Sat.	Sun.
			1 楽 △ 挨拶やお礼はしっかりと。感謝を忘れると運を逃します。	2 崩 × 予定が乱れやすいので、急な連絡には対応しないでおこう。	3 零 ● 周りがミスをしても嫌な顔をせずに広い心で許して。	4 破 × 後で慌てないように、計画的に行動して過ごそう。
5 新 △ 外食よりもお弁当を持参したり、工夫をしてみよう。	6 探 不成就日 □ 自分とは違う考え方を否定せず、そこから勉強してみて。	7 決 ☯ 運動や筋トレ、体をよく動かして日頃のコリをほぐそう。	8 沈 ○ ▼ 無理に予定を入れず、健康に良いものを摂取しましょう。	9 天 ○ 人に協力することで、自分のやる気も上がって成果が。	10 迷 △ どんな約束も先延ばしせずに、守る努力をしよう。	11 再 ○ 中途半端な片思いにはっきり決着をつけるといいでしょう。
12 金 一粒万倍日 ◎ 仲間の協力があれば目標達成に近づけるので努力と感謝を。	13 楽 一粒万倍日 △ 運気を上げるには、ランチにこだわって手間暇をかけてみて。	14 崩 不成就日 × 困ったら年長者に助言を求めて、素直に聞き入れよう。	15 零 ● 無闇に動かずに目の前のことをこなした方がいい日。	16 破 ◑ × SNSのチェックよりも部屋の掃除を優先しよう。	17 新 △ 気になる事はカメラやスクショで記録して後でチェック。	18 探 □ 今日は早起きを。朝の余裕が良い出来事につながりそう。
19 決 ☯ 今日は自分が仕切ることで1日がうまくいきそう。	20 沈 ▼ 外食続きなら内臓に休暇が必要。消化の良い食事が◎	21 天 ○ プレゼントなどの買い物に行くといい物に出会えそう。	22 迷 不成就日 △ 仕事にめどが立っても、安心してハメを外さないように。	23 再 ● ○ 過去の失敗を引きずって怖がるよりも挑戦してみましょう。	24 金 一粒万倍日 ◎ クリスマスイブは出費を惜しまず、大胆に過ごすと吉。	25 楽 一粒万倍日 △ 順調だからと有頂天にならず、後輩や年下への配慮を。
26 崩 × 余計な一言に注意。発言はよく空気を読んでから。	27 零 ● 冗談を真に受けず、うまく返すスキルを身につけて。	28 破 不成就日 × 今日の大掃除は徹底的に。不要な物は思い切って処分。	29 新 △ 年明けからの具体的な目標をしっかりと言葉にしておこう。	30 探 ◐ □ 新しい出会いは魅力的でも、ちょっと危険な匂いが。	31 決 ☯ 今年やり残したことを確認して、来年こそは成し遂げよう。	

×：立ち止まってみる。冷静に。気をつける。
☯：強引にならない。闘わない。調和する。
●：人の話を聞く。謙虚に。大切なものを守る。
▼：無理しない。ゆっくりする。ケガや病気に注意。
△：初心を忘れない。調子に乗らない。
○：やってみる。人の縁を大切に。
□：焦らない。可能性を探す。見直す。
◎：挑戦する。自信を持つ。諦めない。

● 新月　◐ 上弦　○ 満月　◑ 下弦

星菊

白

崩星

〝空気を読んで冬ごもりの年〟

総合運

2022年は「崩星」の年。好調だった昨年とは違い、落ち込み気味のときです。好転させようと焦るより、トラブルには誠心誠意対応し、現状を守りましょう。甘い話に飛びつくのもNG。2～4月のトラブルには、感情的にならず、義理を大切にして対処を。5～7月は相談者が現れそう。悲観的な考えをやめ、前向きに受け入れていきましょう。8月は夏バテ、10月は交通事故と人間関係に注意。11、12月は仕事運が上昇しますが油断せず、気を引き締めて。

恋愛運

縁の多い時期ですが、今年の出会いには深入りしないほうが良さそう。近づきすぎず「友達以上、恋人未満」を保ちましょう。恋人と順調な人も、トラブル発生の心配が。大事な人を失わないためには依存せず、一方的に相手を責めたりしないこと。自分勝手にならず、思いやりの気持ちを持って接しましょう。結婚には不向きな時期で、3年後まで待ったほうが良さそうですが、おめでたや親の病気など、周りのことを考えての結婚は受け入れても◎

仕事・金運

上司や同僚との衝突が原因で、周囲から孤立するかも。他人の意見を尊重し、自己主張を控えれば大切な人を失わず、災難が最小限に。周囲に逆らわず流れに任せるのが、この時期を乗り越えるカギです。自営業の場合には、周りが変化し苦戦しそう。収入が減っても、焦って一気に取り戻そうとすると裏目に出ます。いつもより倹約を心がけ、消費は慎みましょう。注意深く慎重に過ごしてみて。デスク周りは文房具を淡い色で揃えてテンションUP。

星菊・白

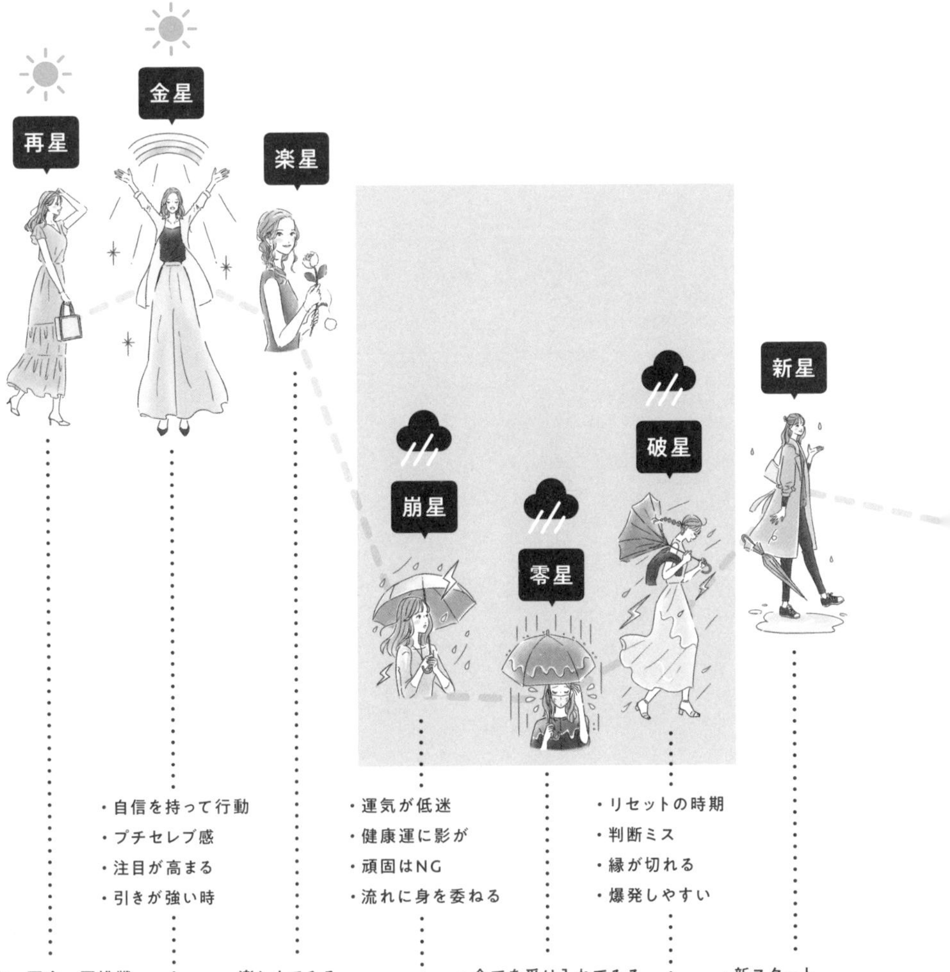

- 再生、再会、再挑戦
- 縁ある人と再会
- チャンス到来
- 縁のある人が集まる
- 経験が活かせる時

- 自信を持って行動
- プチセレブ感
- 注目が高まる
- 引きが強い時

- 楽しんでみる
- 穏やかな雰囲気
- 振り返ってみる
- 最後の決断

- 運気が低迷
- 健康運に影が
- 頑固はNG
- 流れに身を委ねる

- 全てを受け入れてみる
- 謙虚さを大事に
- 決めつけない
- じっくり煮詰める

- リセットの時期
- 判断ミス
- 縁が切れる
- 爆発しやすい

- 新スタート
- 新発見
- チャレンジする
- 直感が戻る

2021年 11月　12月　2022年 1月　2月　3月　4月　5月

2022年運気の流れ

6月

・物事を見直す
・体調を崩しやすい
・準備の時期
・少し休憩

7月

・決断する
・直感に従う
・人生が変わる
・軸を定める

8月

・体調管理を第一に
・無理はしない
・メンタルダウンに注意
・癒しを大切にする

9月

・変化がある
・力を発揮できる
・夢が膨らむ
・天から光を受ける

10月

・誘惑が多い
・調子に乗りがち
・足腰を温める
・決断はNG

11月

・再生、再会、再挑戦
・縁ある人と再会
・チャンス到来
・縁のある人が集まる
・経験が活かせる時

12月

・自信を持って行動
・プチセレブ感
・注目が高まる
・引きが強い時

星菊・白
運気カレンダー

Fortune Calendar

運気カレンダーの見かた

運気カレンダーでは、あなたの毎月の運気と
日々の運気の流れを知ることができます。

運気が停滞しやすい日、判断ミスを起こしやすい日
直感が働く日、物事を決定するのに適した日など
それぞれの運気に合わせたマークが、カレンダーに書かれているので
毎日の過ごしかたの参考にしてください。
カレンダーのグレーは影の時期。運気がやや低迷します。

また、「天赦日」「一粒万倍日」は暦の上での吉日なので、行動を起こすのにいい日です。
逆に「不成就日」は暦の上では願いごとが叶いにくい日なので、穏やかに過ごすのがおすすめです。

吉日と不成就日が重なる場合には、あまり新しい行動は起こさない方がベター。

毎月のお言葉と、挑戦してほしい３つの行動もお伝えしているので、
ぜひ指針にしてみてくださいね。

天星記号のキーワード

- × 立ち止まってみる。冷静に。気をつける。
- ● 人の話を聞く。謙虚に。大切なものを守る。
- ⤨ 自分を変える。奉仕する。
- ✧ 少しずつ動く。もう一度チャレンジする。
- □ 焦らない。可能性を探す。見直す。
- ☆ 自分を信じる。邪気を払う。希望を持つ。
- ▼ 無理しない。ゆっくりする。ケガや病気に注意。
- ◎ 挑戦する。自信を持つ。諦めない。
- △ 初心を忘れない。調子に乗らない。
- ○ やってみる。進む。人の縁を大切に。
- ☆☆ レベルアップ。追い風に乗る。チャンスあり。
- ＞ ひとり占めしない。先を考えてみる。計画的に。
- ☆☆☆ 感謝をする。幸せをいただく。ポジティブに。
- ⤩ 要注意。決断しない。ワガママ禁止。
- ▲ 一度冷静に。心を穏やかに。飛びつかない。
- ☯ 強引にならない。闘わない。調和する。

December

楽星の年

2021年12月

注目が高まる

金星の月

今月は問題やチャンスに気づいた時点で、早めに対処を。
信頼している人に相談すると解決に導いてくれます。転機なので、放置すると逆効果に。

1 喜びをシェアする　2 イベントに参加する　3 自分の直感を信じる

Mon.	Tue.	Wed.	Thu.	Fri.	Sat.	Sun.
		1 決 ☆☆ 年上の女性がキーパーソン。強い味方になりそう。	2 沈 不成就日 ▼ 不安なことが起きても短気にならないよう注意。	3 天 一粒万倍日 ◎ 自分が好きなことへ一直線に進めば間違いなし!	4 迷 (●) 一粒万倍日 □ 思い切り感情を解放することでスッキリできそう。	5 再 ◎ たまには甘いものを食べて、リラックスしよう。
6 金 ☆☆☆ 今日は1年頑張った自分へのご褒美を買おう。	7 楽 ＞ 裏表なく人と接することで、周りの評価が上々に。	8 崩 不成就日 × 交通関係のトラブルでヘトヘト。焦らずに行動。	9 零 ☯ 悩んでるのは自分だけかも。気持ちを立て直そう。	10 破 ×↗ 未練はきれいに断ち切ってリセットしよう。	11 新 (◐) ✧ パワーがみなぎる日。好奇心の赴くままに行動を。	12 探 ○ 料理など自分の手を動かして心を落ち着かせよう。
13 決 ☆☆ 冬休みの予定を立てよう。美術館巡りに収穫あり。	14 沈 ▼ 風邪をこじらせそう。心配してくれる人を大事に。	15 天 ◎ 目には見えない形で、今までの恩が返ってきそう。	16 迷 不成就日 □ 意中の相手にアプローチしたくても今日はステイ。	17 再 一粒万倍日 ◎ 自分を信じ、何度もトライすることが成功のカギ。	18 金 一粒万倍日 ☆☆☆ 新装オープンのお店で素敵な出会いの予感。	19 楽 (○) ＞ 心躍るニュースでは仲間と感動を分かち合おう。
20 崩 × 大切な人と距離ができそう。態度を振り返って。	21 零 ☯ 扱いづらい人と思われそう。文句の半分はガマン。	22 破 ×↗ 憧れの人に幻滅するかも。妄想よりも現実を見て。	23 新 ✧ 趣味が合う人と出会えそう。穏やかな人が◎	24 探 不成就日 ○ クリスマスイブは家でゆっくり過ごすと良さそう。	25 決 ☆☆ よく考えてから決断し、すみやかに行動しよう。	26 沈 ▼ 寒くても体を動かそう。まずはストレッチから。
27 天 (◑) ◎ 献身的な態度でいると、相手に思いが届きそう。	28 迷 □ 心をフラットにして判断することで真実を見つけて。	29 再 一粒万倍日 ◎ 勝負をかけるなら、ポイントを絞り狙いを定めて。	30 金 一粒万倍日 ☆☆☆ 自分への評価は喜んでOK。自信が可能性を広げます。	31 楽 ＞ 自然の豊かな場所で、のんびりと年を越そう。	Memo	

● 新月 ◐ 上弦 ○ 満月 ◑ 下弦

×：立ち止まってみる。冷静に。気をつける。☯：強引にならない。闘わない。調和する。×↗：自分を変える。奉仕する。✧：少しずつ動く。もう一度チャレンジする。○：やってみる。人の縁を大切に。☆☆：レベルアップ。追い風に乗る。▼：無理しない。ゆっくりする。ケガや病気に注意。◎：挑戦する。自信を持つ。諦めない。□：焦らない。可能性を探す。見直す。☆☆☆：感謝をする。幸せをいただく。ポジティブに。＞：ひとり占めしない。計画的に。

January

崩星の年

2022年1月

振り返ってみる

楽星の月

緊張やストレスで肩に力が入っていることに気づいたら、意識的にゆったりした時間をとってみて。
朝の光を浴びて、ゆっくり3回深呼吸してみましょう。

★1 行きつけのお店を探す　★2 嬉しかったことをメモ　★3 愚痴や悪口を遠ざける

×：立ち止まってみる。冷静に。気をつける。 ●：人の話を聞く。謙虚に。大切なものを守る。 △：初心を忘れない。調子に乗らない。 □：焦らない。可能性を探す。見直す。
☯：強引にならない。闘わない。調和する。 ▼：無理しない。ゆっくりする。ケガや病気に注意。 ○：やってみる。人の縁を大切に。 ◎：挑戦する。自信を持つ。諦めない。

Mon.	Tue.	Wed.	Thu.	Fri.	Sat.	Sun.
					1 崩 不成就日 × しっかりと気を引き締めて新年を迎えよう。	2 零 ● 頑固やマイペースはNG。我慢することも心がけて。
3 破 ● × 譲り合いが大切。謙虚になれば人間関係が長続き。	4 新 △ 新しい関係が始まる予感。気になる人には連絡を。	5 探 □ 室内に閉じこもっていては×。外の風にあたって。	6 決 ☯ テンションが高くても大切な人を振り回さないで。	7 沈 ▼ 放置していたり忘れていたメールには丁寧に返信。	8 天 不成就日 ○ 大切な気持ちは日を改めて伝えた方がよさそう。	9 迷 △ うっかり失言したら、すぐに謝って反省しよう。
10 再 ◐ ○ 年始にあいさつした人にキーパーソンがいそう。	11 金 天赦日 一粒万倍日 ◎ 臨時収入があるかも。身近な人に御馳走しよう。	12 楽 △ 成果が認められる日。今後も努力を継続しよう。	13 崩 × お節介は控えるのが無難。声がかかるまで待って。	14 零 一粒万倍日 ● 問題を投げ出したくてもガマンして取り組もう。	15 破 × 迷っているならば焦って決めずに手を引こう。	16 新 不成就日 △ 継続していることで迷っても光は見えてきそう。
17 探 □ 普段会わない職種の人との交流で知識が増えそう。	18 決 ○ ☯ きちんと向き合えない関係なら、今が別れのとき。	19 沈 ▼ ストレスのもとになりそうな人とは今日は離れて。	20 天 ○ 目標に向かって邁進！ 追い風に乗ると夢が現実に。	21 迷 △ 気が大きくなりがちな日。無駄な買い物に注意。	22 再 ○ 古い資料も後で参考になるので整理しておこう。	23 金 一粒万倍日 ◎ 逃げずに対応した苦労が報われて喜びもひとしお。
24 楽 不成就日 △ 以前に手助けした人が味方になってくれるかも。	25 崩 ◑ × 相手の言葉や笑顔の裏には何かあるかも。慎重に。	26 零 一粒万倍日 ● 成長のため、問題には正面から向き合う心構えを。	27 破 × 悩みがあるならば掃除を。冷静な判断ができそう。	28 新 △ 携帯の待ち受けを変えるなど、小さな気分転換を。	29 探 □ 自由な発想を大切にするといい流れに向かいそう。	30 決 ☯ 得する情報には今は乗らないほうがよさそう。
31 沈 ▼ トラブルが起きても冷静に解決。焦るほど逆効果。	Memo					

●新月 ◐上弦 ○満月 ◑下弦

February

崩星の年

2022年2月

運気が低迷

崩星の月

焦ると空回りしやすい時期。無理に動かずに、周りの状況を把握しながら冷静に判断しましょう。
体調を崩す可能性もあるので、体の変化には敏感に。

1. こだわりを手放す
2. 感謝の気持ちを大切に
3. 気合を入れて掃除する

Mon.	Tue.	Wed.	Thu.	Fri.	Sat.	Sun.
	1 天 ● ○ 今日出会う人とトラブルの予感。相手にしないで。	2 迷 ▲ 注意力散漫はハプニングのもと。行動は慎重に。	3 再 不成就日 □ 過去に切り抜けたトラブルが再び起こりそうな気配。	4 金 ☯ ルールを守る行動と上品さで運気が好転する日。	5 楽 一粒万倍日 △ 協力者はたくさんいても頼る相手は吟味しよう。	6 崩 ↘ 優しい人に会ってもすぐに信用しないように注意。
7 零 ● 焦りは禁物。作業は集中して確実に終わらせよう。	8 破 ◐ ✕ 今日ダメなものは追わないほうが◎。諦めも肝心。	9 新 △ 憧れの人の言葉からパワーをもらえる日。	10 探 一粒万倍日 □ 初めての場所より、慣れ親しんだ場所を選ぶと吉。	11 決 不成就日 ☯ 相手の状況を考えて慎重に前へ進めていこう。	12 沈 ▼ やることなすこと空回りしそう。焦らず深呼吸を。	13 天 ○ 秘密の恋愛中の人は注意。知人と遭遇する可能性が。
14 迷 ▲ 集中力が散漫に。頭が痛くなりやすい日にち。	15 再 □ 過去の経験が幸運のカギ。改善のヒントを探って。	16 金 ☯ 趣味より仕事を優先させるといい結果になりそう。	17 楽 ○ 一粒万倍日 △ 過去の親切が感謝されそう。謙虚に受け入れて。	18 崩 ↘ 順調に進んでいると思っても意外な落とし穴が。	19 零 不成就日 ● 完璧を目指すのは難しい日。人の意見に従おう。	20 破 ✕ 人に頼んだことも責任は自分。必ず最後に確認を。
21 新 △ ここ数日の不調から脱出できそう。着実に進んで。	22 探 一粒万倍日 □ わからないことは自分だけで決めず、確かめて。	23 決 ☯ 苦手だと思っていることに挑戦してみると吉。	24 沈 ◑ ▼ 自分に都合のいい考えでは、今日は通用しなそう。	25 天 ○ TPOをわきまえた対応を。緊張感を持って行動。	26 迷 ▲ 大切なことは一度気を引き締めてから取り掛かろう。	27 再 不成就日 □ 昔の友人にばったり。進歩がないと落ち込みそう。
28 金 ☯ お土産やお小遣いでささやかな幸せが味わえる日。	Memo					

● 新月 ◐ 上弦 ○ 満月 ◑ 下弦

↘：要注意。決断しない。ワガママ禁止。 ●：人の話を聞く。謙虚に。大切なものを守る。 ✕：立ち止まってみる。冷静に。気をつける。 △：初心を忘れない。調子に乗らない。
□：焦らない。可能性を探す。見直す。 ☯：強引にならない。闘わない。調和する。 ▼：無理しない。ゆっくりする。ケガや病気に注意。 ○：やってみる。人の縁を大切に。
▲：一度冷静に。心を穏やかに。飛びつかない。

March

崩星の年

2022年3月

謙虚さが大事

零星の月

今月は、自分のペースで周りが見えなくなってしまいそう。
無意識に人を振り回したりしないよう、相手が何を望んでいるのかを意識して過ごしましょう。

1 人の喜びを優先する　2 相手の話をよく聞く　3 少し控えめに過ごす

Mon.	Tue.	Wed.	Thu.	Fri.	Sat.	Sun.
	1 楽 一粒万倍日 △ 要求ばかり押し付けずできることを探す態度が吉。	2 崩 ✕↘ 人の噂の輪には加わらないで。いるだけで悪者に。	3 零 ● ● 災いは見えない所に。何事にも油断は禁物。	4 破 不成就日 ✕ カバンやお財布の中のいらないものは処分して。	5 新 △ プレッシャーから解放。朝は窓を開け深呼吸を。	6 探 □ 抱えてきた問題に解決の兆し。本や雑誌にヒント。
7 決 ☯ 直感が冴える日。不審に感じたら近づかないこと。	8 沈 ▼ すぐ不機嫌にならず前向きに考えればいい結果に。	9 天 一粒万倍日 ○ 日頃の人付き合いのおかげで仕事の効率がUP!	10 迷 ◐ ▲ いつものやり方が通らなくても暴走しないで。	11 再 □ 再会した人にはいつも通りの自分で接しよう。	12 金 不成就日 ☯ 結果を焦らずに、やるべきことを地道にこなして。	13 楽 △ 自分で動くと裏目に。周囲の意向に応える努力を。
14 崩 一粒万倍日 ✕↘ 静かに過ごしていれば揉め事も起こらなそう。	15 零 ● お喋りが過ぎるのはNG。相手の話もよく聞こう。	16 破 ✕ ダメだと思いつつ縁を切れないでいると痛い目に。	17 新 △ いつもと違う角度で見ると名案が浮かびそう。	18 探 ○ □ 知らないことは聞こう。思い込みはトラブルのもと。	19 決 ☯ 気になっていたことに決着がつきそうな日。	20 沈 不成就日 ▼ 今日は持久力が続かなそう。早めの帰宅がベター。
21 天 一粒万倍日 ○ 大きな成果が出そうだけど言葉選びに気をつけて。	22 迷 ▲ 楽な仕事から始めると後が大変。きちんと計画を。	23 再 □ 昔の友人でもセールスには乗らないように注意。	24 金 ☯ 買い物をするならば限度額を決めておこう。	25 楽 ◑ △ 周囲の意見を参考に。柔軟に対応して評価UP。	26 崩 天赦日 一粒万倍日 ✕↘ 面倒だと思っていたことが自分に役立ちそう。	27 零 ● 争いごとは回避。何があっても平和主義を貫こう。
28 破 不成就日 ✕ 新しい環境に適応する姿勢でいると気が楽に。	29 新 △ 人に相談してみると良い解決法が見つかるかも。	30 探 □ 人と比べるのではなく自分磨きに励もう。	31 決 ☯ 胸の内は秘めて徐々に味方を増やしておくのが◎	Memo		

✕↘：要注意。決断しない。ワガママ禁止。 ●：人の話を聞く。謙虚に。大切なものを守る。 ✕：立ち止まってみる。冷静に。気をつける。 △：初心を忘れない。調子に乗らない。
□：焦らない。可能性を探す。見直す。 ☯：強引にならない。闘わない。調和する。 ▼：無理しない。ゆっくりする。ケガや病気に注意。 ○：やってみる。人の縁を大切に。
▲：一度冷静に。心を穏やかに。飛びつかない。

● 新月 ◐ 上弦 ○ 満月 ◑ 下弦

April

崩星の年

2022年4月

殻を破る

破星の月

今月は壊れ物や失くし物が多い時期。必要ないものは手放しましょう。
去ってしまう人もいるかもしれません。相手と誠心誠意会話をするように心がけて。

1 大切なものを守る意識を　2 見る角度を変えてみる　3 周りの気持ちを大切に

Mon.	Tue.	Wed.	Thu.	Fri.	Sat.	Sun.
				1 沈 ● 不成就日 ▼ 自分のやるべきことに集中すれば開運の予感。	2 天 一粒万倍日 ○ 周りが優しくても甘えずに責任感を持って進めよう。	3 迷 ▲ 心が浮つく日。うっかり口を滑らせないよう注意。
4 再 □ ミスのないように再確認を。丁寧に進めよう。	5 金 一粒万倍日 ☯ しっかり悩んで買ったものが大きく役立ちそう。	6 楽 △ 低姿勢が吉。親切を受けたら深々と頭を下げよう。	7 崩 ↘ 苦手な課題に追われる日。覚悟を決め取り組もう。	8 零 一粒万倍日 ● 余計なひと言を言わなければ穏やかに過ごせそう。	9 破 ◐ 不成就日 × 机に山積みの資料は整理して頭もスッキリさせて。	10 新 △ 親しくない人とも仲良く。意外な魅力があるかも。
11 探 □ 人の役に立つことを重視すると学びがありそう。	12 決 ☯ 迷っていたら視野を広くして落ち着いて決めよう。	13 沈 ▼ 気持ちがややダウン気味。前向きにシフトしよう。	14 天 ○ 周囲との関係を円滑に。仕事での成果が望めそう。	15 迷 ▲ 交友関係が偏らないように昔の友達にも連絡して。	16 再 □ かつてのアイデアを今に合わせ改善してみると◎	17 金 ○ 一粒万倍日 不成就日 ☯ やるべきことを進めて。行動の分だけ成果に。
18 楽 △ 自分の意見を控えることも必要。協調性を優先。	19 崩 ↘ やっつけ仕事はダメ。いつも通り堅実に進めて。	20 零 一粒万倍日 ● 情をかけるのは×。お金を貸すならあげる覚悟で。	21 破 × 嫌なことや不毛な関係はリセットするのが身のため。	22 新 △ 服や髪型をいつもと変えて気分転換しよう。	23 探 ◑ □ 慎重なあなたに反発する人あり。でも自信を持って。	24 決 ☯ 自分とちゃんと向き合い、必要なものを見極めよう。
25 沈 不成就日 ▼ 出先で苦手な人と遭遇しそう。早めの退散が◎	26 天 ○ 仕事がはかどる日。できるだけ進めておくと後が楽。	27 迷 ▲ らしくないミスをしそう。最終チェックは念入りに。	28 再 □ 書店に寄ると悩んでいたことのヒントが見つかる予感。	29 金 一粒万倍日 ☯ 良い行い、奉仕の気持ちを大切にすると吉。	30 楽 △ 週末は親しい人と外出を。余裕あるプランが◎	

●新月　◐上弦　○満月　◑下弦

↘：要注意。決断しない。ワガママ禁止。　●：人の話を聞く。謙虚に。大切なものを守る。　×：立ち止まってみる。冷静に。気をつける。　△：初心を忘れない。調子に乗らない。
□：焦らない。可能性を探す。見直す。　☯：強引にならない。闘わない。調和する。　▼：無理しない。ゆっくりする。ケガや病気に注意。　○：やってみる。人の縁を大切に。
▲：一度冷静に。心を穏やかに。飛びつかない。

May

崩星の年

2022年5月

新スタート

新星の月

今月は、自分の欠点を見直すことが開運になります。
自分が健康でいられるように、悪い習慣があるならここで断ち切りましょう。初めの一歩が大切です。

1 早起きを心がける　2 良い習慣を3つ始める　3 髪型を変えてみる

Mon.	Tue.	Wed.	Thu.	Fri.	Sat.	Sun.
						1 崩 ● × 友達の事情で計画が白紙になりそう。冷静に対処。
2 零 一粒万倍日 ● 今日はリフレッシュをする日にして楽しもう。	3 破 × 部屋や服装が乱れがち。整えるよう心掛けよう。	4 新 不成就日 △ 新しいことに挑戦するために準備をしておくと吉。	5 探 □ フットワークを軽くして色んな場に参加してみて。	6 決 ☯ 腐れ縁に区切りがつきそう。引き止めるのは×	7 沈 ▼ 軽いストレッチを心掛けて体をほぐしてみよう。	8 天 ○ 思い通りに事が運んでも自分の力を過信しないで。
9 迷 ◐ △ 有益な情報を見逃さないよう、どんな知識も吸収。	10 再 ○ 繰り返しの作業も粘り強くすれば成功しそう。	11 金 ◎ 周囲に尽くすといい日。たまには御馳走しても◎	12 楽 不成就日 △ 陰でサポートしてくれる人への感謝を忘れずに。	13 崩 × 運気は低迷しているけど落ち込まないで過ごして。	14 零 一粒万倍日 ● 1人で決めずに周りに相談するといい結果が。	15 破 一粒万倍日 × 細かいことに口を出さないように気をつけよう。
16 新 ○ △ 初めて行く場所に成功のカギあり。川沿いが◎	17 探 □ 疑問は人に聞かず自分で調べて知識を増やして。	18 決 ☯ 挑戦的な態度は×。柔軟な姿勢を心掛けよう。	19 沈 ▼ 買い物に誘われても控えて。ろくなことがなさそう。	20 天 不成就日 ○ やりたいことはアピールしておくと後々いいかも。	21 迷 △ 刺激を求めて危ないほうに流れるのはやめておこう。	22 再 ○ 何度も挑戦すれば認められることも。諦めないで。
23 金 ◑ ◎ 仕事などの縁でいいことが。チャンスを活かして。	24 楽 △ 結果が出るまで気を抜かず、一気に終わらせよう。	25 崩 × 誰も手伝ってくれないと恨まず、やるべきことに集中。	26 零 一粒万倍日 ● 新しい情報を探すよりも今あるものを見直そう。	27 破 一粒万倍日 × 相手のペースに合わせたほうがうまくいきそう。	28 新 不成就日 △ 部屋の模様替えをするなどして静かに過ごそう。	29 探 □ 人間関係がうまくいきそう。失敗を恐れないで。
30 決 ● ☯ 何事も自分の考えで決断すれば、後悔もないはず。	31 沈 ▼ 気がかりが多く頭が大パニック。早めに寝ると吉。	Memo				

●新月 ◐上弦 ○満月 ◑下弦

×：立ち止まってみる。冷静に。気をつける。
●：人の話を聞く。謙虚に。大切なものを守る。
△：初心を忘れない。調子に乗らない。
□：焦らない。可能性を探す。見直す。
☯：強引にならない。闘わない。調和する。
▼：無理しない。ゆっくりする。ケガや病気に注意。
○：やってみる。人の縁を大切に。
◎：挑戦する。自信を持つ。諦めない。

June

崩星の年

2022年6月

物事を見直す

探星の月

今月は頑張り過ぎないことが大切。あなたは既に充分頑張っています。
ネガティブな感情が出てきたら、負のスパイラルにはまる前にストレス発散して。

1 体に良いものを摂る　2 ストレッチをしてみる　3 他人と自分を比べない

Mon.	Tue.	Wed.	Thu.	Fri.	Sat.	Sun.
		1 天 ○ 調子に乗るのは×。節度を超えた発言は控えよう。	2 迷 ▲ 諦めずにじっくり取り組もう。ガマンが肝心。	3 再 不成就日 □ 出会いがないからといってヨリを戻すのはNG。	4 金 ☯ 直感よりも過去のデータを参考にしてみよう。	5 楽 △ やってみたかったことを実行するチャンスが。
6 崩 ⤨ 他人に尽くす日。友達や同僚の頼みを聞いてみて。	7 零 ◐ ● 周囲が自分より幸せに見えそう。早めの帰宅が吉。	8 破 × 関係を見直すいい機会。惰性なら別れる勇気を。	9 新 一粒万倍日 △ いつもよりもたくさん歩くことで運気がUPする日。	10 探 天赦日 一粒万倍日 □ 思い切って輪に飛び込むと素敵な人に会えそう。	11 決 不成就日 ☯ 頑固になり過ぎず相手を許す心の広さを大切に。	12 沈 ▼ ミスしてイライラ気味。深呼吸してリラックス!
13 天 ○ 普段のやり方で成功しても、喜び過ぎには注意。	14 迷 ○ ▲ 節約のつもりが安物買いの銭失いに。冷静に。	15 再 □ 手先を使う作業が吉。ひらめきがある日にち。	16 金 ☯ 今日はちょっと贅沢してOK。豪華な食事も◎	17 楽 △ 後回しは×。今日できることはやってしまおう。	18 崩 ⤨ 何をしてもダメな日。頼まれごとも多く大忙し。	19 零 不成就日 ● 隠し事がバレても見栄を張らず正直でいよう。
20 破 × 約束が流れやすい日。怒らず、気分を鎮めて。	21 新 ◑ 一粒万倍日 △ 自分から動くと吉。仕切り役も買ってでると開運に。	22 探 一粒万倍日 □ 自分にない魅力を持つ人を観察して真似てみよう。	23 決 ☯ 捨てるものに未練は無用。選んだものを大切に。	24 沈 ▼ 気分の浮き沈みが激しそう。八つ当たりはご法度!	25 天 ○ 始まりがうまくいけば順調にことが進む日。	26 迷 ▲ 集中力が続かない日。甘いもので気分転換を。
27 再 不成就日 □ アイデア出しに苦戦。ボツな企画も見直してみて。	28 金 ☯ 経済的な決断は直感に頼らずに慎重にしよう。	29 楽 ● △ 穏やかな1日。精のつく食べ物で気力がUP。	30 崩 ⤨ 今までの方法が否定されても、柔軟に考えてみて。	Memo		

⤨：要注意。決断しない。ワガママ禁止。 ●：人の話を聞く。謙虚に。大切なものを守る。 ×：立ち止まってみる。冷静に。気をつける。 △：初心を忘れない。調子に乗らない。
□：焦らない。可能性を探す。見直す。 ☯：強引にならない。闘わない。調和する。 ▼：無理しない。ゆっくりする。ケガや病気に注意。 ○：やってみる。人の縁を大切に。
▲：一度冷静に。心を穏やかに。飛びつかない。

●新月 ◐上弦 ○満月 ◑下弦

july

崩星の年

2022年7月

決断する

決星の月

免疫力を高め、体質改善することを意識してみましょう。
肌荒れや毛穴が目立ちそうな時は、フェイスパックやサプリなど、毎日のケアを入念に。

1 努力を積み重ねる　2 シンプルに思考する　3 新しい目標を立てる

Mon.	Tue.	Wed.	Thu.	Fri.	Sat.	Sun.
				1 零 ● 急なトラブルの予感。未然に防げるものは対処を。	2 破 × 気がかりな問題は解決を。先延ばしは悪化しそう。	3 新 一粒万倍日 △ 変化が吉。分け目を変えるだけでも新たな魅力に。
4 探 一粒万倍日 不成就日 □ 初対面の人がいたら連絡先の交換をしてみよう。	5 決 ☯ 今日の決断が今後を左右しそう。思いきりも大切。	6 沈 ▼ 疲れで気分も下降気味。今日は早めの帰宅が吉。	7 天 ◐ 一粒万倍日 ○ パワフルな日。忙しくても1人でこなせばスムーズ。	8 迷 △ 頭が恋愛でいっぱいに。ほかのことも忘れないで。	9 再 ○ 問題が再発しても知識と経験で乗り切って。	10 金 ◎ お金の情報に詳しい人にアドバイスをもらうと◎
11 楽 △ 順調に見えても一寸先は闇。自分を見つめ直そう。	12 崩 不成就日 × 自信をなくして人間不信に。まずは落ち着こう。	13 零 ● 親しい人にも緊張感を持って。言葉遣いに注意。	14 破 ○ × 冷たいものの食べ過ぎ注意。不調があれば病院へ。	15 新 △ 友達と川に行くと新しい出会い。時には冒険を。	16 探 一粒万倍日 □ 人に頼ってばかりではなく積極的に動くと◎	17 決 ☯ 熱心でもキツイ態度は×。皆と歩調を合わせよう。
18 沈 ▼ 頑張ってきた分、疲れ気味。夏本番前に養生して。	19 天 一粒万倍日 ○ 栄養たっぷりの食事をとってエネルギーを補給。	20 迷 ◑ 不成就日 △ 順調でも気を緩めずに、浮ついた言動に注意。	21 再 ○ 思い出の場所に行くと、前向きな気持ちが復活。	22 金 ◎ 物事を深く考え冷静に分析、自信を持って進めて!	23 楽 △ 気分にムラがある人には深入りしないほうが◎	24 崩 × 立て直しを図る時期。経験をもとに考えてみて。
25 零 ● 歩調が合わないなら強行せずに周りに合わせて。	26 破 × 資料やデータ紛失の恐れが。机の上を整理しよう。	27 新 △ 誘われたら顔を出そう。場の活気がパワーに。	28 探 一粒万倍日 不成就日 □ 警戒を緩めて人と交流した分、収穫がありそう。	29 決 ● ☯ 判断を迫られる日。気の強さは隠しておこう。	30 沈 ▼ 誘われてもなるべくパス。行くなら短時間で帰宅を。	31 天 一粒万倍日 不成就日 ○ 順調に進むことは一度立ち止まって確認をして。

×：立ち止まってみる。冷静に。気をつける。
●：人の話を聞く。謙虚に。大切なものを守る。
△：初心を忘れない。調子に乗らない。
□：焦らない。可能性を探す。見直す。
☯：強引にならない。闘わない。調和する。
▼：無理しない。ゆっくりする。ケガや病気に注意。
○：やってみる。人の縁を大切に。
◎：挑戦する。自信を持つ。諦めない。

● 新月　◐ 上弦　○ 満月　◑ 下弦

August

崩星の年

2022年8月 沈星《メンテナンス》の月

今月は、気が散らないように、一つのことに集中して取り組みましょう。
まずは鏡の前で背筋をのばして、心も体も引き締めるとうまくいくはずです。

1 早寝早起きを意識する　2 肩の力を抜いてみる　3 できることをする

Mon.	Tue.	Wed.	Thu.	Fri.	Sat.	Sun.
1 迷 ▲ ぼんやりしていると落とし穴が。気を引き締めて。	2 再 □ 古い友達から良いエネルギーをもらえる日。	3 金 ☯ キャリアアップのために、新しいことをスタート。	4 楽 △ 人の温かい言葉に救われ仲間の大切さを実感。	5 崩 ◐ ✕↘ 周りへの自分の態度を、きちんと振り返ってみて。	6 零 ● 親切心が裏目に。手を差し伸べる際は慎重に。	7 破 ✕ 落ち込んだ気分は音楽で解消！次の展開を待って。
8 新 不成就日 △ 畑違いの仕事を頼まれても全力で頑張ってみる。	9 探 □ 苦手なことがあってもチャレンジしてみると◎	10 決 一粒万倍日 ☯ 直感に頼って即決すればチャンスをつかめそう！	11 沈 ▼ イライラや頭痛に悩まされそう。ゆっくり過ごすと◎	12 天 ○ ○ ワガママもかわいく映りそう。たまには甘えてみて。	13 迷 ▲ 解放的な気分になり過ぎず冷静さを心掛けて。	14 再 □ 結果が出ないことは過去のデータの見直しを。
15 金 一粒万倍日 ☯ 新しく出会った人への相談で悩みが解決しそう。	16 楽 不成就日 △ 些細なひと言に、いちいち反応しないで穏やかに。	17 崩 ✕↘ 判断力が鈍りがち。何事にも裏があると心得て。	18 零 ● 仲間を責めず、前向きに努力を続けよう。	19 破 ◑ ✕ 落ち込む日。流れに身を任せるのがベター。	20 新 △ 経験しないと良さはわからない。挑戦を忘れずに。	21 探 □ 噂話は鵜呑みにせず気になる人には声をかけて。
22 決 一粒万倍日 ☯ 友達に悩みを話してみよう。不安がやわらぎ運気UP。	23 沈 天赦日 ▼ 温かいものを食べることで、元気に過ごせそう。	24 天 不成就日 ○ 通った企画が条件付きでも真面目に取り組もう。	25 迷 ▲ 気が緩みがちなのでケガに注意。絆創膏を準備。	26 再 □ 大切な人に優しくしているか振り返ってみよう。	27 金 ● 一粒万倍日 ☯ 念には念を入れて確認することで金運UP。	28 楽 不成就日 △ 感情的になるとトラブルに。周囲の助けに感謝を。
29 崩 ✕↘ 意見の違いがあっても、今日の言い合いは避けて。	30 零 ● 他人のケンカに関わるのは×。遠くから見守ろう。	31 破 ✕ 過去への執着は捨て、去る者は追わずと心得て。	Memo			

● 新月　◐ 上弦　○ 満月　◑ 下弦

✕↘：要注意。決断しない。ワガママ禁止。●：人の話を聞く。謙虚に。大切なものを守る。✕：立ち止まってみる。冷静に。気をつける。△：初心を忘れない。調子に乗らない。
□：焦らない。可能性を探す。見直す。☯：強引にならない。闘わない。調和する。▼：無理しない。ゆっくりする。ケガや病気に注意。○：やってみる。人の縁を大切に。
▲：一度冷静に。心を穏やかに。飛びつかない。

September

崩星の年

2022年9月

努力が報われる

天星の月

誰もが嫌がることを率先してやると、運気が巡ってきます。苦手なことも意外と楽しめそうな予感。
黄色やオレンジなど明るめの色がラッキーカラーです。

★1 計画的に行動する　★2 一息つく時間を大切に　★3 美味しいものを味わう

Mon.	Tue.	Wed.	Thu.	Fri.	Sat.	Sun.
			1 新 ✧ じっとしていられなそう。やる気に任せて行動を。	2 探 □ 温めていたアイデアが実現へ。気を抜かないで。	3 決 一粒万倍日 ☆ 後悔しないように大切な人とは誠実に向き合って。	4 沈 ◐ ▼ すべて順調でも体調管理は念入りにしておこう。
5 天 不成就日 ◎ 新しいことに挑戦するより目の前のことを丁寧に。	6 迷 △ 気が抜けそう。努力を無駄にしないよう堅実に。	7 再 ○ 周りが避ける難しいことにあえて挑戦してみると◎	8 金 ⋆☆ 少し高めの目標で力試し。派手より地味目が無難。	9 楽 > 今はまだ独立は難しそう。堅実に経験を積もう。	10 崩 ○ × 方向転換が必要なら臨機応変な態度でいよう。	11 零 一粒万倍日 ● つい口が滑りそう。ランチは1人で好きなものを。
12 破 ⤯ ジュース代など借りたままのものがないか確認を。	13 新 不成就日 ✧ 秋の新作ファッションをチェックして気分転換。	14 探 □ 料理も仕事も新しい方法でするとやる気がUP。	15 決 ☆ やる気に溢れているので何ごとも全力でいこう。	16 沈 一粒万倍日 ▼ まずは体力回復を。人間関係もうまくいくはず。	17 天 ◎ レジャーで心も晴れやかに。果物狩りがオススメ。	18 迷 ◑ △ 今日のお誘いは、あまり今後につながらなそう。
19 再 ○ 中断していたことや趣味があれば再チャレンジ。	20 金 ⋆☆ 信頼できる相手に御馳走すると金運を呼びそう。	21 楽 不成就日 > 困っている人の話は真面目に聞くようにしよう。	22 崩 × 無理して社交的にふるまわず自然体で過ごして。	23 零 一粒万倍日 ● うまく断れなくても相手が満足ならそれでOK。	24 破 ⤯ 香水やタバコなど香りのトラブルに注意して。	25 新 ✧ 新しい仲間が来て新風が。声をかけてみて。
26 探 ● 不成就日 □ お誘いがあっても今日は見送ったほうがよさそう。	27 決 ☆ 自力で頑張る努力を。今後の自信につながるはず。	28 沈 一粒万倍日 ▼ 弱っていても周りに見せないようにすると吉。	29 天 ◎ 注目される日。自分から特技や考えをアピール!	30 迷 △ 詰めの甘さで評判も×。最後まで手を抜かないで。	Memo	

●新月 ◐上弦 ○満月 ◑下弦

×：立ち止まってみる。冷静に。気をつける。 ●：人の話を聞く。謙虚に。大切なものを守る。 ⤯：自分を変える。奉仕する。 ✧：少しずつ動く。もう一度チャレンジする。
□：焦らない。可能性を探す。見直す。 ☆：自分を信じる。希望を持つ。 ▼：無理しない。ゆっくりする。ケガや病気に注意。 ◎：挑戦する。自信を持つ。諦めない。 △：初心を忘れない。調子に乗らない。 ○：やってみる。人の縁を大切に。 ⋆☆：レベルアップ。追い風に乗る。 >：ひとり占めしない。計画的に。

October

崩星の年

2022年10月

誘惑が多い 迷星の月

今月は気が散りそうな時期です。目標を達成するために、よそ見をせず目の前のことに集中して、ムダを減らすように心がけることが開運のカギに。

1 のどのケアを入念に　2 結論を急がない　3 何事も迷わず集中する

Mon.	Tue.	Wed.	Thu.	Fri.	Sat.	Sun.
					1 再 □ 前と同じミスを繰り返しそう。くれぐれも注意。	2 金 ☯ 高価なプレゼントなど思いがけない幸運が。
3 楽 ◐ △ 行動するときは人を振り回さないように心がけて。	4 崩 不成就日 ↘ やり方を否定されたら、まずは非を認め反省。	5 零 一粒万倍日 ● 努力は実るけど何もしていない人は動かないで。	6 破 × 嫌なことから逃げず大切な人には誠実な対応を。	7 新 △ 周りに合わせる努力を。新しいご縁があるかも。	8 探 一粒万倍日 □ 意外な人に褒められそう。苦手な人とは仲良く。	9 決 ☯ 気になっていた疑問がネット情報で解決しそう。
10 沈 ○ ▼ 大切な人を失いたくないなら隙を見せてはだめ。	11 天 一粒万倍日 ○ 集中力とやる気がUP。仕事に真剣に取り組んで。	12 迷 不成就日 ▲ 大事なことを聞き逃しそう。緊張感を持って。	13 再 □ 失敗を繰り返さないよう過去を分析して対処。	14 金 ☯ 気分転換にお金を使うのなら後悔しない程度に。	15 楽 △ 腑抜けモード。几帳面かつ慎重な態度で臨もう。	16 崩 ↘ 無神経な言動は反感を買いそう。態度を改めよう。
17 零 ● 自分の意見は言わずに受け身の姿勢でいよう。	18 破 ◑ × 失敗しても弱点を発見できたと切り替えて。	19 新 △ 興味を持ったことは、どんどん追求していこう。	20 探 一粒万倍日 不成就日 □ 忙しいのに大きな仕事を任されそう。自信過剰は×	21 決 ☯ 曖昧な答えを出していたなら今こそ決断のとき。	22 沈 天赦日 ▼ しっかり休むことを優先し体の調子を整えよう。	23 天 一粒万倍日 ○ 普段より大胆に振る舞えそう。注目度もUP!
24 迷 ▲ メールの誤送信の恐れが。宛先はよく確かめて。	25 再 ● □ 物事が進まずイライラ。粘り強くやれば完璧に。	26 金 ☯ 努力の結果に満足。マイペースすぎた人は反省を。	27 楽 △ 楽しく過ごせそうだけどハメは外さないように。	28 崩 不成就日 ↘ その場限りでなく根本からの解決策を探そう。	29 零 ● 友達には手を貸して。後々助けてもらえることも。	30 破 × 修理したのにまた壊れた電化製品は潔く買い換えて。
31 新 △ こだわりを発揮するとチャンスが舞い込みそう。	Memo					

↘：要注意。決断しない。ワガママ禁止。　●：人の話を聞く。謙虚に。大切なものを守る。　×：立ち止まってみる。冷静に。気をつける。　△：初心を忘れない。調子に乗らない。

□：焦らない。可能性を探す。見直す。　☯：強引にならない。闘わない。調和する。　▼：無理しない。ゆっくりする。ケガや病気に注意。　○：やってみる。人の縁を大切に。

▲：一度冷静に。心を穏やかに。飛びつかない。

● 新月　◐ 上弦　○ 満月　◑ 下弦

November

崩星の年

2022年11月

再挑戦できる

再星の月

自分のクセを見直すことで運気が上がりそう。悪い習慣を手放して、健康に良いことを始めましょう。
家族を大切にすることも運気UPの秘訣です。

1 データはバックアップを　2 懐かしい場所に出向く　3 願いを口に出してみる

Mon.	Tue.	Wed.	Thu.	Fri.	Sat.	Sun.
	1 探 ◐ 一粒万倍日 □ 周りの人たちの長所に目を向けるようにしよう。	2 決 ☯ 人を惹きつける力を研究しよう。強引なのは×	3 沈 ▼ 自信喪失してダウン気味。自分の欠点と向き合おう。	4 天 一粒万倍日 ○ もうひと頑張りしてみて。意外と簡単にできるかも。	5 迷 不成就日 △ 思い込みは禁物。目的を理解してから取り組もう。	6 再 ○ 中途半端になっていた勉強に再トライしてみて。
7 金 天赦日 ◎ 旧友の紹介で素敵な出会いが。構えずに会うと◎	8 楽 ○ △ 頑張っていれば助けてくれる人が現れそう。	9 崩 × 思いがけないトラブルが。全方位に目を向けて。	10 零 ● 問題が次々に勃発。代案は常に用意しておこう。	11 破 × 約束をキャンセルされそう。気分転換に掃除が吉。	12 新 △ 新しいものと古いものを組み合わせて斬新な発想を。	13 探 不成就日 □ お使いは引き受けよう。街を歩いて気分転換。
14 決 ☯ 習い事など何か始める好機。自分が変われるはず。	15 沈 ▼ 些細なことに敏感に。こだわり過ぎなくて大丈夫。	16 天 ◑ 一粒万倍日 ○ 希望の仕事をする機会が。長所が評価されたみたい。	17 迷 一粒万倍日 △ 些細なことは気にせず何が大事なのか考えて行動を。	18 再 ○ 音楽やファッションなど昔の物の輝きを見直して。	19 金 ◎ 金運に恵まれる日。臨時収入があれば使わず貯蓄を。	20 楽 △ 周囲のサポートあり。やりたいことに集中してOK。
21 崩 不成就日 × 予想外のことに振り回されそう。冷静に受け止めて。	22 零 ● 準備不足は失敗のもと。慎重に慎重を重ねてみて。	23 破 × 引き出しを整理。迷ったものは捨ててしまおう。	24 新 ● △ 冬の新作ファッションに注目。定番も似合う予感。	25 探 □ 知らないことは質問して学びを大切に。	26 決 ☯ 今よりもう一段高い理想を描いてみてもよさそう。	27 沈 ▼ 強敵の登場!?実力をつけて真っ向勝負を挑もう。
28 天 一粒万倍日 不成就日 ○ 公私ともにモテモテ。仕事の付き合いを優先して。	29 迷 一粒万倍日 △ 面倒だからと断ると後悔しそう。何事にも真剣に。	30 再 ◐ ○ 懐かしい人から連絡が。声が聞けて幸せな気分に。	Memo			

●新月　◐上弦　○満月　◑下弦

×：立ち止まってみる。冷静に。気をつける。
●：人の話を聞く。謙虚に。大切なものを守る。
△：初心を忘れない。調子に乗らない。
□：焦らない。可能性を探す。見直す。
☯：強引にならない。闘わない。調和する。
▼：無理しない。ゆっくりする。ケガや病気に注意。
○：やってみる。人の縁を大切に。
◎：挑戦する。自信を持つ。諦めない。

December

崩星の年

2022年12月

注目が高まる

金星の月

勉強や知識の取得にぴったりな時期。興味を感じたものはどんどん取り入れて、
自分の可能性を広げてみましょう。あなたの心の柱になっていくはずです。

❶ 開運アイテムを使う　❷ 教養を身につける　❸ 視野を広げてみる

Mon.	Tue.	Wed.	Thu.	Fri.	Sat.	Sun.
			1 金 ☆☆ 面倒見の良さが評価され嬉しい結果になるかも。	2 楽 ＞ サポートしてくれる異性と交際に発展するかも。	3 崩 × 深く考えすぎず直球勝負のほうがよさそう。	4 零 ● 断ることも大切。確実なものだけに取り組もう。
5 破 ↗ 今までのやり方を改善しスピードアップを図ろう。	6 新 不成就日 ✧ 見合い話があっても今日は返事を保留して。	7 探 □ スマホばかり見ていると頭痛が。体を動かそう。	○ 8 決 ☆ 目標や目的を再確認し計画。迷わず進めるはず。	9 沈 ▼ 頼まれていないなら口出しは慎むのがベスト！	10 天 ◎ 目の前の人や自然と触れ合い会話を大切に。	11 迷 △ 気になる人といい雰囲気に。相手を立てよう。
12 再 一粒万倍日 ○ 思い出の場所を訪れて初心に戻ると開運に。	13 金 一粒万倍日 ☆☆ 公私ともに全力で。地道な努力が実を結びそう。	14 楽 不成就日 ＞ 出会いを求めている人も今日は1人で過ごそう。	15 崩 × 見返りを期待するより全体のことを考え行動。	◑ 16 零 ● 周囲が反対することはやめて、素直に聞き入れて。	17 破 ↗ しっかり説明を聞き相手が求めることを理解して。	18 新 ✧ 過信せずに、信頼する人から話を聞いてみよう。
19 探 □ 仲間とおしゃべりをしてストレス解消しよう。	20 決 ☆ 周囲の意見を聞いても結論は自分自身で出そう。	21 沈 ▼ 疲れて心底楽しめない日。人と会うのは明日に。	22 天 不成就日 ◎ 今日の告白はストップ。様子をみましょう。	● 23 迷 △ やるべきことに集中。その場限りの楽しみ優先は×	24 再 一粒万倍日 ○ 楽しい思い出が蘇るようなプレゼントを選ぼう。	25 金 一粒万倍日 ☆☆ 目標達成が目の前に。引き続き努力を続けて。
26 楽 ＞ 損得を考えず、お金より大事なことがあると意識。	27 崩 × 楽しみがキャンセルに。今日は家の大掃除を。	28 零 不成就日 ● イベントはパス。家族や親しい人と過ごそう。	29 破 ↗ 外出は控えたほうがよさそう。風邪に注意して。	◐ 30 新 ✧ 家族と出かけてみて。歴史を感じる場所が◎	31 探 □ 来年もよろしく！と積極的に周りに伝えると吉。	

● 新月　◐ 上弦　○ 満月　◑ 下弦

×：立ち止まってみる。冷静に。気をつける。 ●：人の話を聞く。謙虚に。大切なものを守る。 ↗：自分を変える。奉仕する。 ✧：少しずつ動く。もう一度チャレンジする。 □：焦らない。可能性を探す。見直す。 ☆：自分を信じる。希望を持つ。 ▼：無理しない。ゆっくりする。ケガや病気に注意。 ◎：挑戦する。自信を持つ。諦めない。 △：初心を忘れない。調子に乗らない。 ○：やってみる。人の縁を大切に。 ☆☆：レベルアップ。追い風に乗る。 ＞：ひとり占めしない。計画的に。

星竹

赤

新星

〝心機一転チャレンジの年〟

総合運

2022年は「新星」の年。やっとパワフルに動き回れる時期です。過去のこだわりは捨て、好奇心を刺激することにはなんでも挑戦する気持ちを大切に。1月はまだ力不足なので、ムリをせず2月から新しいことをスタート。5月、7月は集中できず、体調も下降ぎみ。気を引き締め軽率な行動は控えて。不調なときは早めに寝ましょう。6月はうれしい出会いやチャンスが。9月には仕事の成果に恵まれそう。毎日を一生懸命生きると上昇につながります。

恋愛運

今年出会う人は、あなたに夢や希望を与えてくれます。直感を大切にし、さわやかな付き合いをすると、新しい自分を発見できる予感。恋人になれず、良い思い出だけで終わったとしても、それは大切な経験。カップルは結婚に向かってうれしい変化が起こりそう。うまくいっていなかった二人にも仲直りの機会が。もし別れがあっても流れに逆らわず従ってみましょう。結婚のタイミングを逃している人は、意識して行動していくとトントン拍子に話が進みそう。

仕事・金運

多くの人に出会い、刺激を受けることができる年。知識を吸収し、思いついたことは失敗をおそれずに試すことで、良い変化が生まれます。自分も周囲も明るくなり、自由に動ける感覚がありそう。希望の部署に配属されるなど、自分の力を発揮できる機会も増えるでしょう。現状にこだわるより、変化を受け入れることで運気が上昇します。金運は急には改善しませんが、意欲次第ではUP。ためらわずに積極的に行動することが、運勢を良くするカギになります。

星竹・赤

2021年

11月
- 運気が低迷
- 健康運に影が
- 頑固はNG
- 流れに身を委ねる

12月
- 全てを受け入れてみる
- 謙虚さを大事に
- 決めつけない
- じっくり煮詰める

2022年

1月
- リセットの時期
- 判断ミス
- 縁が切れる
- 爆発しやすい

2月
- 新スタート
- 新発見
- チャレンジする
- 直感が戻る

3月
- 物事を見直す
- 体調を崩しやすい
- 準備の時期
- 少し休憩

4月
- 決断する
- 直感に従う
- 人生が変わる
- 軸を定める

5月
- 体調管理を第一に
- 無理はしない
- メンタルダウンに注意
- 癒しを大切にする

2022年運気の流れ

6月
・変化がある
・力を発揮できる
・夢が膨らむ
・天から光を受ける

7月
・誘惑が多い
・調子に乗りがち
・足腰を温める
・決断はNG

8月
・再生、再会、再挑戦
・縁ある人と再会
・チャンス到来
・縁のある人が集まる
・経験が活かせる時

9月
・自信を持って行動
・プチセレブ感
・注目が高まる
・引きが強い時

10月
・楽しんでみる
・穏やかな雰囲気
・振り返ってみる
・最後の決断

11月
・運気が低迷
・健康運に影が
・頑固はNG
・流れに身を委ねる

12月
・全てを受け入れてみる
・謙虚さを大事に
・決めつけない
・じっくり煮詰める

星竹・赤
運気カレンダー

Fortune Calendar

運気カレンダーの見かた

運気カレンダーでは、あなたの毎月の運気と
日々の運気の流れを知ることができます。

運気が停滞しやすい日、判断ミスを起こしやすい日
直感が働く日、物事を決定するのに適した日など
それぞれの運気に合わせたマークが、カレンダーに書かれているので
毎日の過ごしかたの参考にしてください。
カレンダーのグレーは影の時期。運気がやや低迷します。

また、「天赦日」「一粒万倍日」は暦の上での吉日なので、行動を起こすのにいい日です。
逆に「不成就日」は暦の上では願いごとが叶いにくい日なので、穏やかに過ごすのがおすすめです。

吉日と不成就日が重なる場合には、あまり新しい行動は起こさない方がベター。

毎月のお言葉と、挑戦してほしい3つの行動もお伝えしているので、
ぜひ指針にしてみてくださいね。

天星記号のキーワード

- × 立ち止まってみる。冷静に。気をつける。
- ● 人の話を聞く。謙虚に。大切なものを守る。
- ⤯ 自分を変える。奉仕する。
- ✧ 少しずつ動く。もう一度チャレンジする。
- □ 焦らない。可能性を探す。見直す。
- ☆ 自分を信じる。邪気を払う。希望を持つ。
- ▼ 無理しない。ゆっくりする。ケガや病気に注意。
- ◎ 挑戦する。自信を持つ。諦めない。
- △ 初心を忘れない。調子に乗らない。
- ○ やってみる。進む。人の縁を大切に。
- ☆☆ レベルアップ。追い風に乗る。チャンスあり。
- ＞ ひとり占めしない。先を考えてみる。計画的に。
- ☆☆☆ 感謝をする。幸せをいただく。ポジティブに。
- ⤰ 要注意。決断しない。ワガママ禁止。
- ▲ 一度冷静に。心を穏やかに。飛びつかない。
- ☯ 強引にならない。闘わない。調和する。

December

破星の年

2021年12月

謙虚さが大事

零星の月

重要な転機が訪れる時期。良い変化や新しいことを取り入れると運気UP。
前向きで柔軟な視点を持つようにしてください。あなたならきっと大丈夫。

★1 七転び八起きを意識　★2 感謝を忘れない　★3 流れに身を委ねてみる

Mon.	Tue.	Wed.	Thu.	Fri.	Sat.	Sun.
		1 迷 ▲ 噂話は×。事実と違っているとトラブルの可能性が。	2 再 不成就日 □ 諦められないならリベンジを計画。次に備えて。	3 金 一粒万倍日 ☯ 物欲が沸々。今日の出費は抑えるのが吉。	● 4 楽 一粒万倍日 △ 急な予定変更に焦らず、相手のことを考えよう。	5 崩 ↘× ゆっくりな人にイライラ。自分とは違うと心得て。
6 零 ● 嫌なことでも断らずにいれば、新しい体験ができそう。	7 破 × 予定が狂いそう。諦めるものが出ても受け止めて。	8 新 不成就日 △ 新鮮な空気を吸って深呼吸。ストレス解消を。	9 探 □ 苦手な相手でも、アイデアを取り入れるチャンス!	10 決 ☯ やめないといけないことが。潔く諦めて。	◐ 11 沈 ▼ 愛嬌をふりまくと、面倒なことになるかも。	12 天 ○ 思わぬところで注目を浴びやすい日に。
13 迷 ▲ 好きな人と過ごして有頂天。我を忘れないよう注意。	14 再 □ 関係がギクシャクしている人には小さな贈り物を。	15 金 ☯ イベントを機に思いを伝えよう。すれ違いが解消。	16 楽 不成就日 △ やる気がダウン。甘い気分は引きずらないこと。	17 崩 一粒万倍日 ↘× ストレス発散もいいけれど、愚痴はほどほどに。	18 零 一粒万倍日 ● チャレンジ精神に火が。まずはやるべき課題から。	○ 19 破 × 相手に翻弄されそう。今日は敵を作らないように。
20 新 △ 必要なものが見えてきそう。情報収集をして。	21 探 □ 人との出会いで発見が。新しい世界に触れるのも◎	22 決 ☯ 動けばますます泥沼。ゆっくりと判断を。	23 沈 ▼ 問題が降りかかって嫌気が。でも投げ出さないで。	24 天 不成就日 ○ 今後のために反省する日。明日から活かそう。	25 迷 ▲ 話題の製品に目移りしても使いこなすのは難しそう。	26 再 □ 突然のキャンセルが。毎回のことなら考えもの。
◑ 27 金 ☯ 疲れが出やすい日。今日は休養に徹して。	28 楽 △ 忙しい時こそ、家族との会話で安らぎを。	29 崩 一粒万倍日 ↘× その場しのぎの行動を控え、相手を思いやって。	30 零 一粒万倍日 ● 突然の報告に驚いても、新たな挑戦は好機の兆し。	31 破 × 今年のストレスは忘れて、来年に備えよう。	Memo	

● 新月　◐ 上弦　○ 満月　◑ 下弦

↘×：要注意。決断しない。ワガママ禁止。
●：人の話を聞く。謙虚に。大切なものを守る。
×：立ち止まってみる。冷静に。気をつける。
△：初心を忘れない。調子に乗らない。
□：焦らない。可能性を探す。見直す。
☯：強引にならない。闘わない。調和する。
▼：無理しない。ゆっくりする。ケガや病気に注意。
○：やってみる。人の縁を大切に。
▲：一度冷静に。心を穏やかに。飛びつかない。

January

新星の年

2022年1月

殻を破る

破星の月

今月は、なにかが終わり、始まる時。予想外のことが起きても、焦らずに行動してください。
シンプルに考えることで見えてくるものがあるはずです。

★1 去るものは追わない　★2 背筋を伸ばす　★3 空気を入れ替える

Mon.	Tue.	Wed.	Thu.	Fri.	Sat.	Sun.
					1 新 不成就日 ✧ 気分も一新、いつもと違う初詣にしてみては?	2 探 □ アドバイスはきちんと聞いて、実行に移して。
3 決 ● ☆ 白黒つけたい日。長引く問題は自分からケリを。	4 沈 ▼ 心身が不調なら自然の恵みをいただいて滋養に。	5 天 ◎ イベントに参加すると楽しめそう。はしゃぎすぎは×	6 迷 △ モヤモヤしているなら気持ちをスッキリさせよう。	7 再 ○ 執着は×。チャンスは訪れるので切り替えよう!	8 金 不成就日 ☆☆ 贅沢は我慢しよう。今日は控えめな気持ちで。	9 楽 ＞ ぼーっとしがちな日。やるべきことはテキパキ作業。
10 崩 ◐ × すべてが空回り。主張するより流れに任せて。	11 零 天赦日 一粒万倍日 ● 回り道をしそうな日。最後は満足感に浸れそう。	12 破 ⤯ 手放さないといけないものは、思い切って捨てて。	13 新 ✧ 外出すると吉。新鮮な気分とひらめきをゲット。	14 探 一粒万倍日 □ 遊びより休息を優先すると明日からの運気UP。	15 決 ☆ 決着の日。気持ち一つで、結果が変わってきそう。	16 沈 不成就日 ▼ 異変があるなら要注意。体調を整えて過ごそう。
17 天 ◎ 予想外の事にビックリ! これからが本番と心得て。	18 迷 ○ △ 集中力が散漫に。曖昧な態度は控えるよう心掛けて。	19 再 ○ 仕事は効率よく。過程は同じでも別視点で驚きの成果。	20 金 ☆☆ 噂のお店で食事が◎。マンネリを脱出できそう。	21 楽 ＞ 相手に気を配ろう。意外な接点に気付いて驚き!	22 崩 × 事実を知って衝撃。なるべく早く気持ちの切り替えを。	23 零 一粒万倍日 ● 新たな運命の入り口。衝撃も受け止め方次第で◎
24 破 不成就日 ⤯ 気持ちが沈みそう。模様替えの計画をしてみて。	25 新 ◑ ✧ 過去ではなく未来に目を。心機一転スタート。	26 探 一粒万倍日 □ 仲間が幸運の鍵。支えてくれる人がいて感激。	27 決 ☆ 来月は大胆にいこう。今日を有効活用して計画を。	28 沈 ▼ 人のせいにせず自分の言葉に責任を持つと回避。	29 天 ◎ 積極的な行動が吉。周囲にやる気を宣言しよう。	30 迷 △ 考え事をする前に、まずはやるべき事をしっかりと。
31 再 ○ どうしてもやりたいなら、諦めず再挑戦。	Memo					

● 新月 ◐ 上弦 ○ 満月 ◑ 下弦

×:立ち止まってみる。冷静に。気をつける。 ●:人の話を聞く。謙虚に。大切なものを守る。 ⤯:自分を変える。奉仕する。 ✧:少しずつ動く。もう一度チャレンジする。
□:焦らない。可能性を探す。見直す。 ☆:自分を信じる。希望を持つ。 ▼:無理しない。ゆっくりする。ケガや病気に注意。 ◎:挑戦する。自信を持つ。諦めない。 △:初心を忘れない。調子に乗らない。 ○:やってみる。人の縁を大切に。 ☆☆:レベルアップ。追い風に乗る。 ＞:ひとり占めしない。計画的に。

February

新星の年

2022年2月

新スタート

新星の月

マイナーチェンジをすることが、今月の開運行動。
やり直せるチャンスが来るので、新しく学び直すつもりで、その経験を活かすようにしましょう。

1 イメチェンする　2 新しい目標を立てる　3 朝活を始めてみる

Mon.	Tue.	Wed.	Thu.	Fri.	Sat.	Sun.
	1 金 ● ☆☆ 有望な相棒に出会えるかも。まずは相手を知ろう。	2 楽 ＞ 陰の努力を認められそうな日にち。喜びはシェアを。	3 崩 不成就日 × 気分転換は外出するよりも家でのんびりがよさそう。	4 零 ● 直感が鈍る日。じっくり考えて準備が必要。	5 破 一粒万倍日 ×↗ 過去にこだわるのはNG。気持ちを切り替えよう。	6 新 ✧ 外のエネルギーをチャージ。良い発見もありそう。
7 探 □ いい情報が手に入りそう。行動することが開運に。	8 決 ◐ ☆ 新しい刺激を受ける予感。自己アピールを忘れずに。	9 沈 ▼ 度々の警告にうんざり。自分の間違いを認めて反省。	10 天 一粒万倍日 ◎ イベントへの参加が吉。仲間と有意義に過ごせそう。	11 迷 不成就日 △ 誰にでもいい顔をしないで。口だけにならず有言実行。	12 再 ○ やるべきことに集中。すぐに結果につながる兆し。	13 金 ☆☆ 会話が弾みそう。お願いごとをするなら昼時に。
14 楽 ＞ 頼りになる人が現れそう。理想とする人ならお手本に。	15 崩 × 勢いで決めないで。判断を誤り責任をとるはめに。	16 零 ● 陰でこっそりは大失敗に。周囲に従って行動を。	17 破 ○ 一粒万倍日 ×↗ 嫌な出来事を忘れて、明るい気持ちで過ごせそう。	18 新 ✧ 初めの一歩にふさわしい日。思いきって新世界へ。	19 探 不成就日 □ テンションの低い日。子供がパワーをくれそう。	20 決 ☆ 今日の判断で進むか戻るか運命が決まるかも。
21 沈 ▼ じっくり観察を。勝負ごとは明日にまわして。	22 天 一粒万倍日 ◎ 新しい仕事に抜擢されそう。ささやかにお祝いを。	23 迷 △ 出会いに飛びつくのは×。まずは状況を把握して。	24 再 ◑ ○ 懐かしい場所へ出かければ、やるべきことが明確に。	25 金 ☆☆ 資格や講座など、可能性を広げるものにトライ!	26 楽 ＞ お出かけは午前中に。明るく振る舞えば吉。	27 崩 不成就日 × 別れや異動で寂しくなる時。環境変化を恐れずに。
28 零 ● やる気が起きない日。まわりに感謝して奉仕を。	Memo					

● 新月　◐ 上弦　○ 満月　◑ 下弦

×：立ち止まってみる。冷静に。気をつける。 ●：人の話を聞く。謙虚に。大切なものを守る。 ×↗：自分を変える。奉仕する。 ✧：少しずつ動く。もう一度チャレンジする。 □：焦らない。可能性を探す。見直す。 ☆：自分を信じる。希望を持つ。 ▼：無理しない。ゆっくりする。ケガや病気に注意。 ◎：挑戦する。自信を持つ。諦めない。 △：初心を忘れない。調子に乗らない。 ○：やってみる。人の縁を大切に。 ☆☆：レベルアップ。追い風に乗る。 ＞：ひとり占めしない。計画的に。

March

新星の年

2022年3月

物事を見直す

探星の月

今月のテーマは素直でいること。ありのまま過ごすことがベストです。
過剰に求めることはやめて、ナチュラルに、あなたの「好き」を大切にしてみて。

★1 心と体を整える　★2 ミスは素直に認める　★3 口角を上げてみる

Mon.	Tue.	Wed.	Thu.	Fri.	Sat.	Sun.
	1 破 一粒万倍日 ♐ 別れあれば出会いあり。成長してから会う約束を。	2 新 ✧ 引きこもらず、近所に買い物に行くだけでも元気に。	3 探 ● □ 友達と出かければ、良い出会いがありそう。	4 決 不成就日 ☆ 気になる人がいても、積極的なアプローチは×	5 沈 ▼ 朝からお腹が不安定。冷たいものは控えてみて。	6 天 ◎ 尊敬できる人が見つかる日。生き方を参考に。
7 迷 △ やるべきことを忘れないように注意。集中しよう。	8 再 ○ 手を抜くとやり直すことになるので慎重に。	9 金 一粒万倍日 ☆☆ 金融の話ができる人が、頼れる相手になりそう。	10 楽 ◐ ＞ イベントは、自分主体より相手に任せる方が◎	11 崩 × 贈り物に不満は×。選んでくれた想いを大切に。	12 零 不成就日 ● 予想外の人から声が。心が揺れそうでも耐えよう。	13 破 ♐ 恋愛は決着を。今後、理想的な人との出会いあり。
14 新 一粒万倍日 ✧ 興味のまま飛びついて。新発売の商品を買うと意欲UP。	15 探 □ 週末にむけて情報収集。いい発見があるかも。	16 決 ☆ 早めに休日の予定を。今日決めないと直前に焦りそう。	17 沈 ▼ 勘違いや誤解をしないようにしたい日。きちんと確認。	18 天 ○ ◎ 有意義に過ごせそう。恩を受けたらお礼は忘れずに。	19 迷 △ 朝はのんびりと。脇見運転やスピード違反に注意。	20 再 不成就日 ○ 知人から人を紹介されそう。今日は様子を見て。
21 金 一粒万倍日 ☆☆ 噂の場所を訪れてみよう。ビッグチャンスの兆しが。	22 楽 ＞ 自信とやる気がMAX！ 行動するための準備を。	23 崩 × 新しい環境へ。あなたの魅力を存分に発揮できそう。	24 零 ● 絶えず電話やメールが。丁寧に対応しよう。	25 破 ◑ ♐ 軽はずみな行動は×。新たな挑戦は明日からに。	26 新 天赦日 一粒万倍日 ✧ 新しい友達が自分の世界を広げてくれるかも。	27 探 □ 情報を周りの人とシェアすると喜ばれそう。
28 決 不成就日 ☆ 人の意見を聞くように心がけて。頑固はNG。	29 沈 ▼ 疲れが溜まるけど、面倒なことを避けないで。真面目に。	30 天 ◎ 新しい波がきそう。やる気を出して仲間を増やして。	31 迷 △ 恋愛にのめり込むのは×。客観的に相手を見つめて。	Memo		

●新月 ◐上弦 ○満月 ◑下弦

×：立ち止まってみる。冷静に。気をつける。 ●：人の話を聞く。謙虚に。大切なものを守る。 ♐：自分を変える。奉仕する。 ✧：少しずつ動く。もう一度チャレンジする。
□：焦らない。可能性を探す。見直す。 ☆：自分を信じる。希望を持つ。 ▼：無理しない。ゆっくりする。ケガや病気に注意。 ◎：挑戦する。自信を持つ。諦めない。 △：初心を忘れない。調子に乗らない。 ○：やってみる。人の縁を大切に。 ☆☆：レベルアップ。追い風に乗る。 ＞：ひとり占めしない。計画的に。

April

新星の年

2022年4月

決断する

決星の月

なにかを変えたくなるこの時期。マンネリな状態を打破できるよう、自分に刺激を与えましょう。
サプライズを企画するとフレッシュな気分になれそう。

★1 見る角度を変える　★2 自分を見つめ直す　★3 シンプルに考えてみる

Mon.	Tue.	Wed.	Thu.	Fri.	Sat.	Sun.
				1 再 ● 不成就日 ◎ 新生活の話をしたくても、今日はゆっくりと。	2 金 一粒万倍日 ☆☆ 気合を入れて出かけよう。髪型も抜かりなく。	3 楽 ＞ 有力なパートナーと出会うかも。意思疎通が大切。
4 崩 × 不慣れな作業に苦戦。疑問は上司や先生に聞こう。	5 零 一粒万倍日 ☯ 今日のことは水に流して。余計な不安は無用!	6 破 ⤯ 報告・連絡・相談を大切に。勘違いに注意。	7 新 ✧ 外出気分。開店したての店に行けば掘り出し物が。	8 探 一粒万倍日 ○ イベント運が◎。良い出会いもありそうな日。	9 決 ◐ 不成就日 ☆ 方向性を定めたいけれど、明日から始めるのが◎	10 沈 ▼ 悩みを取り除く努力を。過去へのこだわりは捨てて。
11 天 ◎ 思いきって告白を。映画やライブに誘うと◎	12 迷 □ わかっていても間違う恐れが。甘い誘惑にご用心。	13 再 ◎ 実行したいことは今日挑戦。意外と成功するかも。	14 金 ☆☆ ハングリー精神で運気UP。経験を積む旅に出よう。	15 楽 ＞ お金よりも人とのつながりを大切にしたい日。	16 崩 × スタート直前に問題が起きそう。強行突破は×	17 零 ○ 一粒万倍日 不成就日 ☯ 早い帰宅なら家族や大切な人にサービスを。
18 破 ⤯ 忠告を受けても冷静に。無駄な動きは控えよう。	19 新 ✧ 新しい出発が。友達もお祝いしてくれるみたい。	20 探 一粒万倍日 ○ 家族や大切な人にとって、いい情報が入りそう。	21 決 ☆ 気合も体力も十分。オークションに参加も◎	22 沈 ▼ 精神的に余裕がない1日。コーヒーで息抜きを。	23 天 ◑ ◎ 念願が叶うかも。人と接することなら事前に挨拶を。	24 迷 □ いい顔ばかりだと勘違いを生む日。ケンカに注意。
25 再 不成就日 ◎ 不要なものは片付けるか売るなどをして整理。	26 金 ☆☆ 収入の目標設定を。行きたい場所をリストアップ。	27 楽 ＞ 友達や同僚など、大切な人に挨拶と感謝を。	28 崩 × 嘘はつかないで。計画性のある行動を心がけよう。	29 零 一粒万倍日 ☯ 予想外の場所で楽しめそう。相手のプランを優先。	30 破 ⤯ 浪費は禁物。お土産は高価な物だと逆に迷惑に。	

● 新月 ◐ 上弦 ○ 満月 ◑ 下弦

×：立ち止まってみる。冷静に。気をつける。 ☯：強引にならない。闘わない。調和する。 ⤯：自分を変える。奉仕する。 ✧：少しずつ動く。もう一度チャレンジする。 ○：やってみる。人の縁を大切に。 ☆：レベルアップ。追い風に乗る。 ▼：無理しない。ゆっくりする。ケガや病気に注意。 ◎：挑戦する。自信を持つ。諦めない。 □：焦らない。可能性を探す。見直す。 ☆☆：感謝をする。幸せをいただく。ポジティブに。 ＞：ひとり占めしない。計画的に。

May

新星の年

2022年5月

メンテナンス

沈星の月

気づかないうちに溜まっていた疲れが体に表れそう。
もっと自分が頑張れば、と考え過ぎず、現実に目を向けましょう。適度な息抜きも必要です。

★1 不調を見逃さない　★2 些細な怪我に気をつける　★3 水回りの掃除をする

×：立ち止まってみる。冷静に。気をつける。●：人の話を聞く。謙虚に。大切なものを守る。♐：自分を変える。奉仕する。✧：少しずつ動く。もう一度チャレンジする。□：焦らない。可能性を探す。見直す。☆：自分を信じる。希望を持つ。▼：無理しない。ゆっくりする。ケガや病気に注意。◎：挑戦する。自信を持つ。諦めない。△：初心を忘れない。調子に乗らない。○：やってみる。人の縁を大切に。☆☆：レベルアップ。追い風に乗る。＞：ひとり占めしない。計画的に。

Mon.	Tue.	Wed.	Thu.	Fri.	Sat.	Sun.
						1 新 ● ✧ 生活系雑誌を見ると◎。役立つ情報満載で興味津々。
2 探 一粒万倍日 □ 動物と接すると幸運。純粋さを知るきっかけに。	3 決 ☆ 自己流で進めたいけど、周囲と歩調を合わせよう。	4 沈 不成就日 ▼ 規則正しく消化の良い食事で、お腹の健康キープ。	5 天 ◎ はしゃぎ過ぎに気をつけて。走って転ばないように。	6 迷 △ 思い込みは×。気分転換になることを探そう。	7 再 ○ 避けたい人と鉢合わせ。無視せず挨拶はしよう。	8 金 ☆☆ 大切な人の反応が薄くても、隣にいるだけで幸せ気分。
9 楽 ◐ ＞ ケンカ中なら仲直りを。今日なら素直に謝れそう。	10 崩 × 無意識に人を振り回している予感。思いやりを。	11 零 ● 約束は守ろう。嘘やごまかしはすぐバレます。	12 破 不成就日 ♐ 両方を手に入れるのは無理。諦めることも大事。	13 新 ✧ 新しい趣味にトライ。思いがけずハマるはず。	14 探 一粒万倍日 □ 助言を聞き逃さないで。実行すると予想以上の結果に。	15 決 一粒万倍日 ☆ 去年からの悩みを払拭する好機。きっぱり整理を。
16 沈 ○ ▼ チャレンジ精神が旺盛でも、まずは体調管理を。	17 天 ◎ 調子が出ない日。そんなときはスタミナをつけよう。	18 迷 △ 邪魔が入るかも。反論せずに相手に任せてみて。	19 再 ○ 繰り返す症状は要注意。原因を突き止める必要が。	20 金 不成就日 ☆☆ 余計なひと言は不要。愚痴を言うのも控えて。	21 楽 ＞ 仲間のありがたみを実感。感謝の心を伝えよう。	22 崩 × 面倒な作業を手伝うハメに。お金の貸し借りは×
23 零 ◑ ● 細かいダメ出しにも我慢。自分のミスに納得しそう。	24 破 ♐ ネガティブな考えは封印。温かいお茶でひと息。	25 新 ✧ 面倒で、できるかどうか不安でも試す価値あり。	26 探 一粒万倍日 □ 会話を心がければ、悩みが晴れて満足できそう。	27 決 一粒万倍日 ☆ 幸せを感じられる出来事が。白黒決着つけると吉。	28 沈 不成就日 ▼ 今日が無理なら明日でOK。十分な睡眠が大切。	29 天 ◎ 受け身ばかりじゃ願いは叶わない。積極的に動いて。
30 迷 ● △ 後先考えずに引き受けると投げ出してしまう恐れが。	31 再 ○ 褒められてハッピー。慢心せず、さらなる努力を。	Memo				

●新月 ◐上弦 ○満月 ◑下弦

June

新星の年

2022年6月

努力が報われる

天星の月

積極的に行動して、生活を楽しむ生き方が開運につながる今月。
自分が喜ぶことを優先して、楽しい気分になれることを計画しましょう。笑顔を大切に。

★1 人との交流を楽しむ ★2 感情表現を豊かにする ★3 生活に花を取り入れる

Mon.	Tue.	Wed.	Thu.	Fri.	Sat.	Sun.
		1 金 ☆☆☆ 実力が評価される予感。好きな人にもアピールを。	2 楽 ＞ 約束ごとにツキあり。ハッピー気分を満喫♡	3 崩 不成就日 × できないことは言わないように。責任感を高めて。	4 零 ☯ 新しい服を汚すかも。今日は実用的なものを選んで。	5 破 ↗ 文句を言われたら、素直に謝っておいた方がベター。
6 新 ✧ 狙い定めていたことに挑戦。営業、恋の告白も◎	◐ 7 探 ○ お誘いがありそう。楽しくても夜更かしするのは×	8 決 ☆☆ 意見や気持ちを伝えるならこの日。大きな決断に吉日。	9 沈 一粒万倍日 ▼ 違和感が気になるのなら、手放すことも大切です。	10 天 天赦日 一粒万倍日 ◎ 印象的な時間が過ごせそう。素直な気持ちを伝えて。	11 迷 不成就日 □ 褒めてくれる人がいても、調子に乗らず冷静に。	12 再 ◎ 新しくスタートするなら、周囲に協力を求めると◎
13 金 ☆☆☆ ボーナスや収入UPなど、金運に嬉しいニュース。	○ 14 楽 ＞ 協力者が現れそう。相手と手を取り合おう。	15 崩 × 好意を迷惑に感じても責めずに言い分を聞き入れて。	16 零 ☯ 関係ないと思っていた話も、実は関わりがありそう。	17 破 ↗ 家族との時間を大切に。贈り物もいいかも。	18 新 ✧ 直感で行動し、どんどん挑戦。1週間以内に結果が。	19 探 不成就日 ○ 会話のすれ違いがありそう。きちんとメモを。
20 決 ☆☆ ここぞという時は迷わず手を挙げてみて。	◑ 21 沈 一粒万倍日 ▼ ライバルが現れても、挽回する努力をすれば良し。	22 天 一粒万倍日 ◎ 娯楽施設に寄り道を。刺激を受けてやる気もUP!	23 迷 □ リラックスして体力の温存を。気力も満タンに。	24 再 ◎ 旧友からの連絡は吉。昔話で盛り上がり、運も上昇。	25 金 ☆☆☆ 今月臨時収入があったなら、自分へのご褒美を。	26 楽 ＞ 周りに感謝をし、謙虚でいれば楽しく過ごせそう。
27 崩 不成就日 × 控えめでいよう。価値観を押し付けないで。	28 零 ☯ 失敗を認めて、今後のことを考えよう。	● 29 破 ↗ 欲しいと思ったものは、本当に必要か見極めて。	30 新 ✧ やるべきことが進まないかも。新鮮な空気を。	Memo		

● 新月 ◐ 上弦 ○ 満月 ◑ 下弦

×：立ち止まってみる。冷静に。気をつける。☯：強引にならない。闘わない。調和する。↗：自分を変える。奉仕する。✧：少しずつ動く。もう一度チャレンジする。○：やってみる。人の縁を大切に。☆☆：レベルアップ。追い風に乗る。▼：無理しない。ゆっくりする。ケガや病気に注意。◎：挑戦する。自信を持つ。諦めない。□：焦らない。可能性を探す。見直す。☆☆☆：感謝をする。幸せをいただく。ポジティブに。＞：ひとり占めしない。計画的に。

July

新星の年

2022年7月

誘惑が多い

迷星の月

今月は「私は大丈夫」と少し気楽に構えるくらいの心持ちでちょうどよさそう。
モヤモヤしたら部屋を掃除して、気分をすっきりさせましょう。

1 悩んだら潔く休む　2 言動に気をつける　3 心の余裕を意識する

Mon.	Tue.	Wed.	Thu.	Fri.	Sat.	Sun.
				1 探 □ お世話になっている人にお中元を。人の幸せを願って。	2 決 ☆ 不満や不安を簡単に口に出すと後悔しそう。	3 沈 一粒万倍日 ▼ 周りに注意を払うことがトラブル回避の秘訣。
4 天 一粒万倍日 不成就日 ◎ 仲間と洋食を食べると、有意義な時間を過ごせそう。	5 迷 △ 手抜きしたい気分。ミスを軽視せず気を引き締めて。	6 再 ○ タイプじゃない人に恋。優しいからとなびくのは×	7 金 ◐ 一粒万倍日 ☆☆ 振り回されそうなら別行動。無駄な買い物を回避!	8 楽 ＞ 甘えすぎず、助けてくれる相手と一緒に進めよう。	9 崩 × 自分のことは後回しが吉。文句は言わないように。	10 零 ● うっかりが思わぬ展開に。感情的になるとマイナス。
11 破 ⤯ 曖昧な返事は×。答えが出るまで時間をもらおう。	12 新 不成就日 ✧ 今日明日の商談は聞き逃し・聞き違い注意。要確認。	13 探 □ 出会いのチャンスが。相手を知ることから始めて。	14 決 ○ ☆ 単独行動したい気分。時間だけは厳守しよう。	15 沈 ▼ 夏風邪にご用心。寝冷えで喉や鼻が不調になりそう。	16 天 一粒万倍日 ◎ 遊びに夢中になれる日。出費があっても後悔はなし。	17 迷 △ 妥協はせず、人のこともしっかり考えよう。
18 再 ○ 帰省するなら情報収集を。新スポット発見の予感。	19 金 一粒万倍日 ☆☆ 恋をしてオシャレしたくてもお金はかけない方が◎	20 楽 ◑ 不成就日 ＞ 失敗に落ち込みそう。大切な人と話して切り替えを。	21 崩 × イベントでは密を避け穴場を探すと楽しく過ごせそう。	22 零 ● 関係を続けたい相手には暑中見舞いを出してみて。	23 破 ⤯ 忘れ物をして焦るかも。冷静さを失わないように。	24 新 ✧ 初体験・初挑戦の機会。のめりこんで散財しないで。
25 探 □ 無駄のない行動を。準備を重ね、着実に前進を。	26 決 ☆ 余計な事は口にしないで。大げさなアピールは無駄。	27 沈 ▼ 体の冷えには要注意。人にも優しく接してみて。	28 天 一粒万倍日 不成就日 ◎ ほどほどが一番。「あと少し」と欲を出すと裏目に。	29 迷 ● △ 新しいことには手を出さず、想像するだけが吉。	30 再 ○ 失敗を挽回する努力を。もう一度気合を入れて。	31 金 一粒万倍日 不成就日 ☆☆ 今日は以前から持っていた夢を実現させるとき。

●新月 ◐上弦 ○満月 ◑下弦

×：立ち止まってみる。冷静に。気をつける。●：人の話を聞く。謙虚に。大切なものを守る。⤯：自分を変える。奉仕する。✧：少しずつ動く。もう一度チャレンジする。□：焦らない。可能性を探す。見直す。☆：自分を信じる。希望を持つ。▼：無理しない。ゆっくりする。ケガや病気に注意。◎：挑戦する。自信を持つ。諦めない。△：初心を忘れない。調子に乗らない。○：やってみる。人の縁を大切に。☆☆：レベルアップ。追い風に乗る。＞：ひとり占めしない。計画的に。

August

新星の年

2022年8月

再挑戦できる

再星の月

周囲のサポートや良縁が入りやすい時期です。
あなたの願いを言霊《ことだま》にして、これから先の自分がどういう人生を歩みたいかを明確に想像してみて。

★1 懐かしい人に連絡する　★2 オシャレを意識する　★3 近い未来予想図を描く

Mon.	Tue.	Wed.	Thu.	Fri.	Sat.	Sun.
1 楽 ＞ 失敗が続くなら助言を求めて。原因解明で解決。	2 崩 ✕ 昔のことを愚痴るのは×。成長のため前進しよう。	3 零 ☯ 相手に気持ちが伝わらない日。原因は自分かも。	4 破 ⤯ ゆっくり休む機会をもらったと思って気を楽に。	5 新 ◐ ✧ いつもの手が使えないなら別プランを。発見あり。	6 探 ○ 帰省には話題のお土産を。盛り上がるはず。	7 決 ☆☆ 縁がある日。人のお誘いには進んで出向くと吉。
8 沈 不成就日 ▼ 悩まされていた症状が再び出てきたら注意。病院へ。	9 天 ◎ 大切な人に故郷の話をすると、絆が深まりそう。	10 迷 一粒万倍日 □ 運転に神経を遣って。渋滞にもイラつかないで。	11 再 ◎ 同郷の仲間との再会が◎。少しでも会うと刺激に。	12 金 ○ ☆☆ 昨日の行いが良い結果に。なじみの店で食事が吉。	13 楽 ＞ 紫の服や小物が吉。笑顔が映えて視線が集中。	14 崩 ✕ 交通トラブルで大慌て。様子を見て行動しよう。
15 零 一粒万倍日 ☯ 仕事は後回しで◎。出かける計画を立てよう。	16 破 不成就日 ⤯ しっかり睡眠を。成果を望む前に体調を整えよう。	17 新 ✧ 普段通りの方法がベスト。方向性を変えないで。	18 探 ○ SNSやメールで人とつながりやすい日にち。	19 決 ◑ ☆☆ 結婚やランクUPのチャンスが来る日。積極的に。	20 沈 ▼ ひとり占めはNG。仲間とともに分かち合おう。	21 天 ◎ 滞っていたことが動きそう。自信を持って勝負を。
22 迷 一粒万倍日 □ 今のあなたを知ってもらうことを大切に。	23 再 天赦日 ◎ 動きが鈍っているならトレーニングを再開しよう。	24 金 不成就日 ☆☆ 仕事も趣味も張り切りたくなるけど今日は我慢。	25 楽 ＞ 食事に行くなら午前中。好きなものを食べてOK。	26 崩 ✕ 心配事で落ち着かない1日。相手を責めるのは×	27 零 ● 一粒万倍日 ☯ 流れに逆らわず、相手の要求に従って問題を回避。	28 破 不成就日 ⤯ 数年経っても結果が出ないなら手放していいかも。
29 新 ✧ 普段していること、接している人を大切に。	30 探 ○ 夢を語り合える人と出会えそう。連絡先を聞いて。	31 決 ☆☆ お金が心配なら家賃の見直しを考えてみても。	Memo			

✕：立ち止まってみる。冷静に。気をつける。 ☯：強引にならない。闘わない。調和する。 ⤯：自分を変える。奉仕する。 ✧：少しずつ動く。もう一度チャレンジする。 ○：やってみる。人の縁を大切に。 ☆：レベルアップ。追い風に乗る。 ▼：無理しない。ゆっくりする。ケガや病気に注意。 ◎：挑戦する。自信を持つ。諦めない。 □：焦らない。可能性を探す。見直す。 ☆☆：感謝をする。幸せをいただく。ポジティブに。 ＞：ひとり占めしない。計画的に。

● 新月 ◐ 上弦 ○ 満月 ◑ 下弦

September

新星の年

2022年9月

注目が高まる

金星の月

たとえ自信が持てなくても、やりたいことはやってみていい時期。
自己投資のための出費も開運につながるので、迷っていたものは購入するとよいでしょう。

★1 財布や鞄を新調する　★2 失敗を恐れず挑戦する　★3 やり切ってみる

Mon.	Tue.	Wed.	Thu.	Fri.	Sat.	Sun.
			1 沈 ▼ 遊びたいけど体が重そう。帰って家でゆっくりと。	2 天 ◎ 生き生きと動ける日。勢いで進めると高い評価が。	3 迷 一粒万倍日 □ 中途半端をやめ集中すれば、あとからいい成果が。	4 再 ◐ ◎ 昨日集中できなかったのなら、今日こそカバーを。
5 金 不成就日 ☆☆ 物欲が高まりそうな日。今日は財布の紐を締めて。	6 楽 ＞ 疎遠になった仲間に連絡を。今日会えばハッピー。	7 崩 × 協力者が見つからない状況。地道に作業しよう。	8 零 ☯ 心が揺れる出会いがあっても、慎重な距離感を。	9 破 ↗ 勝負運ゼロ。賭け事はやるだけ浪費する結果に。	10 新 ○ ✧ 今以上の成果を目指すと、可能性が広がりそう。	11 探 一粒万倍日 ○ 趣味を仕事にできたら最高。収入につながる特技を。
12 決 ☆ 転職はGOサイン。評価と報酬が合う職場で勝負。	13 沈 不成就日 ▼ ペースを乱されるかも。状況をよく見極めよう。	14 天 ◎ 押しの姿勢で流れが優勢に。勘を信じて大丈夫。	15 迷 □ 好調でも調子に乗らないで。態度を変えるのもNG。	16 再 一粒万倍日 ◎ 恩人へのお土産を忘れないで。高価じゃなくてOK。	17 金 ☆☆ 誘われたら出かけよう。年配の人から興味深い話が。	18 楽 ◑ ＞ 休みたくても、やるべきことをやっておこう。
19 崩 × 断ち切ったことに未練が生じそう。我慢しよう。	20 零 ☯ イベントでは窮屈な思いをするかも。ケガには注意。	21 破 不成就日 ↗ 疲れているなら、マッサージで体を休めて。	22 新 ✧ 仕事終わりにお出かけを。楽しい時間で幸せ。	23 探 一粒万倍日 ○ フリーの人は友達と出かけると新しい出会いあり。	24 決 ☆☆ 仕事と恋愛は順調？ この機会に考えてみよう。	25 沈 ▼ 経費を節約して上手な投資を。体調管理は万全に。
26 天 ● 不成就日 ◎ 欲しい物が手に入っても、自慢するのは控えて。	27 迷 □ 場に流され不相応な願いを抱くのは×。堅実に。	28 再 一粒万倍日 ◎ 今日はやる気いっぱい。失敗も取り戻せるかも。	29 金 ☆☆ 仕事や趣味に成果が。恋愛に目を向けるのも◎	30 楽 ＞ 午前は勝負運UP。収入は大切な人へおすそ分け。	Memo	

●新月 ◐上弦 ○満月 ◑下弦

×：立ち止まってみる。冷静に。気をつける。☯：強引にならない。闘わない。調和する。↗：自分を変える。奉仕する。✧：少しずつ動く。もう一度チャレンジする。○：やってみる。人の縁を大切に。☆：レベルアップ。追い風に乗る。▼：無理しない。ゆっくりする。ケガや病気に注意。◎：挑戦する。自信を持つ。諦めない。□：焦らない。可能性を探す。見直す。☆☆：感謝をする。幸せをいただく。ポジティブに。＞：ひとり占めしない。計画的に。

October

新星の年

2022年10月

振り返ってみる

楽星の月

愚痴や批判は封印して、前向きな言葉を口にしてみて。
アンテナを張って、行動範囲を広げていくとよいでしょう。ラッキーアイテムは金のアクセサリー。

1 イベントに参加する　2 自分の力を信じる　3 責任感を持つ

Mon.	Tue.	Wed.	Thu.	Fri.	Sat.	Sun.
					1 崩 × 周りの甘えは、自分を頼りにしている証拠。	2 零 ● 真面目に取り組む人の姿勢にドキドキ。まずは様子見。
3 破 ◐ ×↗ 気持ちが伝わりにくい日。謝るなら素直に。	4 新 不成就日 ✧ 新しい挑戦よりサポート役を。共同作業もあり。	5 探 一粒万倍日 □ 退屈なら、新しい情報を頼りにやる気を出して。	6 決 ☆ 今日の印象づくりは大切。良い所をアピールできそう。	7 沈 ▼ 大変でも「自分なんて」とは思わないようにして。	8 天 一粒万倍日 ◎ 一躍注目の存在に。突き進む前に念入りな準備を。	9 迷 △ 午後からぼんやりしがち。約束に遅れないよう注意。
10 再 ○ ○ 一度失敗したことに再挑戦。今度はうまくいくかも。	11 金 一粒万倍日 ☆☆ 財布の余分なお札は銀行へ。預金額を見て笑顔。	12 楽 不成就日 ＞ 打ち上げをしたい気分だけど、今日は避けるのが◎	13 崩 × 勢いだけでは×。守りの態勢に切り替えておこう。	14 零 ● 些細なことが気になる状況。1人で過ごそう。	15 破 ×↗ 休みでもやるべきことは今日。後回しはしわ寄せが。	16 新 ✧ 年下の友達にアドバイスをするとお互いいい感じ。
17 探 □ 新入社員やバイトの人にノウハウ伝授。責任感倍増。	18 決 ◑ ☆ 風向きが違うと感じたら相手の思考を読んで行動。	19 沈 ▼ 暴飲暴食に注意。運動するならアキレス腱を伸ばそう。	20 天 一粒万倍日 不成就日 ◎ ライバルとの出会いが。相手から学ぼう。	21 迷 △ 約束を破って怒られそう。言い訳はやめよう。	22 再 天赦日 ○ 来週の計画を立てて。早めを意識すると開運に。	23 金 一粒万倍日 ☆☆ 貯蓄に注力するとうれしい結果が出そう。
24 楽 ＞ 大切な人と食事を。変わらぬ愛を伝えて。	25 崩 ● × 行き詰まったら強引に進めないこと。距離を置いても。	26 零 ● 流れに任せよう。誰かの指示に従うとスムーズ。	27 破 ×↗ 打開策を考えることが大切。面倒でも後回しは×	28 新 不成就日 ✧ 怪しい話に乗らなくて正解。投資は冷静に判断。	29 探 □ 文化に触れるのが吉。考えながら行動しよう。	30 決 ☆ 予定をキャンセルすることに。今は体を休めて。
31 沈 ▼ 今日は節約。すぐに帰って、自宅でゆっくりと。	Memo					

×：立ち止まってみる。冷静に。気をつける。　●：人の話を聞く。謙虚に。大切なものを守る。　×↗：自分を変える。奉仕する。　✧：少しずつ動く。もう一度チャレンジする。
□：焦らない。可能性を探す。見直す。　☆：自分を信じる。希望を持つ。　▼：無理しない。ゆっくりする。ケガや病気に注意。　◎：挑戦する。自信を持つ。諦めない。　△：初心を忘れない。調子に乗らない。　○：やってみる。人の縁を大切に。　☆☆：レベルアップ。追い風に乗る。　＞：ひとり占めしない。計画的に。

● 新月　◐ 上弦　○ 満月　◑ 下弦

November

新星の年

2022年11月

運気が低迷

崩星の月

「言ったつもり」「分かってくれるはず」など、自分主体で話さないほうがいい時期。
試練は成長できるチャンスでもあります。目上の人の言葉は素直に聞きましょう。

★1 嫌なことはバネにする ★2 人の話は最後まで聞く ★3 靴の整理をしてみる

Mon.	Tue.	Wed.	Thu.	Fri.	Sat.	Sun.
	1 天 ◐ 一粒万倍日 ◎ 勝負に出るよりも堅実さが幸運を呼びそう。	2 迷 △ 限度を超えてしまいそう。楽しくても手抜きは×	3 再 ○ 過去を蒸し返されそう。言い返さないように。	4 金 一粒万倍日 ☆☆ 良い言葉を話すといい日。言霊を大切に。	5 楽 不成就日 ＞ 成果を焦らず気持ちに余裕を。地道にこなして。	6 崩 × 情報を鵜呑みにしないこと。信じる前に確認を。
7 零 天赦日 ● 今日はお金にまつわる勝負はしないほうが吉。	8 破 ○ ×↗ 自分の中の常識が覆されそう。ルールを破ると損。	9 新 ✧ 商談では自分の成績以上に会社の利益を考えて。	10 探 □ 金欠なら相手に打ち明けて。見栄を張ると大変。	11 決 ☆ 選択に迷ったら見送ろう。片方では満たされなそう。	12 沈 ▼ ストレスを感じたら入浴と睡眠で心の切り替えを。	13 天 不成就日 ◎ お金の話は要注意。親しい人とも貸し借りしないで。
14 迷 △ とっさの行動は控えよう。注意・警戒を怠らずに。	15 再 ○ 好きな人に連絡。期待が外れても次の機会を待とう。	16 金 ◑ 一粒万倍日 ☆☆ 大きな買い物を控えると、トラブルを回避できそう。	17 楽 一粒万倍日 ＞ マンネリでも周囲の人に感謝。今は平凡が最善。	18 崩 × 常に邪魔が入ってイライラ。信号には注意を。	19 零 ● 違うジャンルのことにも挑戦してみるといいかも。	20 破 ×↗ ケンカをしても、今日は自分から折れて。我慢の日。
21 新 不成就日 ✧ ツイてないと思うなら自分のせいかも。反省して。	22 探 □ ネガティブになりすぎないで。強い心で前進を。	23 決 ☆ 妙に疑り深くなりそう。相手には優しい対応を。	24 沈 ● ▼ 乗り気でない案件が。流れに従う方が無難。	25 天 ◎ 無駄遣いしがちな日。必要なものだけ購入しよう。	26 迷 △ 駆け引きには向かない日。なにごとも素直が一番。	27 再 ○ 偶然にときめく展開。まずは相手を知ることから。
28 金 一粒万倍日 不成就日 ☆☆ まわりの期待に応えよう。節約することも大事。	29 楽 一粒万倍日 ＞ お世話になったらお歳暮を。もらうこともあるかも。	30 崩 ◐ × 自分ばかり責められる気分に。八つ当たりは×	Memo			

●新月 ◐上弦 ○満月 ◑下弦

×：立ち止まってみる。冷静に。気をつける。●：人の話を聞く。謙虚に。大切なものを守る。×↗：自分を変える。奉仕する。✧：少しずつ動く。もう一度チャレンジする。□：焦らない。可能性を探す。見直す。☆：自分を信じる。希望を持つ。▼：無理しない。ゆっくりする。ケガや病気に注意。◎：挑戦する。自信を持つ。諦めない。△：初心を忘れない。調子に乗らない。○：やってみる。人の縁を大切に。☆☆：レベルアップ。追い風に乗る。＞：ひとり占めしない。計画的に。

December

新星の年

2022年12月

謙虚さが大事

零星の月

自分の感覚に頼らず、人の価値観を聞いたり、流れに身を任せたりするとよさそう。
相手に寄り添うイメージで、柔軟に対応すると開運につながります。

1 周りの意見を聞く　2 大掃除は早めに始める　3 「ありがとう」を言う

Mon.	Tue.	Wed.	Thu.	Fri.	Sat.	Sun.
			1 零 ● 普段と同じ作業でも、今日は細部まで意識を集中。	2 破 ×↗ 言い訳やガンコ、自分が絶対をやめてみるといい日。	3 新 ✧ 欠点を克服する努力をすると◎。挽回もできそう。	4 探 □ 忘れっぽくなりそう。大切なことはメモをとって。
5 決 ☆ 素直な気持ちを話して関係が終わってもそれが正解。	6 沈 不成就日 ▼ 頻繁にトイレに行きたくなるなら、体を温めて。	7 天 ◎ 思いがけない臨時収入があるかも。幸せな気分に。	○ 8 迷 △ ストレス発散はほどほどに。夢を語るより実行を。	9 再 ○ ミス発覚で余計な作業発生。協力すればご褒美が。	10 金 ☆☆ 余計な口出しは損。自分で仕切らないのが正解。	11 楽 > 面倒に巻き込まれても、意外な人が助けてくれそう。
12 崩 一粒万倍日 × 嫌なことがあっても顔に出さず、笑顔で過ごすのが◎	13 零 一粒万倍日 ● 家族と会話をすることで新しい発見がありそう。	14 破 不成就日 ×↗ 投げ出さず我慢を。足を引っ張るものは手放そう。	15 新 ✧ 大切な人は何が欲しいかリサーチ。意外とすぐ判明!?	◑ 16 探 □ 年末のイベントは、知人に相談してアイデアをもらおう。	17 決 ☆ 努力が報われなかったら、それはもうやめてもいいかも。	18 沈 ▼ ヒーターの前で寝るのは×。風邪をひかないように。
19 天 ◎ プレゼント探しならデパートへ。特設会場の品が◎	20 迷 △ 贈り物に悩んだら一緒に選んで。所持金は内緒に。	21 再 ○ やる気のない態度は×。評価を落とすと後で厄介。	22 金 不成就日 ☆☆ 散財に注意。雰囲気に飲まれて見栄を張らないで。	● 23 楽 > 大切な人と外出を。楽しい時間を過ごせそう。	24 崩 一粒万倍日 × 過去を振り返るよりも未来を見るイブにしよう。	25 零 一粒万倍日 ● 散財したとしても、節約をスタートするチャンス!
26 破 ×↗ 作業は今年のうちに。整理して来年に備えよう。	27 新 ✧ 1年を振り返り年明けの課題をメモ。よい仕事始めを。	28 探 不成就日 □ 年末の挨拶を忘れずに。会えない人とはメールでも。	29 決 ☆ 来年の目標や決意を固めるのに◎。積極的な行動が吉。	◐ 30 沈 ▼ 外出は我慢。風邪や失くし物などいいこと無し。	31 天 ◎ はしゃぎすぎに注意。静かに年越しを迎えよう。	

●新月 ◐上弦 ○満月 ◑下弦

×：立ち止まってみる。冷静に。気をつける。 ●：人の話を聞く。謙虚に。大切なものを守る。 ×↗：自分を変える。奉仕する。 ✧：少しずつ動く。もう一度チャレンジする。
□：焦らない。可能性を探す。見直す。 ☆：自分を信じる。希望を持つ。 ▼：無理しない。ゆっくりする。ケガや病気に注意。 ◎：挑戦する。自信を持つ。諦めない。 △：初心を忘れない。調子に乗らない。 ○：やってみる。人の縁を大切に。 ☆☆：レベルアップ。追い風に乗る。 >：ひとり占めしない。計画的に。

星竹

白

破星

〝光に向かって殻を破る年〟

総合運

２０２２年は「破星」の年。良くも悪くも変化が多く、未練や執着を断ちリセットしましょう。直感を外しやすいときなので、行動や発言は慎重に。どんな状況でも明るく前向きさを忘れずに。１、２月は秘密が暴露されるなど不利な状況に。自分を正当化せず、誠実に対処することが大切です。５月は身近な人との問題に決着をつけることになるかも。夏の頭は体調を崩しやすく、８月は仲間との絆が切れやすい時。派手な動きや反論は控え、誠心誠意の行動を。

恋愛運

いらないものを捨てるチャンス。腐れ縁を切るのも、不倫や浮気相手とさよならするのも今年。望まない別れもありそうですが、後悔しないために身辺整理を。シンプルでクリアな状況をつくることで道が開けます。思いを伝えて離れていく人がいても、縁がないとあきらめ未練を持たないこと。真剣な恋愛は来年まで待ってみて。恋人がいる人はわがままは禁物。相手を優先し穏やかな関係を目指して。幸せな結婚を望むなら、焦らず来年まで待った方がベター。

仕事・金運

仕事面ではそつなく無難に過ごせそう。ただし、金銭の貸し借りなど、秘密にしていた問題が表面化する時期でもあります。嘘をつきとおすよりも潔く謝罪を。自己主張するよりも謙虚にふるまって上司、先輩、同僚のアドバイスをしっかり聞きましょう。不本意な異動などがあっても、がっかりせず柔軟に対応することで、状況を変えられます。金運は、収入が多い人は減少し、困っていた人は増え始めます。どちらにしても無駄遣いは避けましょう。

星竹・白

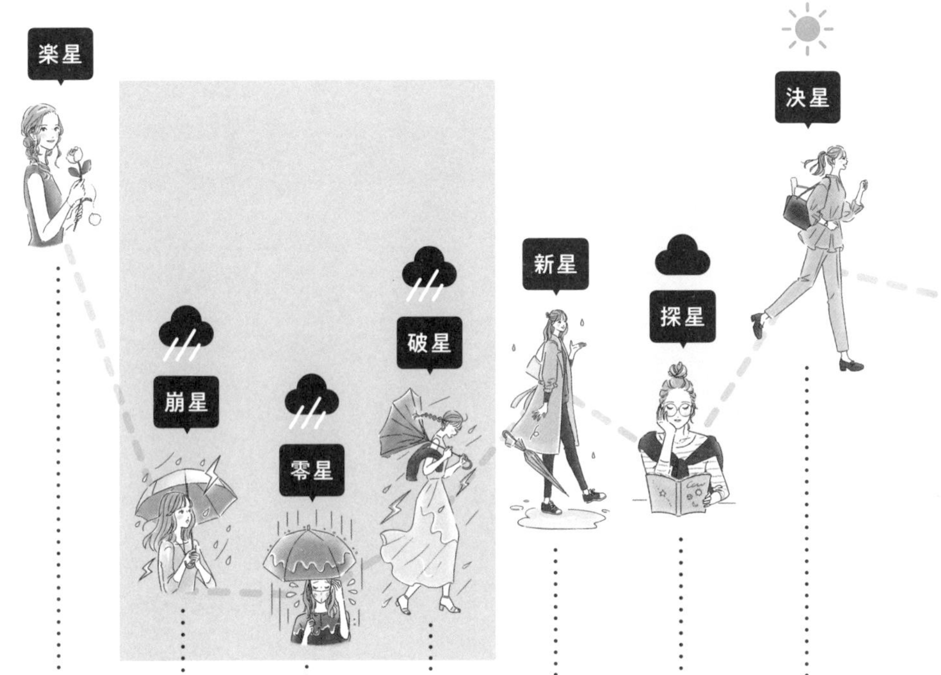

2021年

11月（楽星）
- 楽しんでみる
- 穏やかな雰囲気
- 振り返ってみる
- 最後の決断

12月（崩星）
- 運気が低迷
- 健康運に影が
- 頑固はNG
- 流れに身を委ねる

2022年

1月（零星）
- 全てを受け入れてみる
- 謙虚さを大事に
- 決めつけない
- じっくり煮詰める

2月（破星）
- リセットの時期
- 判断ミス
- 縁が切れる
- 爆発しやすい

3月（新星）
- 新スタート
- 新発見
- チャレンジする
- 直感が戻る

4月（探星）
- 物事を見直す
- 体調を崩しやすい
- 準備の時期
- 少し休憩

5月（決星）
- 決断する
- 直感に従う
- 人生が変わる
- 軸を定める

2022年運気の流れ

6月
・体調管理を第一に
・無理はしない
・メンタルダウンに注意
・癒しを大切にする

7月
・変化がある
・力を発揮できる
・夢が膨らむ
・天から光を受ける

8月
・誘惑が多い
・調子に乗りがち
・足腰を温める
・決断はNG

9月
・再生、再会、再挑戦
・縁ある人と再会
・チャンス到来
・縁のある人が集まる
・経験が活かせる時

10月
・自信を持って行動
・プチセレブ感
・注目が高まる
・引きが強い時

11月
・楽しんでみる
・穏やかな雰囲気
・振り返ってみる
・最後の決断

12月
・運気が低迷
・健康運に影が
・頑固はNG
・流れに身を委ねる

星竹・白
運気カレンダー

Fortune Calendar

運気カレンダーの見かた

運気カレンダーでは、あなたの毎月の運気と
日々の運気の流れを知ることができます。

運気が停滞しやすい日、判断ミスを起こしやすい日
直感が働く日、物事を決定するのに適した日など
それぞれの運気に合わせたマークが、カレンダーに書かれているので
毎日の過ごしかたの参考にしてください。
カレンダーのグレーは影の時期。運気がやや低迷します。

また、「天赦日」「一粒万倍日」は暦の上での吉日なので、行動を起こすのにいい日です。
逆に「不成就日」は暦の上では願いごとが叶いにくい日なので、穏やかに過ごすのがおすすめです。

吉日と不成就日が重なる場合には、あまり新しい行動は起こさない方がベター。

毎月のお言葉と、挑戦してほしい３つの行動もお伝えしているので、
ぜひ指針にしてみてくださいね。

天星記号のキーワード

- × 立ち止まってみる。冷静に。気をつける。
- ● 人の話を聞く。謙虚に。大切なものを守る。
- ⤯ 自分を変える。奉仕する。
- ✧ 少しずつ動く。もう一度チャレンジする。
- □ 焦らない。可能性を探す。見直す。
- ☆ 自分を信じる。邪気を払う。希望を持つ。
- ▼ 無理しない。ゆっくりする。ケガや病気に注意。
- ◎ 挑戦する。自信を持つ。諦めない。
- △ 初心を忘れない。調子に乗らない。
- ○ やってみる。進む。人の縁を大切に。
- ☆ レベルアップ。追い風に乗る。チャンスあり。
- ＞ ひとり占めしない。先を考えてみる。計画的に。
- ☆ 感謝をする。幸せをいただく。ポジティブに。
- ⤰ 要注意。決断しない。ワガママ禁止。
- ▲ 一度冷静に。心を穏やかに。飛びつかない。
- ☯ 強引にならない。闘わない。調和する。

December

零星の年

2021年12月

運気が低迷

崩星の月

諦めずに、変わりたいと願うことが大切な時期。
「どうせ変われない」などと思わずに、肩の力を抜いて、リラックスして取り組んでみてください。

★1 こだわりを手放す　★2 少し控えめに行動する　★3 自分を変えてみる

Mon.	Tue.	Wed.	Thu.	Fri.	Sat.	Sun.
		1 天 ○ 気になっていたレシピを再現して気分転換をしよう。	2 迷 不成就日 ▲ お喋りのしすぎに注意。良くない噂を流されそう。	3 再 一粒万倍日 □ 根気が必要なことが起きそう。繰り返しトライして。	4 金 ● 一粒万倍日 ☯ 前向きな姿勢はGOOD！ 周囲の協力も得よう。	5 楽 △ 手を貸してもらえないからと相手を責めるのは×
6 崩 ×↘ 頼まれていないことを勝手に進めるのはやめておこう。	7 零 ● うまくいかなくても反省点を次に活かすようにしよう。	8 破 不成就日 × 体調を崩しそう。喉や肌の保湿ケアを心掛けて。	9 新 △ 周りからの誘いには乗ってもお金が絡むことには注意。	10 探 □ 固定観念を捨てて新しいことも取り入れよう。	11 決 ◐ ☯ 友達の意見に戸惑いそう。自分は自分と割り切ろう。	12 沈 ▼ 些細なことでイライラしがち。周りは気にしない！
13 天 ○ 自分の話ばかりせずに共感できる話を心掛けよう。	14 迷 ▲ 恋に没頭し過ぎて周りが見えなくならないよう注意。	15 再 □ 悩みや不安があるなら初心に戻ってみるのもいいかも。	16 金 不成就日 ☯ 散財してしまったならすぐに節約方法を考えよう。	17 楽 一粒万倍日 △ 明日の予定確認は早めにやったほうがよさそう。	18 崩 一粒万倍日 ×↘ 新しく買ったものがあっても使うのは明日以降に。	19 零 ○ ● ショックなことを言われても深く考えないで大丈夫。
20 破 × 人の昔のミスを何度も責めないように注意しよう。	21 新 △ 自分磨きのために新しい習い事の見学をしてみよう。	22 探 □ 恋愛映画にツキが。互いの思いを再確認できそう。	23 決 ☯ 投げやりになりやすい日。突発的な行動は避けて。	24 沈 不成就日 ▼ クリスマスディナーは外食より家でゆっくり楽しんで。	25 天 ○ 急なお願いに応えることで新しい特技を発見しそう。	26 迷 ▲ 気分が乗らなくても人の話はきちんと聞いて。
27 再 ◑ □ 偶然再会した人がいても運命の人かどうかは保留。	28 金 ☯ 言いたいことがあるならガマンせず伝えてスッキリ！	29 楽 一粒万倍日 △ しっかりと睡眠をとることで幸運につながりそう。	30 崩 一粒万倍日 ×↘ 急な頼まれごとあり。責任を持った行動が吉。	31 零 ● 年末は流れに逆らわずに穏やかに過ごそう。	Memo	

×↘：要注意。決断しない。ワガママ禁止。　●：人の話を聞く。謙虚に。大切なものを守る。　×：立ち止まってみる。冷静に。気をつける。　△：初心を忘れない。調子に乗らない。
□：焦らない。可能性を探す。見直す。　☯：強引にならない。闘わない。調和する。　▼：無理しない。ゆっくりする。ケガや病気に注意。　○：やってみる。人の縁を大切に。
▲：一度冷静に。心を穏やかに。飛びつかない。

● 新月 ◐ 上弦 ○ 満月 ◑ 下弦

January

破星の年

2022年1月

謙虚さが大事

零星の月

無意識に周りを振り回してしまいそう。
人を見下したり、自分はすごいと勘違いしたりしないよう、初心を思い出して謙虚に行動すると回避できます。

1 欲は封印してみる　2 気遣いを大切にする　3 自分を見つめ直す

×↘：要注意。決断しない。ワガママ禁止。　●：人の話を聞く。謙虚に。大切なものを守る。　×：立ち止まってみる。冷静に。気をつける。　△：初心を忘れない。調子に乗らない。
□：焦らない。可能性を探す。見直す。　☯：強引にならない。闘わない。調和する。　▼：無理しない。ゆっくりする。ケガや病気に注意。　○：やってみる。人の縁を大切に。
▲：一度冷静に。心を穏やかに。飛びつかない。

Mon.	Tue.	Wed.	Thu.	Fri.	Sat.	Sun.
					1 破 不成就日 ×↘ 振り回される予感。優しい気持ちと柔軟さを大切に。	2 新 △ 好奇心UP。人の気持ちを優先。奉仕精神が吉。
3 探 ● □ 続けるのかやめるのか、決める時。逃げずに判断を。	4 決 ☯ 過去は水に流そう。人に恨まれないよう行動を省みて。	5 沈 ▼ 人混みは避けよう。大事な物が壊れてしまうかも。	6 天 ○ 有言実行し、自分の言葉に責任を持つといい日。	7 迷 ▲ 余計な事は言わないで。日頃の感謝を忘れるのは×	8 再 不成就日 □ 怒られたり、注意されたりする時はチャンスと思って。	9 金 ☯ 衝動買いする可能性あり。今は散財より貯金を。
10 楽 ◐ △ 余裕がなく落ち着かない感じ。動かない方が無難。	11 崩 天赦日 一粒万倍日 ×↘ 何度も同じ事を繰り返しそう。人の助言を大切に。	12 零 ● 言い訳をせず受け入れて。ガンコさを手放すと開運。	13 破 × 勝手な言動は×。空気を読まないと険悪ムードに。	14 新 一粒万倍日 △ 家族と外食を。多忙な日々から解放されハッピー。	15 探 □ 誘惑に負けそうな日。深入りは×。相手を観察して。	16 決 不成就日 ☯ 間違った選択をしそう。自分で決めないように。
17 沈 ▼ 足周りの痛みやケガにご用心。暖かい格好が吉。	18 天 ○ ○ 気遣いの心で問題を解決。束縛はしないほうが◎	19 迷 ▲ 一目惚れしやすい日。しばらくは友達のままで。	20 再 □ 同じ状況が続く時は、立ち止まって一度整理を。	21 金 ☯ 衝動買いに注意。自分磨きならお金をかけてもOK。	22 楽 △ 手抜きをせず、いつもより真剣に取り組んで。	23 崩 一粒万倍日 ×↘ 無責任な行動はせず、気を引き締めて動いて。
24 零 不成就日 ● 周囲に翻弄されて混乱しそう。人に頼るのはNG。	25 破 ◑ × 別れなど何かがリセットされそう。掃除をすると回避。	26 新 一粒万倍日 △ 休憩時間に公園に行こう。小さな生命力に感動。	27 探 □ 勘違いしそう。文章はきちんと読み確認を。	28 決 ☯ スキルアップや資格を志すには最高。将来の検討を。	29 沈 ▼ 過去を清算し、今を大切に。体調が悪いなら家にいて。	30 天 ○ 頼れる人が現れそう。助言は受け入れるのがベスト。
31 迷 ▲ 誘惑に乗ると後悔するかも。自分のペースを守ろう。	Memo					

●新月 ◐上弦 ○満月 ◑下弦

February

破星の年

2022年2月

殻を破る

破星の月

今月は有言実行を心がけると開運を引き寄せられます。
約束を守る、言ったことに責任を持つ、「報・連・相」をしっかりするなど、基本的なことを意識して。

1 無責任にならない　2 思いやりを忘れない　3 問題にしっかり向き合う

Mon.	Tue.	Wed.	Thu.	Fri.	Sat.	Sun.
	1 再 ● □ 口は禍のもと。周りをきちんと見て対応しよう。	2 金 ☯ 出費が増えそうな日。節約の意識を忘れずに。	3 楽 不成就日 △ 周囲への気配りを大切に。人とのつながりに感謝。	4 崩 ↘ 人にきつくなりやすい日。謙虚さと優しい口調を意識。	5 零 一粒万倍日 ● バタバタ動き回るより、作戦を練るのが吉。	6 破 × 面倒なものとはお別れを。去る者も追わないで。
7 新 △ 気持ちを立て直す好機。一歩踏み出す勇気を。	8 探 ◐ □ 自分理論ではなく新しく変化してみると吉。	9 決 ☯ こだわりが明暗の要に。柔軟な対応が必要みたい。	10 沈 一粒万倍日 ▼ 人混みや行列を避け、時間のロスを回避して◎	11 天 不成就日 ○ つい愚痴が出そう。話を聞いてくれる人に感謝。	12 迷 ▲ 少しの油断がもとで空回り。知識や経験を役立てて。	13 再 □ 失った後には得るものがあるはず。切り替えが必要。
14 金 ☯ 積極的に誰かをサポートすると幸運を呼びそう。	15 楽 △ 愛情表現は大切でも、頼り過ぎは不安にさせそう。	16 崩 ↘ 神経質になりそう。周りが見えなくならないように。	17 零 ○ 一粒万倍日 ● 迅速で丁寧な対応で開運に。返事ははっきりと。	18 破 × やってダメなら方向転換。野菜たっぷり料理が開運。	19 新 不成就日 △ 話題の情報に注目。行動よりも静かに学ぶ日に。	20 探 □ 思いを打ち明けて◎。人の意見から学ぼう。
21 決 ☯ 精神力や決断力が試される日。妥協するなら断ろう。	22 沈 一粒万倍日 ▼ 頭痛や喉の痛みなどがあれば、早めに解決しよう。	23 天 ○ 想いを込めた計画を伝えて。ケンカしていても仲直り。	24 迷 ◑ ▲ 目立つことは控えよう。車の運転に要注意。	25 再 □ 未来につながる出費は、潔く支払って問題なし。	26 金 ☯ 出会いと別れの時期。再会を約束して次に進もう。	27 楽 不成就日 △ 感傷的な1日。明日からは気持ちを切り替えて。
28 崩 ↘ 不安が募るなら、お風呂に入って早めに寝よう。	Memo					

↘：要注意。決断しない。ワガママ禁止。　●：人の話を聞く。謙虚に。大切なものを守る。　×：立ち止まってみる。冷静に。気をつける。　△：初心を忘れない。調子に乗らない。
□：焦らない。可能性を探す。見直す。　☯：強引にならない。闘わない。調和する。　▼：無理しない。ゆっくりする。ケガや病気に注意。　○：やってみる。人の縁を大切に。
▲：一度冷静に。心を穏やかに。飛びつかない。

● 新月　◐ 上弦　○ 満月　◑ 下弦

March

破星の年

2022年3月

新スタート

新星の月

あなたの良い部分を伸ばすために、人から求められていることや、
人に言われたことを素直に行動に移すと成長できそうです。チャレンジ精神を大切に。

1 ゴミを溜め込まない　2 何事もやってみる　3 じっくり取り組む

Mon.	Tue.	Wed.	Thu.	Fri.	Sat.	Sun.
	1 零 一粒万倍日 ● 相手の指示に従うと、スムーズに事が進みそう。	2 破 × きっかけを掴めるかも。ケジメをつけられる好機。	3 新 △ 解決策を求め始動を。目上の人や専門家の話を聞いて。	4 探 不成就日 □ ネットでリサーチしても、いい情報に出会えなそう。	5 決 ☯ 信頼できる人の言葉を頼りに、気持ちを固めよう。	6 沈 ▼ 人に良い顔をし、口だけになりがちな日。正直に。
7 天 ○ 助言に従い実行すれば新発見が。成功したら御礼を。	8 迷 △ 口うるさいと嫌われそう。目上の人に従おう。	9 再 一粒万倍日 ○ 気分が落ち込みそうなら、カラオケでストレス発散。	10 金 ◎ 大切な人と過ごすなら、ムード作りを楽しんでみて。	11 楽 △ いつもより興奮気味。夜はゆっくり体を休めよう。	12 崩 不成就日 × 過度な心配は逆効果。伝えず心にしまっておこう。	13 零 ● つらくても、周りにそれをアピールしないで。
14 破 一粒万倍日 × 頭を悩ませるものはきっぱり捨てよう。心がスッキリ!	15 新 △ 古いしがらみから抜けて、新しく生まれ変わる時期。	16 探 □ ハッとする気付きが。将来を見つめてみて。	17 決 ☯ 投資が必要なものには注意。無駄遣いはしないで。	18 沈 ▼ 期待外れでも、ストレスを溜めない過ごし方を。	19 天 ○ 仲間と笑顔の絶えない1日を。嫌なことは忘れて。	20 迷 不成就日 △ 動揺する出来事が。嫌でも流れに従うしかなさそう。
21 再 一粒万倍日 ○ 食事でパワーをチャージ！　元気いっぱいに。	22 金 ◎ 面倒なことに率先して取り組むと開運を呼びそう。	23 楽 △ 報告と共に愚痴も吐き出して。羽目は外さぬように。	24 崩 × 話し合いは相手の都合を優先するとよさそう。	25 零 ● 買い物は衝動買いに注意。後悔する予感。	26 破 天赦日 一粒万倍日 × 出会いのチャンスあり！　まずは友達からスタート。	27 新 △ 新しく会う人には笑顔で。好感度がアップ。
28 探 不成就日 □ モヤモヤする出来事が。逃げずにステイが良さそう。	29 決 ☯ 守りに入りがち。人の意見を参考にしてみて。	30 沈 ▼ 新しい環境に戸惑っても、適当に動くのは×	31 天 ○ 誘われたら出かけてみよう。いいストレス解消に。	Memo		

●新月　◐上弦　○満月　◑下弦

×：立ち止まってみる。冷静に。気をつける。
●：人の話を聞く。謙虚に。大切なものを守る。
△：初心を忘れない。調子に乗らない。
□：焦らない。可能性を探す。見直す。
☯：強引にならない。闘わない。調和する。
▼：無理しない。ゆっくりする。ケガや病気に注意。
○：やってみる。人の縁を大切に。
◎：挑戦する。自信を持つ。諦めない。

April

破星の年

2022年4月

物事を見直す

探星の月

今月は、休日を引きずらないように、メリハリをつけて行動するとよさそうです。
うまくいかない時は、自分が思うことと逆の行動をとるとスムーズに。

1 メリハリをつけて動く　2 結果にとらわれない　3 誠意を持って学ぶ

Mon.	Tue.	Wed.	Thu.	Fri.	Sat.	Sun.
				1 迷 ● 不成就日 ▲ 友人を羨ましく感じるかも。自分の道を見失わずに。	2 再 一粒万倍日 □ 懐かしい人から連絡が。相談に乗ってもらおう。	3 金 ☯ 気になる人がいても、今は動かない方がよさそう。
4 楽 △ 環境に慣れ心に余裕が。明日の予定は今日確認を。	5 崩 一粒万倍日 ×↘ 自分のやるべきことに集中して取り組むと成果が。	6 零 ● 陰で足を引っ張られるかも。仕返しはしないで。	7 破 × 面倒事を片づけよう。機会をじっと待って実行へ。	8 新 一粒万倍日 △ 緑を見るとテンションアップ。気分転換に◎	9 探 ◐ 不成就日 □ 同じ経験をした人と出会っても、思いきった相談は×	10 決 ☯ 自信がないなら、人のアドバイスを参考にして。
11 沈 ▼ やりたいことにストップがかかるかも。実行は明日に。	12 天 ○ 理想の人との出会いが。相手のいい所を真似しよう。	13 迷 ▲ 好奇心が高まりそう。冒険してみたくなったら注意。	14 再 □ ラッキーパーソンと出会える日。積極的に会話を。	15 金 ☯ 悩みがあるなら今のうちに解決策を考えておこう。	16 楽 △ 人のせいにせず素直になるといい日。笑顔が大切。	17 崩 ○ 一粒万倍日 不成就日 ×↘ 任されたことは真摯に取り組もう。いい経験に。
18 零 ● 中途半端にせず、与えられたことをやりきって。	19 破 × 今日の別れは次への一歩。涙の後は切り替えよう。	20 新 一粒万倍日 △ なるべく外に出よう。フレッシュな野菜が吉。	21 探 □ 趣味やスポーツ、セミナーの場で人脈が広がりそう。	22 決 ☯ 今の自分を変えたいなら、新しいものを取り入れて。	23 沈 ◑ ▼ 疲れが表に出やすいとき。無理をすると逆効果に。	24 天 ○ 出会いが幸運を生む予感。やる気も高まりそう。
25 迷 不成就日 ▲ 質問にも答えたくない気分だけど、相槌だけでは×	26 再 □ 懐かしい場所に足を運ぶと、気持ちが上向きに。	27 金 ☯ 人と触れ合う事で、誰かを支える優しさが芽生える日。	28 楽 △ 都合よく曖昧にしておくのは×。ハッキリ決断を。	29 崩 一粒万倍日 ×↘ 周りへの配慮を忘れず過ごせば、運が開けそう。	30 零 ● 我慢の限界でも爆発は×。よく寝て忘れること。	

●新月 ◐上弦 ○満月 ◑下弦

×↘：要注意。決断しない。ワガママ禁止。 ●：人の話を聞く。謙虚に。大切なものを守る。 ×：立ち止まってみる。冷静に。気をつける。 △：初心を忘れない。調子に乗らない。
□：焦らない。可能性を探す。見直す。 ☯：強引にならない。闘わない。調和する。 ▼：無理しない。ゆっくりする。ケガや病気に注意。 ○：やってみる。人の縁を大切に。
▲：一度冷静に。心を穏やかに。飛びつかない。

May

破星の年

2022年5月

決断する

決星の月

強気になりやすく、物事を都合よく解釈しやすい時期。少しの我慢が開運を呼びます。
新しい価値観を受け入れ、人の言葉をよく聞くことが大切です。

1 柔らかい口調で話す　2 無理やり我を通さない　3 柔軟な視点を持つ

×：立ち止まってみる。冷静に。気をつける。
☯：強引にならない。闘わない。調和する。
●：人の話を聞く。謙虚に。大切なものを守る。
▼：無理しない。ゆっくりする。ケガや病気に注意。
△：初心を忘れない。調子に乗らない。
○：やってみる。人の縁を大切に。
□：焦らない。可能性を探す。見直す。
◎：挑戦する。自信を持つ。諦めない。

Mon.	Tue.	Wed.	Thu.	Fri.	Sat.	Sun.
						1 破 × 計画が進まず断念しやすい日。次の好機を待とう。
2 新 一粒万倍日 △ 週末が今一つだったなら今日に賭けて。情報を活用!	3 探 □ 先月の計画を実行して◎。大きな賭けは来年以降に。	4 決 不成就日 ☯ 口だけにならないように、もう一度しっかり見直し。	5 沈 ▼ アクティブに過ごしたい反面、無理すると裏目に。	6 天 ○ 笑顔でいられる1日。予想外に楽しく過ごせそう。	7 迷 △ 生活リズムを整えて。崩れたままだとミスしがち。	8 再 ○ 感情が顔に出そう。気持ちの切り替えを大切に。
9 金 ◎ 自分をレベルUPさせるといい日。やる気を高めて。	10 楽 △ 課題を疎かにしないこと。大事な用は夕方までに。	11 崩 × 勢いで突っ走るのは×。相手の気持ちを考えよう。	12 零 不成就日 ● 周囲からの要求が多そう。反論せずに従って。	13 破 × 心境に変化が。新たな挑戦は後日に回すのが吉。	14 新 一粒万倍日 △ 今年の抱負があれば実行。まずは精神面のケアを。	15 探 一粒万倍日 □ 興味あることに挑戦。本格的にするなら明日決断。
16 決 ☯ 今日の決断はブレないように。自分を信じてみて。	17 沈 ▼ 見栄をはるのはNG。あとで困ることになるかも。	18 天 ○ 次の目標への環境が整いそう。理想を語るのは◎	19 迷 △ 友情が愛情に変わる予感。中途半端な気持ちなら×	20 再 不成就日 ○ 体調面で変化があるかも。無理せず休んで。	21 金 ◎ 今週の成果が出そう。うれしい知らせもある予感。	22 楽 △ 助けてくれる人がいるなら、心を込めて御礼を。
23 崩 × やる気ダウンの日。原因を探ると解決の糸口が。	24 零 ● やりたいことができない日。流れに従おう。	25 破 × 力を入れた案件が終わっても、脱力せずに次へ。	26 新 一粒万倍日 △ 緑豊かな場所にツキ。洋食を食べてさらに開運!	27 探 一粒万倍日 □ 思いを伝えれば、相手の素直な気持ちがわかるかも。	28 決 不成就日 ☯ 来月の目標や方針を決めたくなるけど、明日以降に。	29 沈 ▼ 他人と比較せず、体調を整えながら行動を。
30 天 ○ ストレス解消を。1人でいるより人と過ごして。	31 迷 △ 体調に少しでも不安を感じたら、病院で検査を。	Memo				

●新月 ◐上弦 ○満月 ◑下弦

June

破星の年

2022年6月

メンテナンス

沈星の月

今月はケガや体調不良に気をつけてみて。暴飲暴食は控えて、胃腸を休めるといい時期です。
部屋の空気の入れ替えや掃除で、運気も回復してきます。

1 TO DOリストを作る　2 周りの人を大切にする　3 悪い習慣を見直す

Mon.	Tue.	Wed.	Thu.	Fri.	Sat.	Sun.
		1 再 □ 作業のもれがないか、周りの人に見てもらうと◎	2 金 ☯ お金の使いすぎに注意。やけ食いもやめておこう。	3 楽 不成就日 △ 愚痴ばかりは×。同じ相談を繰り返さないこと。	4 崩 ×↘ 人に頼ると痛い目に。自分でやった方がよさそう。	5 零 ● 誤解されても口出しは×。沈黙の方が解決が早そう。
6 破 × 転職を考えたくても今はやめよう。お茶で休憩を。	7 新 ◐ △ 美容や体のメンテナンスをしっかりと。	8 探 □ 自信がないなら人に判断してもらおう。悩みすぎかも。	9 決 一粒万倍日 ☯ 明日に期待するより、今日のイベントを楽しもう!	10 沈 天赦日 一粒万倍日 ▼ こまめに休憩をとれば、心に余裕が生まれそう。	11 天 不成就日 ○ 抱えている悩みが一つ減っても、気を抜かないで。	12 迷 ▲ 慌てるとアクシデントの可能性。落ち着いて行動を。
13 再 □ 収まったことを掘り返すのは×。体力温存も大事。	14 金 ○ ☯ 体の不調は見逃さず、ケアできる方法を探そう。	15 楽 △ 周りと交流することで、問題解決のアイデアが。	16 崩 ×↘ 努力が評価されず落ち込むかも。一歩ずつ進もう。	17 零 ● 火の元に注意。細部まで確認するとトラブル回避。	18 破 × 未知の場所ではミスがつきもの。過剰な期待は×	19 新 不成就日 △ 指図され不愉快でも、視野を広げる気持ちで。
20 探 □ 1人で抱えこむのはNG。助っ人を探して効率よく。	21 決 ◑ 一粒万倍日 ☯ 人と行動を共にするなら自分の意思表示もしよう。	22 沈 一粒万倍日 ▼ 周囲のペースに焦る必要なし！マイペースが吉。	23 天 ○ 支えてくれた人の気配りに感動。やる気もUP。	24 迷 ▲ 集中できなそう。階段では足を滑らせないように。	25 再 □ 今月の失敗をリベンジできそう。誰かと行動を。	26 金 ☯ 成果が出なくてもOK。来月以降に評価されそう。
27 楽 不成就日 △ 悲観的にならず、思いやりを大切にしたい日。	28 崩 ×↘ 前向きな心を意識して。無理はしなくてもOK。	29 零 ● ● 意外な人と協力することに。感謝されるかも。	30 破 × 作業がやっとゴールに。終盤に手を抜かないよう。	Memo		

×↘：要注意。決断しない。ワガママ禁止。　●：人の話を聞く。謙虚に。大切なものを守る。　×：立ち止まってみる。冷静に。気をつける。　△：初心を忘れない。調子に乗らない。
□：焦らない。可能性を探す。見直す。　☯：強引にならない。闘わない。調和する。　▼：無理しない。ゆっくりする。ケガや病気に注意。　○：やってみる。人の縁を大切に。
▲：一度冷静に。心を穏やかに。飛びつかない。

● 新月　◐ 上弦　○ 満月　◑ 下弦

破星の年

2022年7月

努力が報われる

天星の月

これまで努力してきた人にチャンス到来。
こだわりは捨てて、勝ち負けにとらわれなければ幸運に恵まれます。濃い紫のアイテムがお守り代わりに。

1 趣味を通した縁に注目　2 イメチェンしてみる　3 リラックスして過ごす

Mon.	Tue.	Wed.	Thu.	Fri.	Sat.	Sun.
				1 新 ✧ 出会い運にツキがありそう。会話を楽しむのが◎	2 探 □ ライバルと刺激的に競えそう。上を目指そう。	3 決 一粒万倍日 ☆ やるか迷っているなら、思い切って動くと吉。
4 沈 一粒万倍日 不成就日 ▼ 先月から続く悩みや不調は早めに解消して万全に。	5 天 ◎ 仲間が増える予感。理想の人にも出会えるかも。	6 迷 △ 計画があるなら、説明は手紙も添えて丁寧に報告。	◐ 7 再 一粒万倍日 ○ 努力の成果が出そう！　過去の見直しでさらに◎	8 金 ☆☆ 浪費は×。お金を使わず楽しむ方法を見つけよう。	9 楽 ＞ 周囲への配慮が実を結び、評判がよくなる予感。	10 崩 × 無理に明るくふるまわず、自分らしく過ごしてみて。
11 零 ● 自分の意見ばかりは×。周囲の協力あってこそ。	12 破 不成就日 ✕↗ ライバルが手を引く流れに。今は現状をキープ。	13 新 ✧ 自由に行動する日。話題の場所に行けば新鮮味あり。	○ 14 探 □ 信じ難い話を聞く可能性が。新情報も知るチャンス。	15 決 ☆ 起きた時の気分が1日を左右しそう。外出が◎	16 沈 一粒万倍日 ▼ 横やりが入っても冷静に対応すればトラブル回避。	17 天 ◎ 自分ができることをアピールすると好転しそう。
18 迷 △ 重要な伝言を忘れないで。メモをとると間違いなし。	19 再 一粒万倍日 ○ 助けを求められる日。慎重な行動が吉と出そう。	◑ 20 金 不成就日 ☆☆ 不利な状況を打開したくても、その時じゃないみたい。	21 楽 ＞ 人のための行動が評価されそう。思いが伝わり満足。	22 崩 × 投げやりな態度は失敗のもと。慎重さを忘れずに。	23 零 ● 食事でスタミナをつけよう。気力もチャージ。	24 破 ✕↗ 余計な用事と思っても、やれば意外なプラスが。
25 新 ✧ 有益な情報を得られそう。メモをとりしっかり聞く。	26 探 □ 迷った時は、周りの人の意見を取り入れると◎	27 決 ☆ 今月の反省と来月の目標を。環境を整えておこう。	28 沈 一粒万倍日 不成就日 ▼ 頼られても余裕がないなら、無理しなくて問題ナシ。	● 29 天 ◎ たとえ順調だと思っても、油断せずに過ごそう。	30 迷 △ 目上の人の話は聞こう。聞き流すのはもったいない。	31 再 一粒万倍日 不成就日 ○ 噂話に注意。本人に届いてしまう可能性あり。

●新月 ◐上弦 ○満月 ◑下弦

×：立ち止まってみる。冷静に。気をつける。●：人の話を聞く。謙虚に。大切なものを守る。✕↗：自分を変える。奉仕する。✧：少しずつ動く。もう一度チャレンジする。□：焦らない。可能性を探す。見直す。☆：自分を信じる。希望を持つ。▼：無理しない。ゆっくりする。ケガや病気に注意。◎：挑戦する。自信を持つ。諦めない。△：初心を忘れない。調子に乗らない。○：やってみる。人の縁を大切に。☆☆：レベルアップ。追い風に乗る。＞：ひとり占めしない。計画的に。

August

破星の年

2022年8月

誘惑が多い

迷星の月

外見ではなく、内面を磨くといい時期です。自分に厳しい言葉をかけてくれる人を大切にしましょう。
反対に、甘い言葉を囁く人には気をつけて。

1 甘い誘惑に乗らない　2 相手の立場で考える　3 教養を身につける

Mon.	Tue.	Wed.	Thu.	Fri.	Sat.	Sun.
1 金 ☯ 大きな出費は避けた方が安心。ローンも×	2 楽 △ 旅行や楽しみな話題で会話が盛り上がる日。	3 崩 ↘ 愚痴を言うのは控えて。皆が答えに困りそう。	4 零 ● 思い込みは失敗のもと。自分が正解と思わないで。	5 破 ◐ × 他の人に心が惹かれてしまいそう。飛びつくのは×	6 新 △ 考え込まず行動して、新しい趣味をみつけよう。	7 探 □ 出会いの場があるけど、焦ってガツガツしないこと。
8 決 不成就日 ☯ 迷うなら、明日以降で、信頼できる人に相談を。	9 沈 ▼ 高血圧やむくみ、頭痛などの症状があれば病院へ。	10 天 一粒万倍日 ○ 友人からの誘いが。他の人にも声を掛けると吉。	11 迷 ▲ 頼まれ事を忘れて気まずいことに。メモして確認を。	12 再 ○ □ 苦手な人の意外な一面を知って、会話が弾みそう。	13 金 ☯ 買いすぎ注意。財布の中の現金は少なめに。	14 楽 △ 自分の評価を聞く機会が。嬉しい言葉には感謝を。
15 崩 一粒万倍日 ↘ 周囲が忙しかったら手を差し伸べて。指示に従うと◎	16 零 不成就日 ● 印象を変えたくなるけど、今日は向いてないみたい。	17 破 × 残していた作業を処理。放置すると後で大変。	18 新 △ 振り回されている時は自然に触れて。1人行動が◎	19 探 ◑ □ 考え方が違う人のアドバイスも、時には聞いてみて。	20 決 ☯ 優しくしてくれる人に恋しがち。隙を作らないこと。	21 沈 ▼ 脂っこい食事ばかりは×。野菜や果物もしっかり。
22 天 一粒万倍日 ○ 頭の中は計画でいっぱい。実行に移せば夢が現実に。	23 迷 天赦日 ▲ 利益だけを求めて行動しないで。信頼関係を築こう。	24 再 不成就日 □ お金の貸し借りは、今日は避けるのが無難。	25 金 ☯ 今日はプライベートよりやるべきことを大切に。	26 楽 △ がんばったことが高評価。誤解も解けてひと安心。	27 崩 ● 一粒万倍日 ↘ お財布は人目につかないところで取り出そう。	28 零 不成就日 ● イライラしがちかも。時間に余裕を持って。
29 破 × 手放せるものは、執着せず手放したほうが良さそう。	30 新 △ 保留になっている提案は再プッシュすると吉。	31 探 □ 初対面の人への自己アピールはさりげなく。	Memo			

● 新月 ◐ 上弦 ○ 満月 ◑ 下弦

↘：要注意。決断しない。ワガママ禁止。●：人の話を聞く。謙虚に。大切なものを守る。×：立ち止まってみる。冷静に。気をつける。△：初心を忘れない。調子に乗らない。
□：焦らない。可能性を探す。見直す。☯：強引にならない。闘わない。調和する。▼：無理しない。ゆっくりする。ケガや病気に注意。○：やってみる。人の縁を大切に。
▲：一度冷静に。心を穏やかに。飛びつかない。

September

破星の年

2022年9月

再挑戦できる

再星の月

今月はフラットな気持ちを大切に。大切な人たちと過ごす時間が、あなたに幸福を与えてくれます。
幸せを共有すれば、多少の困難は乗り越えられるはず。

★1 メールはすぐに返信　★2 真っ白な心で過ごす　★3 目標とする人を見習う

Mon.	Tue.	Wed.	Thu.	Fri.	Sat.	Sun.
			1 決 ☯ やる気が出そう。協力者がいたら自信がつくはず。	2 沈 ▼ 体調管理はしっかり。風邪予防を意識して。	3 天 一粒万倍日 ○ 着飾っている夢を見たら、いい知らせが届くかも。	◐ 4 迷 △ 忠告は無視しないで。自分の欠点を知る機会に。
5 再 不成就日 ○ 元気がない時は、懐かしい人と話すと気力が回復。	6 金 ◎ 積極的に取り組む姿勢が周りから評価されそう。	7 楽 △ 約束があるなら、相手に素直な気持ちを伝えて。	8 崩 ✕ 心に余裕がない日。些細な一言に悩まなくてOK!	9 零 ● 大切な人を疑いそう。自分に非がないか振り返って。	○ 10 破 ✕ 空回りしやすい日。睡眠不足に注意して。	11 新 一粒万倍日 △ 新鮮な空気を吸って野菜ジュースを摂ると元気に!
12 探 □ 挑戦モードで前向きに。過去の失敗のリベンジも◎	13 決 不成就日 ☯ 続けてきたことに結果が出る予感。明日以降動こう。	14 沈 ▼ 期待し過ぎると裏目に。マイペースで過ごして。	15 天 ○ 引っ張りだこの1日。楽しい予感に気分も高揚。	16 迷 一粒万倍日 △ 思い出を振り返りすぎないように。大事なのは今。	17 再 ○ 初心にかえると、見失っていたものに気づけそう。	◑ 18 金 ◎ 成果が上がり良いニュースが入る日。
19 楽 △ 方向性が定まり気合十分。悩みは我慢せず相談を。	20 崩 ✕ 手を出したくなっても我慢。相手の言い分を優先。	21 零 不成就日 ● 誰もできない作業を受け持つハメに。先送りは✕	22 破 ✕ 失くし物があっても、買い直すのは必要な物だけに。	23 新 一粒万倍日 △ 少し遠回りすると気分転換に。旅の計画も◎	24 探 □ 自分の悪い部分が出ないように思いやりを大切に。	25 決 ☯ 何度も同じトラブルで嫌気が。打ち切るのもアリ。
● 26 沈 不成就日 ▼ 急な依頼にイライラしそう。信頼関係を大切に。	27 天 ○ 親切にされ笑顔で過ごせそう。お礼を忘れずに。	28 迷 一粒万倍日 △ 金運は◎。浪費するよりも節約を始めてみよう。	29 再 ○ やむを得ない出費は、早めに支払うのが吉。	30 金 ◎ 甘やかされたい気分の日。大切な人と過ごそう。	Memo	

✕：立ち止まってみる。冷静に。気をつける。
☯：強引にならない。闘わない。調和する。
●：人の話を聞く。謙虚に。大切なものを守る。
▼：無理しない。ゆっくりする。ケガや病気に注意。
△：初心を忘れない。調子に乗らない。
○：やってみる。人の縁を大切に。
□：焦らない。可能性を探す。見直す。
◎：挑戦する。自信を持つ。諦めない。

● 新月　◐ 上弦　○ 満月　◑ 下弦

October

破星の年

2022年10月

注目が高まる

金星の月

「自分に厳しく、人に優しく」を意識するとよいでしょう。
人と接する時は、柔らかい態度を心がけて。行動範囲を広げることにも向いている時期です。

★1 自分に厳しくする　★2 楽な道ばかり選ばない　★3 客観的に見つめ直す

Mon.	Tue.	Wed.	Thu.	Fri.	Sat.	Sun.
					1 楽 ＞ 周囲の評価を聞けてやる気がアップしそう。	2 崩 ✕ 損得を見極めよう。色んな角度から検証すると◎
3 零 ◐ ● 災難に巻き込まれても相手の都合を考える余裕を。	4 破 不成就日 ↗ 未解決の問題を処理。次の行動は態勢を整えてから。	5 新 一粒万倍日 ✧ 休日の計画より、会社や仲間のためになることを。	6 探 □ 積極的に声をかけると◎。いい友達になれるかも。	7 決 ☆ イベントでは子どもや仲間を支えることを心がけよう。	8 沈 一粒万倍日 ▼ 勝負に出ても出費が不安なら早めに引き上げて。	9 天 ◎ 朝食はしっかりと。スタミナが続き有意義な1日に。
10 迷 ○ △ 目上の人には丁寧に。冗談は通じないかも。	11 再 一粒万倍日 ○ 新しい仕事の依頼が。思い切ってチャレンジ!	12 金 不成就日 ⋆☆ 寝不足が原因で思考力が鈍っているかも。	13 楽 ＞ 何かに夢中になれる日。没頭すれば良い結果が。	14 崩 ✕ 計画的に行動しないと、痛い目を見る可能性あり。	15 零 ● 環境が変わってウンザリしそう。地道にいこう。	16 破 ↗ 過去の失敗にとらわれないで。思考が鈍る原因に。
17 新 ✧ お金について考えよう。人の話を聞くのも◎	18 探 ◑ □ 積極的に人と会話を。新しい仲間が見つかるかも。	19 決 ☆ 今後を考えて、ステップアップを目指すか決断を。	20 沈 一粒万倍日 不成就日 ▼ やる気が出ない日。怠けることばかり考えるのは×	21 天 ◎ あなたの生き生きと働く姿は、周りからも高評価。	22 迷 天赦日 △ コミュニケーションをとるとチャンスを活かせそう。	23 再 一粒万倍日 ○ 尊敬する人に未来のことを相談すると運気上々。
24 金 ⋆☆ お金を借りるのはやめておこう。投資も少額からに。	25 楽 ● ＞ プロジェクトがいち段落。仲間の苦労を労って。	26 崩 ✕ ツイてない1日。気持ちを切り替えて乗り切ろう。	27 零 ● 他人任せは悪い結果に。自ら責任を持って対処を。	28 破 不成就日 ↗ ケンカは言葉選びに注意。決別してしまう恐れが。	29 新 ✧ 大胆な方法で長年の悩みが解決！評価もアップしそう。	30 探 □ 仲間から嬉しい言葉が。課題解決の糸口も発見。
31 決 ☆ 自分からの意思表示が◎。大胆な告白もあり。	Memo					

● 新月 ◐ 上弦 ○ 満月 ◑ 下弦

✕：立ち止まってみる。冷静に。気をつける。　●：人の話を聞く。謙虚に。大切なものを守る。　↗：自分を変える。奉仕する。　✧：少しずつ動く。もう一度チャレンジする。
□：焦らない。可能性を探す。見直す。　☆：自分を信じる。希望を持つ。　▼：無理しない。ゆっくりする。ケガや病気に注意。　◎：挑戦する。自信を持つ。諦めない。　△：初心を忘れない。調子に乗らない。　○：やってみる。人の縁を大切に。　⋆☆：レベルアップ。追い風に乗る。　＞：ひとり占めしない。計画的に。

November

破星の年

2022年11月

振り返ってみる

楽星の月

執着を手放すと強くなれる時期です。悩みの種になっている人・ものは本当に大切ですか?
年内に離れていく人は、追いかけなくて大丈夫です。

1 積み残しは年内に消化　2 遊び心を忘れずに　3 こだわりを手放す

×：立ち止まってみる。冷静に。気をつける。
☯：強引にならない。闘わない。調和する。
●：人の話を聞く。謙虚に。大切なものを守る。
▼：無理しない。ゆっくりする。ケガや病気に注意。
△：初心を忘れない。調子に乗らない。
○：やってみる。人の縁を大切に。
□：焦らない。可能性を探す。見直す。
◎：挑戦する。自信を持つ。諦めない。

Mon.	Tue.	Wed.	Thu.	Fri.	Sat.	Sun.
	1 沈 ◐ 一粒万倍日 ▼ 疲れや違和感があれば無理せずリラックスしよう。	2 天 ○ 大切な人と過ごす予定を立てて。笑顔で周囲を明るく!	3 迷 △ 自分勝手は×。相手の都合も考え、余裕を持たせて。	4 再 一粒万倍日 ○ 昔の友人と積極的に会うと、絆を感じられそう。	5 金 不成就日 ◎ 周りから信頼を得られても、思い上がるのは×	6 楽 △ チェックを入念に、しっかり予定を組んでみて。
7 崩 天赦日 × 結果が出なくても悩む必要なし。ここから好転。	8 零 ○ ● 攻撃されてしまいそう。反撃するなら後日にして。	9 破 × 冗談を本気にされるかも。喋らない方がベター。	10 新 △ 同僚や上司に企画への意見を仰ぐと、発見があるかも。	11 探 □ 好きな人と過ごそう。気持ちが伝わり楽しいひと時。	12 決 ☯ やり残しがないか、よく確認する時間を作ろう。	13 沈 不成就日 ▼ やるべきことが山積みに。優先順位を決めよう。
14 天 ○ 出会い運が◎。大切な人がいるなら、未来の話も。	15 迷 △ やるべき事を忘れて遊ぶのも、職場での公私混同も×	16 再 ◑ 一粒万倍日 ○ 卵やフルーツでパワーチャージすると運気UP!	17 金 一粒万倍日 ◎ 見栄をはらず等身大のあなたで優しさを大切に。	18 楽 △ 恋愛について話す機会が。多様な意見を参考に。	19 崩 × 動けず不安になりやすい日。うまい話に注意。	20 零 ● 掃除を徹底し、うまく収納して、スペースを作ろう。
21 破 不成就日 × 悔しいことがあるかも。リベンジは明日から。	22 新 △ 今日から来月の計画を。人任せはやめ自分で確認。	23 探 □ 新しい役割を与えられそう。経験者に話を聞こう。	24 決 ● ☯ 素直な気持ちを伝えよう。相手を不安にさせないで。	25 沈 ▼ 自分の時間を作るのは難しそう。無理せず休もう。	26 天 ○ 人の手を借りて進めて。絆ができてパートナーに。	27 迷 △ やることは午前中に。後回しは手間が増えそう。
28 再 一粒万倍日 不成就日 ○ 過去にとらわれず、積極的に学んでいくと◎	29 金 一粒万倍日 ◎ お金の話には慎重に。焦らなければ金運UPに。	30 楽 ◐ △ いつもの集まりを楽しめないなら聞き役に回ろう。	Memo			

●新月 ◐上弦 ○満月 ◑下弦

December

破星の年

2022年12月

運気が低迷

崩星の月

今いる環境と、生かされていることに心から感謝し、周りの人を幸せにするよう心掛けましょう。
流れに身を任せ、穏やかな気持ちで過ごしてみて。

1 変化を恐れない　2 去る者は追わない　3 生まれ変わる心持ちで

Mon.	Tue.	Wed.	Thu.	Fri.	Sat.	Sun.
			1 崩 ↘ 楽しみにしていたことがキャンセルに。怒らないで。	2 零 ● 時間に余裕を持って行動すれば焦らずにすみそう。	3 破 × 注意されたら、深く考えずその通りにしてみると発見が。	4 新 △ 噂を広めないで。間違っていて後で大変なことに。
5 探 □ 理想の人に出会うかも。慌てないで相手を知ろう。	6 決 不成就日 ☯ 臨時収入の噂がチラリ。期待しすぎない方が良さそう。	7 沈 ▼ 高血圧の人は頭痛に用心を。ストレスを溜めないで!	8 天 ○ ○ 予想を大きく超える高評価。責任者に抜擢されるかも。	9 迷 ▲ 後輩にも丁寧に接して、イメージダウンを回避。	10 再 □ 苦手なことでも、今日から進めておくと吉。	11 金 ☯ プレゼントは事前に雑誌でリサーチしておこう。
12 楽 一粒万倍日 △ 心に余裕を持って。マイペースに行動しよう。	13 崩 一粒万倍日 ↘ 状況の変化に戸惑わず、冷静に打開策を考えよう。	14 零 不成就日 ● イベントなどへの参加は今日は見送った方がベター。	15 破 × 新しいことをはじめたいけど、お金はかけないで。	16 新 ◑ △ 大切な人とイベントに向けた話し合いをしよう。	17 探 □ 臨時収入が支払いに消えるかも。無駄遣いは禁物。	18 決 ☯ 贈り物に悩んだら、店員さんに相談してみると吉。
19 沈 ▼ お疲れ気味ならお風呂にゆっくり入ってリラックス。	20 天 ○ 無計画だと難航するけど、準備万全であれば高評価。	21 迷 ▲ 自分の行動が果たして正しいのか熟慮を。浪費は×	22 再 不成就日 □ 終わったことに口出しはNG。心に留めておこう。	23 金 ● ☯ 必要以上にお金を使っていないかチェックを。	24 楽 一粒万倍日 △ 夕方からはおとなしく過ごしたほうが良さそうな日。	25 崩 一粒万倍日 ↘ 自分のことは後回しにし、人のために行動すると◎
26 零 ● 決めつけや勘違いに気をつけて、冷静に判断を。	27 破 × 大掃除で新年を迎える環境を整えると開運!	28 新 不成就日 △ 新しいチャレンジは×。厚着で体を温めて。	29 探 □ 来年に向けて目標を。可能性の広がりに期待できそう。	30 決 ◐ ☯ 今日は1人で静かに1年を振り返ると吉。	31 沈 ▼ イベントではしゃぎがち。一歩引いた態度が◎	

● 新月　◐ 上弦　○ 満月　◑ 下弦

↘:要注意。決断しない。ワガママ禁止。　●:人の話を聞く。謙虚に。大切なものを守る。　×:立ち止まってみる。冷静に。気をつける。　△:初心を忘れない。調子に乗らない。
□:焦らない。可能性を探す。見直す。　☯:強引にならない。闘わない。調和する。　▼:無理しない。ゆっくりする。ケガや病気に注意。　○:やってみる。人の縁を大切に。
▲:一度冷静に。心を穏やかに。飛びつかない。

おわりに

「星ひとみの天星術2022」いかがでしたか？

本書があなたの
毎日のヒントになれたなら幸いです

過去を悔やんでも
リセットのスイッチは押せません
しかし、スタートのスイッチなら何度だって押すことができる

失敗したっていい
うまくいかないことに気がつけたから

天星術に触れ合っていくと
相手の天星により
性格や特徴、考え方などがわかります
本書を読んでいただくと相手のリズムもわかってきます

正解を考えてもなかなか答えが出ない
相手とすれ違いやすいのは
天星の波動リズムが違うせいかもしれません

相手と過去を変えたいと願っても
時は戻せない
同時に影のエネルギーを強めてしまうと
生命の氣が弱ってしまうこともある

そんな時は
変えられないものより
変えられるものに目を向けてみてください

人生に正解はありません

どんな道でも正しくて
どんな道でも間違いである時もある

過去ではなく今を
これからもう一度選択していくことはできる

相手の性格はなかなか変わらないけれど
相手への態度や接し方は変えることができます

見た目はなかなか変えられないけれど
話す言葉遣いなら変えることができます

事実は変わらなくても
頑固にさえならなければ
受け止め方を変えることができる

決して、自分を縛らずに
影が続いていても、雨が降っても決してずっとは続かない

少しだけでいい。思い込みを手放し
頑固さも捨ててみるとゆっくり流れが変わります

×の日だ、影の時期だ

たとえ悪いと書かれていても
ただ読むだけで終わらせることなく
受け止め方次第で
あなたの毎日の選択により未来は変わっていく

あなたは幸せになれる人
私はそう信じています

今いる場所が、過去の自分が思っていた場所と違うなら

少しだけ柔軟に
少しだけ頭の中を柔らかくしてみればいい
自分の考えに囚われず
晴れの人に光をいただき
人の波に乗るのも良い

あなたの周りに幸せそうな人や成功されている方
憧れている人がいるならチャンスです
言葉、行動、習慣、自分に足りなかった
良いエネルギーをいただくこともできる

変えられないものに囚われず
あなたの心が作った四角い箱から
少しだけ脱出してみて
囚→人
見えない殻を破ったならもう大丈夫

あなたが創る人生

〝大丈夫〟、この本があなたのお守りです

それではまたお会いしましょう

私と繋がってくださった全ての皆様に愛をこめて
星のエネルギー ★★★ を〝贈り〟 ます

星ひとみ

星ひとみ（ほし・ひとみ）

占い師。巫女の血筋を持つ家系に生まれる。東洋占星術や統計学、心理学などをもとにしたオリジナル運勢鑑定法「天星術」の開祖である。生まれながらの力と経験による知識から導き出す鑑定は圧倒的な的中率で人気を集め、各界に多くのファンを持つ。著書に『星ひとみの天星術』（小社）、『幸せ上手さん習慣』（小学館）などがある。

星ひとみオフィシャルブログ「Star Eye's」

https://ameblo.jp/hoshihitomi/

星ひとみInstagram

@hoshi_hitomi722

星ひとみ事務局Instagram

@hoshi_hitomi_staff

StarEyes×YAMASAN

https://stareyes.buyshop.jp

編集協力

MOSH books、荒井奈央、安井桃子、末永陽子

デザイン

藤原裕美（マーグラ）

イラスト

miya

企画協力

中込圭介（Gオフィス）

GENTOSHA

星ひとみの天星術2022　地球グループ
2021年12月25日　第1刷発行

著　者　星ひとみ
発行人　見城 徹
編集人　菊地朱雅子
編集者　有馬大樹　三宅花奈

発行所　株式会社 幻冬舎
〒151-0051 東京都渋谷区千駄ヶ谷4-9-7

電話：03(5411)6211(編集)
03(5411)6222(営業)
振替：00120-8-767643
印刷・製本所：中央精版印刷株式会社

Printed in Japan
ISBN978-4-344-03870-7 C0095
幻冬舎ホームページアドレス　https://www.gentosha.co.jp/

この本に関するご意見・ご感想をメールでお寄せいただく場合は、
comment@gentosha.co.jpまで。